湘学年鉴

（2012—2013）

湖南省湘学研究院◎主编

中国社会科学出版社

图书在版编目(CIP)数据

湘学年鉴.2012～2013/湖南省湘学研究院主编.—北京：中国社会科学出版社，2014.10

ISBN 978-7-5161-4679-8

Ⅰ.①湘… Ⅱ.①湖… Ⅲ.①学术思想—思想史—研究—湖南省—2012～2013—年鉴 Ⅳ.①B2-54

中国版本图书馆CIP数据核字(2014)第193491号

出 版 人 赵剑英
责任编辑 王 茵
特约编辑 周 荃
责任校对 任晓晓
责任印制 王 超

出 版 中国社会科学出版社
社 址 北京鼓楼西大街甲158号（邮编100720）
网 址 http://www.csspw.cn
中文域名:中国社科网 010-64070619
发 行 部 010-84083685
门 市 部 010-84029450
经 销 新华书店及其他书店

印 刷 北京市大兴区新魏印刷厂
装 订 廊坊市广阳区广增装订厂
版 次 2014年10月第1版
印 次 2014年10月第1次印刷

开 本 787×1092 1/16
印 张 21.75
插 页 2
字 数 395千字
定 价 68.00元

《湘学年鉴》编辑委员会

编辑说明

湖南省湘学研究院以弘扬湘学研究、推进文化强省为宗旨，意在整合省内外、国内外的研究力量开展湘学研究，从而达到宣传湖南形象、扩大湖南影响、培养湘学人才的目的。湖南省湘学研究院组织编辑《湘学年鉴》，旨在为学界提供比较详细的湘学研究成果及资讯等。年鉴主要内容包括：选载有关湘学研究的重要讲话稿和重要文章，评介湘学研究重要著作、重要文献资料，对重要论文予以摘要或评介，提供重要著作、文献资料和论文目录索引，整理湘学界重要的学术会议和学术活动，介绍湖南省湘学研究院及湘学研究基地的机构设置、重要活动、科研成果，等等。

《湘学年鉴（2012—2013）》着重收录、评介有关湘学研究的重要成果，整理与湘学研究有关的重要会议和活动等。收录原则主要如下：

一、特载部分，主要收录领导的有关湘学研究的会议讲话。

二、湘学专论部分，主要收录重要的湘学文章。

三、著作评介和文献选介，主要评介湘学研究的重要著作，介绍湘学研究文献资料；当今学者论文集、再版而无重要修订的著作和文献资料一般不予收录。

四、论文摘要，在参考《新华文摘》、《中国人民大学复印报刊资料》、《中国社会科学文摘》等转载或摘要的文章的基础上，摘录湘学研究重要的、有一定创新意义的文章，书评一般不予收录。

五、有关湘学人物的研究成果极其丰硕，本年鉴主要选取反映湘学人物重要思想、历史文化影响及其与湖湘文化关系的研究成果。

六、为纪念毛泽东诞辰120周年，本年鉴收录和编撰的毛泽东研究相关成果所占篇幅较大。

在本年鉴的编辑过程中，湖南省湘学研究院副院长王兴国研究员和李育民教授、湖南省湘学研究院主任向志柱研究员等人对编撰体例、编辑内容等提出了中肯的意见。在此一并予以衷心的感谢！

因水平有限，也因资料收集的局限，疏漏甚至不当之处在所难免，敬请学界同仁和广大读者不吝赐正，为年鉴今后的编辑工作提出宝贵建议。

编辑组

2014年4月17日

目　录

特　载

湘学专论

论文选载

毛泽东研究专栏

著作评介

论文摘要

文献选介

湘学研究动态

成果索引

附　录

特载

在纪念毛泽东同志诞辰 120 周年座谈会上的讲话

徐守盛

尊敬的各位领导、各位来宾，同志们、朋友们：

今天，我们怀着无比崇敬的心情在这里举行座谈会，纪念中国共产党、中国人民解放军、中华人民共和国的主要缔造者，中国各族人民的伟大领袖毛泽东同志诞辰 120 周年。在此，我代表中共湖南省委和全省 7200 万人民，向毛泽东同志表示深切怀念和崇高敬意！向毛泽东同志的亲属致以亲切的问候！

毛泽东同志是伟大的马克思主义者，伟大的无产阶级革命家、战略家、理论家，是近代以来中国伟大的爱国者和民族英雄，是领导中国人民彻底改变自己命运和国家面貌的一代伟人。他为民族独立、人民解放和国家富强、人民幸福作出了不可磨灭的贡献。毛泽东同志最突出最伟大的贡献，就是领导我们党和人民找到了新民主主义革命的正确道路，完成了反帝反封建的任务，建立了中华人民共和国，确立了社会主义基本制度，并从实际出发探索社会主义建设道路，为古老的中国大踏步赶上时代发展潮流创造了根本前提，为实现中华民族伟大复兴奠定了坚实基础。

毛泽东同志从少年时代起就立志救国，毕其一生为中华民族的伟大复兴而不懈奋斗。1840 年鸦片战争以后，中国逐步沦为半殖民地半封建社会，国家积贫积弱，民族危机空前深重，无数仁人志士苦苦求索救国救民的真理，但都没有成功。直到 1921 年中国共产党诞生，才从根本上改变了中国人民和中华民族的前途命运。毛泽东同志和他的战友们缔造了一个用马克思列宁主义武装起来的无产阶级政党，建设了一个在党的绝对领导下英勇善战的人民军队，开辟了一个以农村包围城市、最后夺取全国胜利的革命道路，发展了一个团结全民族绝大多数人民共同奋斗的统一战线，领导各族人民经过 28 年艰苦卓绝的浴血奋战，推翻了帝国主义、封建主义和官僚资本主义的反动统治，实现了民族独立和人民解放，建立了人民当家作主的新中国，开启了中华民族伟大复兴的新纪元。

新中国成立后，以毛泽东同志为核心的党中央领导全国人民，在迅速医治战争创伤、恢复和发展国民经济的基础上，创造性地完成了社会主义改造，使中国这个占世界人口四分之一的东方大国进入了社会主义社会，实现了中国历史上最深刻最伟大的社会变革。毛泽东同志和党中央带领全党全国人民自力更生、艰苦奋斗，开展大规模的社会主义建设，不断探索适合中国国情的社会主义建设道路，在一穷二白的基础上建立了独立的、比较完整的工业体系和国民经济体系，为我国现代化建设奠定了重要基础。当时在中国这样社会生产力水平十分落后的大国开展社会主义建设，是一项崭新的实践，加上国际环境异常复杂，我们党在社会主义建设道路的探索中发生过曲折，毛泽东同志晚年犯过错误。但正如邓小平同志所指出的，毛泽东同志晚年的错误是第二位的，是一个伟大的革命家、一个伟大的马克思主义者所犯的错误，他的历史功绩永远是第一位的。毛泽东同志为祖国和民族作出的卓越贡献毋庸置疑、不容否定，他的丰功伟绩永垂史册。

在长期革命和建设实践中，以毛泽东同志为主要代表的中国共产党人，把马克思列宁主义基本原理同中国具体实际相结合，对一系列重大经验进行理论概括，形成了具有鲜明中国特点的科学指导思想，这就是毛泽东思想。毛泽东思想在新民主主义革命、社会主义革命和建设，革命军队建设、军事战略和国防建设，政策和策略，思想政治工作和文化工作，外交工作和党的建设等方面，以独创性的理论，丰富和发展了马克思列宁主义。毛泽东思想是马克思列宁主义在中国的创造性运用和发展，是被实践证明了的关于中国革命和建设的正确的理论原则和经验总结，是中国共产党集体智慧的结晶。毛泽东思想是中国共产党人的重大理论宝库，是实现中华民族伟大复兴的重要精神支柱，无论在任何时候任何情况下，我们都要让毛泽东思想的伟大旗帜高高飘扬。

同志们，朋友们！

中国出了个毛泽东，这是中国人民的骄傲，是中华民族的骄傲。湖南出了个毛泽东，湖南人民倍感骄傲和自豪。湖南是毛泽东同志生于斯长于斯的家乡，是他人格养成、思想升华的沃土，也是他投身革命事业、书写壮丽人生的起点。在青年时代，他怀着“孩儿立志出乡关，学不成名誓不还”的雄心壮志赴省会求学，在马克思主义先进思想的影响下，毅然决然地踏上了革命的征程，在湖南及边区开展了一系列可歌可泣的革命斗争，为开辟正确的革命道路和形成毛泽东思想打下了决定性的基础。随着革命形势的发展，他与家乡渐行渐远，但他对湖南这块土地的深深眷恋、对家乡人民的丝丝牵挂，却从来没有割舍。新中国成立后，他曾先后五十次回湖南，一边考察调研、纳言问策、关怀民生，一边看望师长、走访农家、会见乡亲，在三湘大地上留下了一代伟人的风采和许多感人至深的故事。正如江泽民同志所说，毛泽东同志是从人民群众中成长起来的伟大领袖，永远属于人民。毛泽东同志不仅是属于中国的，也是属于世界的，但首先是属于湖南的。湖南人民对毛泽东同志永远怀着深深的敬仰和爱戴之情！

同志们，朋友们！

毛泽东同志终生为之奋斗不已、梦寐以求的，就是国家富强、民族振兴、人民幸福。正如习近平总书记所指出的，实现中华民族伟大复兴，就是中华民族近代以来最伟大的梦想。实现中华民族伟大复兴的中国梦，是包括毛泽东同志等老一辈革命家在内的几代中国人的夙愿，是每一个中华儿女的共同期盼。可以告慰革命先辈们的是，党的十八大开启了夺取中国特色社会主义新胜利的伟大征程，我们的国家正不可逆转地走向繁荣富强，中华民族比历史上任何时期都更接近伟大复兴的目标。在这样的形势下，我们纪念毛泽东同志诞辰120周年，最重要的就是要传承他的科学思想、弘扬他的革命精神、学习他的高尚品格，满怀信心，接力奋斗，继续朝着中华民族伟大复兴的目标奋勇前进。

就湖南而言，就是要奋力谱写中国梦的湖南篇章，努力把毛主席家乡建设好。

我们要毫不动摇坚持和发展中国特色社会主义。中国特色社会主义是中国共产党和中国人民团结的旗帜、奋进的旗帜、胜利的旗帜。我们必须始终高举中国特色社会主义伟大旗帜，毫不动摇坚持、与时俱进发展中国特色社会主义。包括邓小平理论、“三个代表”重要思想、科学发展观在内的中国特色社会主义理论体系，与毛泽东思想一样，都是解放思想、实事求是、与时俱进的科学理论。党的十八大以来，习近平总书记发表的系列重要讲话，创新了党的执政理念和治国方略，丰富和发展了中国特色社会主义理论。我们要以邓小平理论、“三个代表”重要思想、科学发展观为指导，深入贯彻落实习近平总书记系列重要讲话精神，不断坚定中国特色社会主义的道路自信、理论自信、制度自信，发挥主动性和创造性，锐意进取，大胆探索，推动中国特色社会主义在湖南结出新的硕果。

我们要加快推进全面建成小康社会。如何让站起来的中国人民更快地富起来，是毛泽东同志日夜思考的问题，他曾经说过："如果中国的老百姓能够吃上'四菜一汤'，我心里就高兴了。"全面建成小康社会，让老百姓过上更加美好的生活，是我们当代中国共产党人义不容辞的责任。经过多年努力，湖南的全面小康建设取得了明显成效，但还有部分指标低于全国平均水平，尤其是各地区之间经济发展不平衡，全面小康进程梯度明显、差异很大。我们要以分类指导、协调推进全面建成小康社会统揽经济社会发展全局，坚持一张好的蓝图抓到底，促进"三量齐升"，推进"四化两型"、"四个湖南"建设，推动转型发展、创新发展、统筹发展、可持续发展、和谐安全发展，切实加快我省全面建成小康社会进程，努力在中部地区率先实现全面小康目标。

我们要毅然决然推进改革开放。改革开放是新的伟大革命，是实现中华民族伟大复兴的必由之路。毛泽东同志曾经指出："人类总得不断地总结经验，有所发现，有所发明，有所创造，有所前进；停止的观点，悲观的观点，无所作为和骄傲自满的观点，都是错误的。"党的十八届三中全会对全面深化改革作出了战略部署，中国大地掀起了新一轮改革大潮。我们湖南人爱吃辣椒、会干革命，绝不能在新一轮改革开放的浪潮中输在起跑线上。要发扬敢为人先的优良传统，要有逢山开路、遇河架桥的精神，敢于啃硬骨头，敢于涉险滩，以更大的政治勇气和智慧、更有力的措施和办法推进改革开放，进一步激发全省发展的生机活力。

我们要不断保持党同人民群众的血肉联系。毛泽东同志曾经说过："我们共产党人区别于其他任何政党的又一个显著的标志，就是和最广大的人民群众取得最密切的联系。"我们要弘扬毛泽东同志等老一辈革命家全心全意为人民服务的崇高思想，强化宗旨意识，树牢群众观念，站稳群众立场，贯彻群众路线，多谋民生之利、多解民生之忧，坚持同人民一块过、一块干，与人民心心相印、与人民同甘共苦、与人民团结奋斗。

我们要全面加强党的建设。毛泽东同志为中国共产党的创立、发展、壮大倾注了大量心血，留下了宝贵经验。他很早就提出，党的建设是一项伟大工程，"指导伟大的革命要有伟大的党，要有许多最好的干部"。我们要增强紧迫感和责任感，在新的形势下全面推进党的建设新的伟大工程。要严格贯彻落实党要管党、从严治党的各项要求，牢牢把握加强党的执政能力建设、先进性和纯洁性建设这条主线，全面加强党的思想建设、组织建设、作风建设、反腐倡廉建设和制度建设，不断提高党的建设科学化水平。

同志们，朋友们！

我们对毛泽东同志的最好纪念，就是把毛泽东同志和其他老一辈革命家历经千辛万苦开创的伟大事业奋力推向前进。现在，历史的接力棒已经传到我们手中，我们肩负改革开放和现代化建设事业重任，面临中华民族伟大复兴美好前景。全省广大共产党员和全省人民要紧密团结在以习近平同志为总书记的党中央周围，承前启后、继往开来，锐意改革、开拓进取，为谱写中国梦的湖南篇章、建设幸福美好湖南而奋斗！

（作者为中共湖南省省委书记、省人大常委会主任）

深入开展湘学研究，加快建设文化强省

周　强

尊敬的伟光副院长，各位来宾、同志们：

今天我们非常高兴在这里举行湖南省湘学研究院揭牌仪式。湖南省湘学研究院的成立，是我省湘学研究和文化建设领域的一件盛事。在此，我代表省委、省政府，对省湘学研究院的成立表示热烈祝贺，对伟光副院长和中国社科院长期以来对湖南发展的关心支持，以及对设立湖南湘学研究院的关心支持表示衷心感谢，对各位专家学者和全省广大社科理论工作者致以诚挚问候！

湘学是在湖湘大地产生和传承的富有湖湘特色、时代特征和个体特性的地域文化。千年湘学，源远流长，博大精深，是中华传统文化百花园中的一朵奇葩。千百年来，湘学代代相传、与时俱进，以其厚重的文化底蕴和独特的文化张力，深刻地陶冶着湖湘儿女的精神世界，孕育了一大批经邦济世的杰出人才，为推动中国社会变革和发展作出了重要贡献。湘学所倡导的心忧天下的爱国情怀、敢为人先的进取精神、经世致用的务实学风、兼容并蓄的开放胸襟，不仅产生了深远的历史影响，而且具有很强的现实意义。在新的历史时期，深入开展湘学研究，对于传承弘扬湖湘文化优良传统，增强湖南文化自觉和文化自信，加快建设文化强省和教育强省，提升湖南文化竞争力和软实力，推动湖湘文化走向世界，加快科学发展、富民强省，具有十分重要的意义。

省湘学研究院的成立，为我们进一步整合学术资源、提升湘学研究水平、促进湘学探讨交流，提供了良好的平台和载体。希望省湘学研究院和广大湘学研究工作者，认真贯彻落实党的十七届六中全会精神，全面贯彻落实省委、省政府关于文化强省建设的决策部署，深入开展学术研究，积极汲取历史的营养和先贤的智慧，努力把湘学研究院建设成为湘学的研究中心、宣传中心、学习中心和人才中心，为促进湖南文化繁荣发展、推进文化强省建设贡献智慧和力量。要始终坚持以科学理论为指导，坚持以马克思主义的立场、观点和方法来对待和研究湘学，保持湘学研究的正确方向。要始终坚持弘扬湘学的时代精神，在扎实研究湘学原典和学理的基础上，深入挖掘湘学的精神资源和时代价值，进一步丰富湘学体系的内涵和外延，着力推进湘学传统的创造性转换，使之与现代文明相协调，与时代脉搏相契合，为深入推进"四化两型"、"四个湖南"建设增添精神力量。要始终坚持科学严谨的治学精神，潜心学术研究，发扬学术民主，鼓励学术创新，积极运用现代科技手段提升研究水平，广泛借鉴国内外的研究成果，着力推出一批具有创新性、带动性、导向性的拳头研究产品，推动湘学研究走在全国地方文化研究的前列。要始终坚持加强湘学人才队伍建设，深入开展多种形式的学习、讲习和研讨活动，加强青年研究人才的培养培训，着力建设一支具备科学先进理念、学术功底扎实、具有学术献身精神的湘学研究队伍。省社科院要充分发挥基础学科优势，通过聘请院外专家顾问、组织课题研究、支持出版书籍、开展学术研讨等形式，凝聚整合省内外高等院校、有关党政部门、文化企业的研究力量开展联合研究，努力把湘学研究院建设成为文气醇厚、人气旺盛、生气勃勃的人才高地和学术高地。

湘学研究是社会科学的基础学科，具有明显的公益性特征和重要的基础性作用。全省各级党委、政府和有关部门要进一步重视和支持湘学研究工作，切实为开展湘学研究创造良好条件，努力营造良好的学术研究氛围，推动我省湘学研究多出成果、多出人才。

祝省湘学研究院办出水平、办出特色、办出影响，取得丰硕成果！

（作者为最高人民法院党组书记、院长）

（本文系作者在湖南省湘学研究院成立大会上的讲话）

研究湖湘　宏大湘学

王伟光

尊敬的周强书记、建平部长、炼红秘书长，各位领导、专家、同志们：

今天是湖南省湘学研究院成立大会，很高兴参加会议。我谨代表中国社会科学院，向湘学研究院的成立致以热烈的祝贺！并祝湘学研究院在中共湖南省委及省委宣传部的领导下，在湖南省社会科学院的具体组织和在座诸位专家的共同努力下，取得丰硕的成果。我很高兴担任湘学研究院名誉院长，也很高兴能为湘学研究事业的发展尽自己的绵薄之力。

一本湘人奋斗篇，半部中国近代史。近代湖湘是中国近代史的一个缩影。近代湘人和在湘人士在中华民族复兴奋斗的舞台上演绎了无数悲壮史剧，更为新中国的建立和建设作出了重大贡献。由此上溯越千年，中华民族多少英雄豪杰、仁人志士在潇湘大地豪迈放歌、奋勇拼搏，为中华民族的繁衍发展、为中华文明的兴旺发达，奉献了自己的心血乃至生命。研究湖湘人文，树传立史，谈经论理，宏大湘学，乃是发展湖南和我国经济社会文化、繁荣中华文明的一件要事。去年 9 月，在永州召开的“第五届中国社会科学前沿论坛”上，鉴于湘学源远流长、博大精深，我向湖南省委常委、省委宣传部部长路建平，湖南省社会科学院党组书记、院长朱有志提议湖南应该成立专门的湘学研究机构，以便更好地研究湖湘、创新湘学，为湖南文化强省和科学发展服务，为中国特色社会主义服务。这一建议立即得到了湖南省委书记、省人大常委会主任周强以及路建平、朱有志的支持。在全国上下认真学习贯彻十七届六中全会精神、推动社会主义文化大发展大繁荣，以优异成绩迎接十八大召开之际，湖南湘学研究院挂牌成立，可谓适逢其时。

文化复兴是中华民族复兴的重要部分，是中华民族振兴的重要标志。湘学是中华文化的重要组成部分，又具有鲜明的地域特色，湖南的发展尤其是在近现代的发展为推动中华民族发展并走向复兴作出了不可磨灭的贡献。今天我们研究湘学，继承和发扬湖湘精神，对促进湖南发展、促进文化大发展大繁荣、促进经济社会又好又快发展，都有着十分重要的价值。

学术为天下公器。文化事业的繁荣和经济社会的发展都需要我们好好研究、宣传和宏大湘学，湖南湘学研究院的成立正好为湖湘学者和广大湘学爱好者们提供了一个良好的平台。在这里，我提几点看法，与同志们探讨。

第一，研究湘学，不要把它当成仅仅是研究学术之学，要从政治和全局的高度出发，坚持正确的政治方向和学术导向，以马克思主义世界观和方法论的哲学思维看湖湘。湘学“以禹墨为本，周孔为用”，贵“诚”而轻“浮”，重“实”以明“身”，注重实际、注重行动是湘学所追求的学风、特点和精神实质所在，实事求是、务实重行是湘学的哲学精髓。出生于湖南的毛泽东同志深受湘学影响，把“实事求是”概括提升为党的思想路线，作为中国化马克思主义的哲学依据和核心理念。要以实事求是、务实重行的哲学思维方式来研究湘学。

第二，研究湘学，不要把它当成仅仅是研究湖湘之学，要把它看成中国学术、中华文化的有机部分，站在全中国、全世界放眼看湖湘。湘学虽然主要产生、传承、发展于湖南，但它绝不仅仅是一地之学，“其人为天下士，为事亦天下事”。而且，“湘人”之学绝不仅仅在湖南，作为“湘人”，他们走出湖南，走向全国，走向世界，他们的成就体现、继承、弘扬了湖湘精神，也汲取了全国各地的文明精神。湘学不是封闭的，它是开放的，是和整个中国学术、中华文化联系在一起的。要以面向全国、面向世界、面向未来的开放眼光和远大视野来研究湘学。

第三，研究湘学，不要把它当成仅仅是研究湘人之学，要重视非湘籍人士的贡献，以开放包容之心看湖湘。“湘人”当然是湘学研究的题中应有之义，但是，绝不仅仅如此。任何人，不管是不是“湘人”，不管他的原始籍贯如何，只要受到湖湘文化的影响，只要对湖南的发展产生过影响，只要他身处湖湘而贡献于中华民族乃至全世界人类文明，就应是今天我们的研究对象。千万不能忽略非湘籍人士对湘学的重要建树、对湖南的重要贡献，这对于扩大湘学研究范围、拓展湘学研究内容均有重要的意义。要以更为宽阔的视域、更为开放的心态、更为兼容的文化自觉自信来研究湘学。

第四，研究湘学，不要把它当成仅仅是研究历史之学，要古为今用，以批判地借鉴继承、为现实服务的心态看湖湘。从作为传统学术的重要组成部分这个意义来讲，湘学要研究古往今来的历史与人物，但湘学不是为历史而历史、为古人而古人，要为现实服务。既要研究历史上的湘人湘事，也要研究当今时代的湘人湘事，要为湖湘的当代发展作贡献。研究湘学，不仅要研究历史时期的湘学，更要研究湘学的现代继承和创新问题，要拓展现代湘学研究的对象、范围、内容等。要以为现实服务、为今天服务，与时俱进、开拓创新的学风来研究湘学。

总之，研究湘学，不完全是为了研究湖南、宣传湖南、发展湖南，而是为了实现今天中国的现代化，这也是我们倡导成立湘学研究院的重要原因。

湖南省湘学研究院的成立，标志着湘学的研究将迈上一个新的台阶。今天，我冒昧地提出近期工作的六点希望：一是制定切实可行的研究规划；二是组织又红又专的研究队伍；三是举办有影响的湘学论坛；四是出版有深度的湘学论丛；五是产出有影响的湘学成果；六是形成有生命力的新学科生长点。

最后，衷心祝愿湘学研究院以马克思主义为指南，加强与国内外学术界的交流与合作，把研究院办成在全国乃至国际上最具影响力的研究基地，为湖南经济社会文化的发展提供智力支持和精神动力，为全国的经济社会文化大繁荣大发展、为中国特色社会主义伟大事业作出积极的贡献。衷心祝愿湘学研究院在今后的发展道路上创造出永载史册的成绩！

（作者为中国社会科学院党组书记、院长）

（本文系作者在湖南省湘学研究院成立大会上的讲话，原载《中国社会科学报》2012 年 6 月 14 日）

宣传湘学、弘扬湘学，为湖南经济社会发展献计出力

路建平

参加这个会，确实很高兴。看了会议材料，听了专家发言，首先说一个工作性的话题，对这项工作的判断，概括地说是“三个正确”。

一是成立湘学研究院，现在看来是正确的。到湖南工作之前，我对湖南的认识，应该说有限。我父亲是山东人，母亲是湖北人，我生在新疆，多年在北京工作，对湖南了解不多。但在湖南搞宣传思想文化工作三年多时间，逐渐加深了对湖南的了解，加深了对湖南的感情。特别是对湖湘文化的认识，对湘学的认识，是在工作实践中真切感受到的。我去之前，湖南文化现象已经出现了。许多省到湖南考察文化产业，湖南广电很有名，湖南出版也很有名。外省党政代表团来了以后都点名要看湖南卫视，外省的同志谈到湖南文化现象，总会问湖南文化产业发展得不错原因在哪里？交流中，大家都承认一条，就是湖南在当今社会建设中产生的文化现象与湖湘文化优良传统密切相关，与在这个传统下形成的文化性格密切相关。比如说敢为人先、敢于担当，比如说实事求是、经世致用，比如说吃得苦、霸得蛮、耐得烦，等等。这一点在今年的湖南精神征集、提炼活动中反映得很明显。所以湖南文化现象，是有文化传承的。这样的文化现象自然值得研究、值得总结。其实，对湖湘文化的研究湖南早就有，不仅有，而且老同志积极性都很高，王克英同志、魏文彬同志等许多老同志都非常热心。现在，从湖湘文化研究到湘学研究，像刚才几位老师讲的，转换了一个角度，延伸了一个范围，提升了一个层次，有利于进一步探讨学科系统、学理支撑，从这个意义来讲，成立湘学研究院确实开阔了我们的思路，有利于我们进一步来研究问题。

二是湘学院六个月来的工作，证明是正确的。这在你们汇报中、在会议材料里面都有体现。湘学研究的目标任务和工作思路，周强书记和伟光院长

当时定的，通过这六个月的工作，你们基本是按这个在做。工作的思路和框架到现在这个实施方案，包括今天这个主题，“弘扬湘学传统，促进当代发展”，是贯彻了周强书记和伟光院长意图的。虽然开张时工作有难度，可以说是摸着石头过河，不可能一下子就有很多的成果、很大的影响，更不可能一下子就达到周强书记提出的“走在全国前列”的要求，但方向是对的，思路是对的，按照这样的方向和思路一步一步朝前走，我想是会有收获的。

三是在北京开座谈会，把想法变成现实，是正确的。如果在湖南开，相信也会不错，但实事求是地讲，不如北京的专家学者讲得更有说服力。还有，正如海鹏老师刚才讲的，探讨湘学问题不一定只是湖南人，还可以请一些有不同地域文化背景的专家，这样既可以看到优势，也可以看到不足，换句话说，请省内的、省外的，国内的、国外的专家和我们共同研究湘学，研究湖南，集思广益，从不同角度认识、比较和提炼，这样会更有利于湘学研究的发展，更有利于湖南的发展。

以上是对前一段工作的判断。这里我想就研究院目前的研究设想谈一点看法。刚才听了几位专家的意见，看了方案，感到架子是拉开了，想要做事。但是听老师们的发言，有一个感觉主题还需要更加集中，重点需要更加突出。作为湘学研究院，首先还是要确定一下最基本的问题、最基本的点在哪里，然后再说拓展问题。广义的湘学也好，狭义的湘学也好，这个可以讨论，但至少要把围绕的基本内容搞清楚，把湘学研究的目标任务搞清楚，把目前可以形成共识的内容搞清楚。比如湘学研究要推动当代发展是大家都可以接受的，就可以在这个基本认识的基础上再开展一些工作。所以我觉得，把问题进一步集中一下，集中到一个和几个主题，展开的时候才更好把握一些。

还有，湘学研究的宣传问题。周强书记在揭牌仪式上不是讲过“四个中心”吗？不是讲过“宣传中心”吗？这方面你们应当抓得紧一点。湘学院的工作开始以后，首先要想办法造点舆论声势，引起大家的关注。宣传要靠组织，要善于运用新媒体，开一些带有宣传推广的座谈会，找一些已基本达成共识的或者还需要讨论才能达成共识的话题，邀请专家学者讲一讲。如果围绕一个或几个大家关心的话题连续搞些有成效的活动，不怕不能把观众的注意力吸引到湘学方面来，不怕湘学研究的人气培育不起来。对已有的成果做了一些梳理以后，特别是基本达成共识以后，要请一些有研究的同志在高校开讲座，必须要把成果推介出去。我们自己不把湘学研究成果在课堂上讲出来，谁来给你讲？当然不是说一个人搞讲座，可以几个人一块搞。讲座以后，大家才会知道湘学研究院已经开张了，还有一些成果可以来讲一讲了。在这个过程中建议你们抓紧聚集人才，赶快培养人才。尤其要注意发挥专家顾问的作用，就是刚才有的同志讲的，要有开放的胸怀。现在虽然也在做这个工作，但我觉得还不够，聘请专家顾问的眼界要更宽更广一些。要利用好北京这个重要的平台，首先要让湖南籍的同志觉得，你必须要关心家乡，我不是说你应该，而是你必须。为什么呢？因为家乡人没忘记你们。当然，也不要拘泥于湖南籍，凡是关心湖南的专家学者，都要想办法把他们的注意力吸引到湘学方面来。让他们为宣传湘学、弘扬湘学，为宣传湖南、建设湖南献计出力。

（作者为新华社副社长）

（本文系作者在湖南省湘学研究院成立大会上的讲话）

加强湘学研究　弘扬湖湘文化

许又声

湖湘大地历来是一片“文源深、文脉广、文气足”的文化沃土。在这片沃土上产生的湘学，是中华传统文化百花园中的一朵奇葩。湘学以其厚重的文化底蕴和独特的文化张力，孕育出了一大批经邦济世的杰出人才，在促进中华文明繁荣、推动社会变革和发展方面，产生了深远的历史影响。它所倡导的心忧天下的爱国情怀、敢为人先的进取精神、经世致用的务实学风、兼容并蓄的开放胸襟，今天仍然是我们加快建设文化强省、积极推进富民强省的宝贵精神财富。加强湘学研究，对传承和发展湖湘文化、推动我省经济社会发展、凝聚共筑“中国梦”的正能量，具有重要意义。

要始终坚持湘学研究的正确方向。湘学研究作为一种地域性的学术思想研究，具有很强的意识形态属性，必须坚持正确的政治方向和学术导向。在研究中，我们要始终坚持以马克思主义为指导，用马克思主义的立场、观点和方法来看待湘学的历史和发展，看待湘学在今天加强中国特色社会主义和“中国梦”宣传教育、建设社会主义核心价值体系中的地位和作用，做到取其精华、去其糟粕，确保湘学研究朝着科学健康的方向发展。

要切实把握湘学研究的现实指向。经世致用是湘学的精髓。湘学作为湖南思想文化的宝藏，包含着提振当代湖南人精气神的丰富精神资源。加强湘学研究，必须站在时代的高度，充分发挥湘学在促进社会主义物质文明、政治文明、精神文明、社会文明、生态文明建设中的作用，努力为加快实现湖南的“小康梦”、“两型梦”、“崛起梦”，谱写“中国梦”的湖南篇章服务；为实施“四化两型”、促进“两个加快”、实现“三量齐升”，推动我省科学发展、富民强省服务；为我省加快建设文化强省、力争在建设社会主义文化强国中走在全国前列服务。

要自觉遵循湘学研究的自身规律。湘学之所以成为“湘学”，与其他地域学呈现出不同的特点和风格，主要在于它受湖南自然环境和人文历史影响极深。开展湘学研究，必须把握湘学的特点和规律，着力加强湘学发展历史的纵向研究，着力加强湘学与其他地域文化的横向比较研究，着力加强湘学对湖湘文化的影响研究。努力推出一批具有人文底蕴、反映时代特色、深受群众欢迎的湘学研究精品。

要积极推进湘学研究的全面创新。创新是湘学研究的灵魂，是提高湘学研究影响力的重要保证。首先，要拓宽研究思路。湘学研究不能仅仅局限于学术和文化层面，而是要拓宽视野，将凡是符合湖湘地域精神气质的湖南人物、湖南事件都纳入湘学研究的范畴，站在文史哲综合学科的视野和服务社会的要求上来研究湘学。其次，要整合研究资源。努力打破单位、部门、专业的限制，整合高校、科研机构、政府机关乃至民间的相关资源，搞好研究力量的重组和优化配置，建设一支高水平的研究队伍。再次，要改进研究方法。不仅要运用历史学、文献学等传统研究方法，还要善于运用社会学、心理学、环境生态学等其他学科的方法，从全新的角度来解读湘学，把湘学研究引向深入。

（作者为原湖南省委常委、省委宣传部部长）

（原载《湖南日报》2013年9月23日）

湘学专论

崇实重行　宏大湘学

——专家学者热议湘学及其当代价值

【编者按】千年湘学，源远流长，博大精深，是中华传统文化的重要组成部分。湘学以其厚重的文化底蕴和独特的文化张力，深刻陶冶和孕育了一大批经邦济世的杰出人才，为推动中国社会变革和发展作出了重要贡献。湘学所倡导的心忧天下的爱国情怀、百折不挠的顽强品格、敢为人先的进取精神、兼容并蓄的开放意识，不仅产生了深远的历史影响，而且具有很强的现实意义。由此成立的湖南省湘学研究院，得到了社会各界的广泛关注。为此，本刊特别邀请中国社会科学院院长王伟光，中共中央文献研究室常务副主任、全国政协常委杨胜群，中国社会科学院副院长、当代中国研究所所长李捷，新华通讯社副社长路建平，西北大学名誉校长、清华大学博士生导师张岂之，中国哲学史学会名誉会长、中国社会科学院学部委员方克立，中国史学会会长、中国社会科学院学部委员张海鹏，美国哈佛大学教授、毛泽东研究专家罗斯·特里尔就“湘学研究院研究什么、湘学研究院如何推进湘学研究、湘学研究如何促进当代发展”等问题展开探讨。

湘学的内涵与外延

湘学是一个有特定内涵和时空范围的学术思想史概念。湖南省湘学研究院倡导的湘学应该而且必须是“广义湘学”，即不仅要研究文化和学术意义上的“狭义”湘学，更要研究湖南当下经济社会发展中的人、事、物的“广义湘学”。“狭义湘学”研究是“广义湘学”研究的基础，肯定而且有必要继续推进。湖南省湘学研究院要借助“湘学”这个平台，带动湖南的历史文化、社会习俗、教育科技、名人名著、湖南人的精神特质等方面的研究，扩大湖南在中国乃至世界的影响力。

王伟光：一本湘人奋斗篇，半部中国近代史。近代湖湘是中国近代史的一个缩影。近代湘人和在湘人士在中华民族复兴奋斗的舞台上演绎了无数悲壮史剧，更为新中国的建立和建设作出了重大贡献。由此上溯越千年，中华民族多少英雄豪杰、仁人志士在潇湘大地豪迈放歌、奋勇拼搏，为中华民族的繁衍发展、为中华文明的兴旺发达，奉献了自己的心血乃至生命。研究湖湘人文，树传立史，谈经论理，宏大湘学，乃是发展湖南和我国经济社会文化、繁荣中华文明的一件要事。

方克立：湘学是一个有特定内涵和时空范围的学术思想史概念。它是中国传统学术即“国学”的一部分，具体说是中国儒学、宋明理学的一部分，与濂、洛、关、闽、江西之学、浙江婺学等地域学术传统一样，都是属于宋明理学中的不同学派。从两宋到清末，湘学学者都认同当时的主流意识形态，尊崇宋明理学，坚持儒家道统，这是决定其学说、学派性质的一个基本特点。另一方面，湘学又有自己的独特个性，就是反对空谈道德心性，主张“学贵力行”、经世致用，提倡实事实功之学，是宋明理学中很有特色的一个学派。北宋的周敦颐是宋明理学的开山，也是湘学肇始的一个象征性人物。南宋时期以胡宏、张栻为代表的湖湘学派，是当时影响很大的四大理学学派之一。明清之际湖南出了大思想家王船山，他是中国传统哲学和文化的总结性人物，也是从古代湘学过渡到近代湘学的关键人物。在中国近代历史的几个重要关头，湘学人物都起了十分关键的作用，并相应地出现了几个人才群体。其中包括鸦片战争前后以陶澍、魏源等人为代表的地主阶级改革派人才群体，咸丰年间以曾国藩、左宗棠等人为代表的湘军儒将集团，19世纪末以谭嗣同、唐才常等人为代表的维新派人才群体，20世纪初以黄兴、蔡锷、陈天华、杨毓麟等人为代表的资产阶级革命派人才群体。他们大都出身于岳麓、城南等书院，深受湖湘学统的熏陶，也在新的历史时期发展了湘学的学理和学风。

张岂之：湖湘文化是中国地域文化当中很有特色的一枝奇葩，而湖湘学派正是湖湘文化的核心精神。对湖湘学派，历史上有“湖湘学”、“湖南学”、“湖南一派”、“湖湘学派”、“湖湘学统”、“潭学”等称呼，梁启超、侯外庐等先生也使用过“湖湘学派”这一名称。“湖湘学派”主要指以胡安国、胡宏父子和张栻为代表而建立的理学，由理学宗师周敦颐开源奠基，胡安国、胡宏父子开统，张栻总其大成。湖湘学派精神余脉传承久远，明清之际湖南有大儒王夫之，他是理学集大成者，远绍多端，并无师承；后来者曾国藩、谭嗣同、皮锡瑞、王闿运、王先谦等踵事增华，杨昌济、毛泽东也受到湖湘学派的影响，这些有代表性的人物著述宏富，其学虽然有所不同，但是共同特点是崇尚实事、实学、实用、实践，经世致用之学是湖湘地域学术的显著特点之一。

杨胜群：湖湘之地，曾经被称为荆蛮之地，“罪官”、“犯将”贬逐于此。遭贬逐者却多为有识之士。他们曾“居庙堂之高”，沦落江湖之后，更感到国运沉沦、民生疾苦，忧患于心，发乎为诗文，成为湖湘文化之滥觞。历屈原、贾谊、杜甫、柳宗元直至范仲淹，形成了“先天下之忧而忧，后天下之乐而乐”的湖湘人文精神。两宋时期，湖湘学派形成，湖湘人文精神注入了更为积极的理性因素。明末清初，由王夫之引领，湖湘人文精神出现了新的提升。近代以来，湖湘人文精神升华为一种以天下为己任、敢于担当的境界。魏源、左宗棠、谭嗣同、蔡锷、黄兴等人物相继在湘地崛起，在万马齐喑的时代，重新抖擞，或开思想先河，或力挺国家中兴，或喋血革命。20 世纪 20 年代之后，湘地又崛起了“心忧天下”的毛泽东、蔡和森、刘少奇、任弼时、彭德怀、贺龙等新一辈人物，湖湘人文精神在他们身上得到了革命性的升华。

李捷：“惟楚有才”，历史上的湖湘大地以一种宽厚博大的胸怀接纳着被罢黜、贬谪、流放以及迁徙的文化名人。这片土地大家辈出、群星荟萃，他们接力传承，造就了盛极古今的湖湘文化。屈原开浪漫主义之先，也称得上是“哀民生之多艰”现实主义的鼻祖。承两汉经学、魏晋玄学和隋唐佛学之盛，湖湘文化大开大合，返本开新“儒、道、释”等诸家之学，成就了宋明理学这一中国历史上唯心主义的巅峰，推动了“学而优则仕”的科举制度不断丰富和发展，成为当时的“经世致用”之学。明末清初，以王夫之为代表的湘学人，顺应时代潮流，革宋明理学之弊，集中国朴素唯物主义思想之大成，开创船山学派，影响了有清和民国的几代人，为近代中国社会“千年未有之大变局”准备了思想和人才基础。十月革命一声炮响，给我们送来了马克思列宁主义，也为湖湘文化注入了新思想。以毛泽东为代表的中国共产党人，坚持革命的浪漫主义和革命的现实主义相结合，以马克思主义为指导，秉承五四运动优良传统，批判吸收古今中外优秀的文化思想，着力推动马克思主义中国化，实现了中华文化“古为今用、洋为中用”前提下的新发展，为中国革命胜利奠定了坚实的思想基础。特别值得一提的是，毛泽东继承弘扬湖湘文化精华，并注入历史唯物主义和辩证唯物主义精髓，为中国共产党奠定了实事求是的思想路线。这是中国共产党的安身立命之本，也是传世之宝。历史证明，湖湘文化具有返本开新、兼收并蓄、实事求是、经世致用的优良品格。

方克立：在湘学研究中，要不要提“现代湘学”这个概念？有没有“现代湘学”？什么是“现代湘学”？传统湘学是一种前现代的理学型的学术文化，它能不能转化为某种现代学术形态？怎样转化？我个人认为回答这些问题要慎重，要根据事实说话。毛泽东曾经深受湘学传统的影响，但是我们却不能把马克思主义中国化两大成果之一的毛泽东思想归属于“湘学”的范畴，因为它不是对传统湘学的简单继承和延伸，而是对传统湘学的根本改造和超越，二者有性质上的根本不同。比如“实事求是”是湘学的一个重要传统，曾国藩将实事求是解释为朱熹讲的“即物穷理”，就是把它理学化，毛泽东则把它改造成一个辩证唯物主义认识论的命题，使它获得了全新的意义和价值。不但不能把毛泽东说成是“现代湘学”的代表人物，就是在不同程度上受到湖湘学统影响的李达、金岳霖、李泽厚等现代湘籍学者，也不能把他们的学术思想归结为“现代湘学”，因为不论是马克思主义、新实在论还是所谓“人类学本体论”，都是一种现代性的思想学说，不能将其框限在某种传统地域学术文化的范畴内。今天中国的几大思潮，代表人物中间都有湖南人，他们之间的思想分歧和相互关系实际上是当代中国整个思想格局的反映。像濂、洛、关、闽、湘学、蜀学、浙学、徽学这样一些有特定时代内涵、表现出地域文化特征的传统学术概念，都不能随便延伸到现在，否则容易混淆传统学术与现代学术的界限。

张海鹏：湘学和湖湘文化之间有没有区别？这个值得思考。湖南的学者常常喜欢说湖湘文化，湖北的学者（我是湖北人）喜欢说荆楚文化，其实在我看来，荆楚文化更多的是指湖南湖北文化，我提出一个概念叫“湖广文化”，这可以把两湖自楚文化以来的发展予以概括。湖南、湖北两省是清朝雍正年间才分治的，以前一直叫湖广省，清朝设湖广总督，管辖湖南、湖北两省。湖北、湖南的文化，有许多共同性。湖南、湖北这一带的文化现象，在很长的历史里头，我觉得有太多的共同之处。因此我觉得，研究一种学问，应该是将更多的同质性放在一起来观察研究会比较好一点，不能够以现在的行政区域做绝对的划分。所以如何开展湘学研究，应该把这些情况纳入考虑范围。

如何推进湘学研究

湖南省湘学研究院要用历史、批判、开放、现实、创新的观点来研究湘学，要有雄心、有信心、有恒心，深入挖掘湘学的精神资源和时代价值，加强湘学普及和湘学宣传，提升湖南人文精神。通过十年二十年甚至更长时间的努力，将湘学打造成敦煌学、吐鲁番学一样的地域文化品牌，在湖南走向中国、走向世界的舞台中起到重要作用。

王伟光：要在马克思主义的世界观、方法论的基础上来统一思想，用历史的观点、批判的观点、开放的观点、现实的观点、创新的观点来研究湘学。研究湘学还要提倡三种服务：为现实服务，为湖南的经济社会发展服务，为中国特色社会主义现代化建设和中华民族的伟大复兴服务。研究湘学，不要把它当成仅仅是研究学术之学，要从政治和全局的高度出发，坚持正确的政治方向和学术导向，以马克思主义世界观和方法论的哲学思维看湖湘，要以实事求是、务实重行的哲学思维方式来研究湘学；研究湘学，不要把它当成仅仅是研究湖湘之学，要把它看成中国学术、中华文化的有机部分，站在全中国、全世界放眼看湖湘，要以面向全国、面向世界、面向未来的开放眼光和远大视野来研究湘学；研究湘学，不要把它当成仅仅是研究湘人之学，要重视非湘籍人士的贡献，以开放包容之心看湖湘，要以更为宽阔的视域、更为开放的心态、更为兼容的文化自觉自信来研究湘学；研究湘学，不要把它当成仅仅是研究历史之学，要古为今用，以批判地借鉴继承、为现实服务的心态看湖湘，要以为现实服务、为今天服务，与时俱进、开拓创新的学风来研究湘学。

李捷：以马克思主义为指导，为社会主义服务、为人民服务，百花齐放、百家争鸣，贴近实际、贴近生活、贴近群众，是加强文化建设的根本指针，是湘学研究应当把握的首要原则。湘学研究应该发扬立足湖湘、服务全国、放眼世界的优良传统，服务于中国特色社会主义的伟大事业，服务于“中国梦”的伟大实现。只有这样，才能找准湘学在新时期以及历史发展中的价值和定位，也才能真正体现湘学的经世致用传统。毛泽东同志所讲的“古今中外法”是湘学研究应该遵循的基本方法，也是湘学与时俱进、返本开新、服务当代的关键所在。因此，湘学研究不能做成书斋里的学问，也不能是复古、训诂的考据之学，而一定要树立实践品格，善于从湖南大地这一局部发现全国战略发展的大局问题，善于从湖湘文化的滋养中发现当下中国文化发展的优秀因子，善于从人民群众的伟大实践中总结提炼文化发展进步的有机要素，真正造就湘学研究“植根人民、博古通今、学贯中西、服务当代”的宏大气象。

张海鹏：无论是研究湘学，还是研究湖湘文化，指导思想都要明确。无论是广义湘学还是狭义湘学，都要用马克思主义来指导。要用马克思主义的立场、观点和方法来实事求是地看待湘学的历史和湘学的发展，看待湘学在今天社会主义核心价值体系构建过程中的作用和地位。最重要的就是要在历史唯物主义和辩证唯物主义基础上来统一对历史的看法。同时，湘学不仅是湖湘之学，而且是中国的湘学，要以博大胸怀和开放眼光来开展湘学研究。要勇于接受不同意见，敢于接受来自各方面的批评。

方克立：如何推进湘学研究，我讲三点看法：一、严格的学理意义和作为一种地域学术传统的湘学，是指从两宋到清末，在湖南地区产生和发展的一种将儒家的性理哲学与经世之学相结合，主张体用合一、“内圣”与“外王”并重的学术形态，也就是通常所说的“千年湘学”或“传统湘学”。这应该是湘学研究的主体内容和核心内容。二、除了研究千年湘学之外，还要做历史文化溯源的工作，包括考察古代南方楚文化的影响，以及屈原、贾谊、柳宗元、刘禹锡等宋以前流寓湖南地区学者所作出的贡献，甚至可以追溯到楚祖鬻熊，追溯到舜文化和炎帝文化。叶德辉说：“湘学肇于鬻熊，成于三闾。”三闾大夫屈原是周敦颐以前古代湘学的另一个象征性人物，但是宋以前的湘学与宋以后的湘学情况非常不同，两个阶段有重要的差别。在某种意义讲，宋以前并不存在宋以后那么一种有特定的学术内涵和学术传承特点的湘学，那时还没有形成所谓“湖湘学统”。三、要研究千年湘学、传统湘学的现代影响和现代意义，包括研究湘学精神的现代转化问题。这种研究主要是总结千年湘学中的积极内容和精神价值，充分发挥它对今天湖南经济社会发展和文化建设的促进作用。

张岂之：在推进湘学方面，要注重从以下三个层面展开：一是利用现代多学科的方法，对湖湘学术进行科学总结，比如总结其理学、经学、史学、文学、科技等方面的成就。这是湖湘学术实现现代转型必须尽力去做的。二是注意发掘湖湘学术的现代价值，服务于当代社会。湖湘学与理学关系深厚，一直有重视道德研究和践履的传统，如果结合当代社会问题加以研究，发扬优良传统，使之贯穿于教育，显然有利于当代公民的道德建设。三是注意湖湘学术与中原文化、其他区域文化关系的研究，例如与洛学、闽学、徽学的互动关系，这样有利于开阔视野，更有利于揭示湖湘文化的特质，从而丰富中国文化整体研究。

路建平：湘学研究院在起步阶段，首先要有舆论声势，引起大家的关注。宣传要靠组织，要善于运用新媒体，举行一些带有推广性质的座谈会，找一些已基本达成共识或还需要讨论才能达成共识的话题，邀请专家学者讲一讲。如果围绕一个或几个大家关心的话题连续搞些有成效的活动，不怕不能把观众的注意力吸引到湘学方面来，不怕湘学研究的人气培育不起来。要注意在网络上搞专家座谈会，以最便捷和迅速的方式扩大湘学影响。我们在对已有的成果做了一些梳理以后，特别是基本达成共识以后，还要请一些有研究的同志在高校开讲座，把成果推介出去。在进入高校课堂的过程中，要注意延伸湘学研究范围，提升层次，进一步寻求学理支撑、构建学科体系。

罗斯·特里尔：我们研究湘学尤其是湖湘人物如毛泽东这样的历史人物时，需要特别注意其所处的时代，后来者在看待问题时，往往容易站在当代人的角度来对历史人物吹毛求疵，我们不能责怪前人过时了，因为我们如果这样做的话，前人可以将责任推到我们身上，说后来人完全不能理解当时的情形。同时我们要注意对材料的发掘，要从浩如烟海、各式各样的材料中发现对我们有用的东西，这需要花费巨大的精力，当然档案管理机构也应当在适当时机将一些不为人知的档案公之于众。当我们发现了某些有用的东西时，一定要采取适于公众所习惯的方式使其为公众知晓，这样人们才能够获得相对完整的历史映像，建构起完整的历史观念。

湘学如何促进当代发展

历史上的湖南在国家政治和经济生活中的地位举足轻重，然而，改革开放以来，湖南和湖南人在全国的地位似乎在削弱。湖南省湘学研究院有责任和义务全身心投入文化强省建设热潮当中，为提升湖南文化软实力，重塑湖南在全国政治经济生活中的形象、重塑湖南在国家政治经济生活中的地位，贡献自己的智慧和力量。湘学研究院要学以致用，力争在宣传湖南形象、扩大湖南影响、培育湖南新人方面奋发作为。

王伟光：从作为传统学术的重要组成部分这个意义来讲，湘学要研究古往今来的历史与人物，但湘学不是为历史而历史、为古人而古人，要为现实服务。既要研究历史上的湘人湘事，也要研究当今时代的湘人湘事，要为湖湘的当代发展作贡献。研究湘学，不仅要研究历史时期的湘学，更要研究湘学的现代继承和创新问题，要拓展现代湘学研究的对象、范围、内容等。研究湘学，不完全是为了研究湖南、宣传湖南、发展湖南，更多的是为了实现今天中国的现代化。

杨胜群：学术文化与人文精神从来都是紧密联系在一起的。特别是带地域性的学术文化，它的精髓必定是当地独特人文精神的反映。学术文化也只有深刻揭示人文精神，才会有自己的生命力。传统湘学所表现出来的“实事求是”、“经世致用”和兼容并蓄、变革求新的学术精神，无疑是湖湘人文精神在学术文化上的体现。正是由于这样，湘学才得以在历史上独树一帜，并且历久弥新。因此，今天振兴湘学，要继承和发扬湘学的优秀传统。自古以来，湖湘之域因其独特的地理、历史环境等，逐渐形成一种既具有中华文化共性又具有鲜明地域特点的湖湘文化和以心忧天下、以天下为己任、敢于担当等为主要特质的湖湘人文精神。新中国成立以来，湖南与其他地区的文化地域特色比较依然存在，在湖湘文化影响下，涌现出了文学湘军、出版湘军、电视湘军。今天我们要提倡“新湘学”的概念，这种湘学是继承旧湘学并有所创新发展的，要通过湘学研究振兴湖南人文精神，给湖南人才成长提供文化土壤，提供学术精神，给当代湖南的发展鼓劲，要让湘学为“中国梦”和民族复兴大业提供正能量！

方克立：湘学研究必须为现实服务，为文化强省、文化强国作贡献，传统湘学可以提供许多有价值的精神资源。比如湘学中有一种注重探讨宇宙人生之大本大源问题的原道精神传统，湘学提倡知行统一、强调“学贵力行”和经世致用的实学学风也非常突出。另外，一些湘学人物还表现出了不囿成见、兼容并包的开放气度和与时偕行、变革求新的通变精神。在民族危亡的关键时刻，不论是南宋时期的湖湘学派，还是明清之际的王船山，都表现出了坚持民族大义的强烈的爱国主义情怀。这些宝贵的精神资源，是中国传统文化中的优秀部分，经过批判继承和创造性的转化，都可以为今天的现实服务，为今人提供思想启示和历史借鉴，有助于中国特色社会主义文化和社会主义核心价值体系建设。

路建平：探讨湘学问题不一定只是湖南人，还可以请一些有不同地域文化背景的专家，这样既可以看到优势，也可以看到不足，换句话说，请省内省外、国内国外的专家和我们共同研究湘学、研究湖南，集思广益，从不同角度认识、比较和提炼，这样会更有利于湘学研究的发展，更有利于湖南的发展。凡是关心湖南的各界名流，都要想办法把他们的注意力吸引到湘学方面来，让他们为宣传湘学、弘扬湘学，为宣传湖南、建设湖南献计出力。

张岂之：湘学研究院当然要立足于高深研究，但是也要注意学术成果的普及和传播问题。希望湘学研究院的成立能推动湖湘学术文化探究的深化和发展，做到既有阳春白雪，也有下里巴人，实现学术效益和社会效益的良性互动。

罗斯·特里尔：我们一定要注意传统文化的普及，要让更多的年轻人了解和知道传统文化，尤其是要以年轻人喜爱的方式让传统文化受到欢迎。教材当中应当有很多传统文化的东西，只有教科书当中有这类内容，湘学才能被年轻人所认同。

（原载《光明日报》2013 年 5 月 30 日）

宏大湘学　振兴湖南

——专家学者纵论湘学及其当代价值（一）

【编者按】千年湘学，源远流长，以其厚重的文化底蕴和独特的文化张力，深刻陶冶和孕育了一大批经邦济世的杰出人才，为推动中国社会变革和发展作出了重要贡献。在湖南加快实现“小康梦”、“两型梦”、“崛起梦”的伟大历史进程中，如何发挥好湘学的重要作用，已成为一个新的时代课题。为此，湖南省湘学研究院组织专家学者对“为什么要宏大湘学、宏大湘学主要宏大什么、如何宏大湘学”等进行专题研究和探讨。本报理论部甄选精编其中部分有代表性的研究成果，推出“宏大湘学、振兴湖南”上、下两个专版，助推湘学发展，效力振兴湖南。敬请关注（许又声著《加强湘学研究　弘扬湖湘文化》一文编为本年鉴特载文章之一）。

继承优良传统　催生正能量

徐晨光

在湘学千百年的发展长河中，湖南士子与广大人民，用智慧和汗水逐渐形成了具有鲜明特色的优良传统，其灵魂是实事求是、实质是勇于创新、核心是躬行践履、活力源泉是共同奋斗。这是湘学留给我们的宝贵财富，更是振兴湖南的强大思想动力和正能量。

宏大实事求是传统，为振兴湖南创造新奇迹。实事求是是湖南仁人志士探究学问、治国理政的根本准则，从王船山的旁征博引，到魏源的“师夷长技以制夷”，到曾国藩的笃实学风，再到毛泽东的《实践论》、《矛盾论》，可谓一脉相承。正是依靠实事求是，湘学以及湖南经济社会发展曾经取得了辉煌成就。在新时期，省委提出了“四化两型”、“两个加快”、“两个率先”、“三量齐升”、“五个发展”的战略。为实现这些战略目标，我们就必须发扬实事求是的精神，深入细致地了解客观情况，严谨科学地分析形势，扎扎实实地谋划发展。唯有这样，湖南才能真正实现“小康梦”、“两型梦”、“崛起梦”。

宏大勇于创新传统，为振兴湖南寻求新突破。屈原以《离骚》、《九歌》开创一代新风，左宗棠在重重阻力下开办新企业，毛泽东开拓农村包围城市、武装夺取政权的新道路，取得了骄人成就，这些都表明湘学具有想前人所未敢想、做前人所不敢做的传统。在新形势下，湖南的科学发展会碰到许许多多的制约因素。只有大力弘扬勇于创新的精神，才能激励全省上下以新思维、新措施、新方式，切实将省委、省政府的决策部署、指示要求和本地、本部门的实际结合起来，创造性地开展工作，真正实现湖南由农业大省向工业强省、教育大省向教育强省、文化大省向文化强省的转变。

宏大躬行践履传统，为振兴湖南增添新动力。湘学一贯强调“知行相资以为用”。湖湘学人善于在历史、现实和未来的连系中，把握时代跳动的脉搏，将个体的主动进取精神与积极的社会参与完美结合起来，满腔热情地投入社会实践，成为真正的实干家，近代的陶澍、贺长龄、贺熙龄、汤鹏、邓显鹤等，积极整顿吏治、治理河道、海运、军务，大力发展教育等国计民生事业，取得了斐然政绩。当前，湖南正处于发展的关键期、黄金期，全省上下更要弘扬躬行践履精神，保持永不懈息的心劲，扑下身子，一步一个脚印、踏踏实实地工作，努力做到重实际、讲实话、出实招、干实事、求实效。

宏大合力奋斗传统，为振兴湖南凝聚新共识。湘学之所以出现大发展、大繁荣，与一代接一代湖南人才群体之间的前后传承、互相鼓励、彼此支持、共同奋斗密切相关。在新形势下，湖南省不论哪个层级、哪个群体、哪个阶层都应该倡导合力奋斗精神，自觉学习和执行省委的最新部署，在此基础上增强合作意识和团队精神，做到上下一心、齐心协力，形成心往一处想、劲往一处使、汗往一处流的良好局面，努力实现经济总量、运行质量和人均均量的同步提升，促进湖南经济社会发展事业蒸蒸日上、欣欣向荣。

（作者为省委党校常务副校长、湖南行政学院常务副院长、教授）

弘扬湘学　光大“湖南精神”

周发源

湘学从来都不只是湖湘之学，如濂学就是宋明理学的开山，船山思想是人类精神宝库的共同财富；湘学人物也从来不只属于湖南，从胡宏到王船山到毛泽东等大批湖湘翘楚，无不怀抱着匡济天下的高远情怀。因此，弘扬湘学，不只为湖南，更为天下；诵说先贤，不只为往世，更为今人。这正如我们今天所倡导的“湖南精神”：“忠诚”、“担当”、“求是”、“图强”。

作为一种地域性学术传统，湘学是传统儒学或者说宋明理学的重要组成部分。北宋时期，周敦颐作为宋明理学的开山鼻祖，被视为湖湘学统的肇始人物；南宋时期，以胡安国、胡宏父子和张栻为代表，正式形成了湖湘学派；明清之际的大思想家王船山，既是中国传统哲学和文化的总结性人物，也被视为从古代湘学到近代湘学过渡的关键性人物。自王船山后，作为湘学重要组成部分的船山学，对近代湖湘学者、思想家、政治家、军事家，如陶澍、魏源、曾国藩、左宗棠、谭嗣同、杨度、黄兴、蔡锷、陈天华、杨毓麟、杨昌济等都产生了重要影响，进而深刻地影响了近现代中国的社会历史进程。这与湘学传统中经世致用、崇实重行、忠君爱国、敢为人先的特征密不可分。特别是毛泽东，对湘学有深入的学习研究，在把马克思主义运用于中国革命实践的过程中，使马克思主义民族化、大众化、本土化，创立了毛泽东思想，指导中国革命和建设取得了伟大胜利。

研究湘学、弘扬湘学，既要关注其作为中国儒学、中国传统哲学重要组成部分的学理意义，更要关注其对于当今时代和社会的精神资源意义。这一思路与深受湘学传统浸染的湖湘知识分子群体的精神特征相契合，即在讲究内圣修养的同时，特别强调外王经世，追求立德、立言、立功三不朽的理想人生。正如湖湘学派的核心人物胡宏所言：“学圣人之道，得其体必得其用，有体而无用，与异端何辨!”又如王船山作为清初实学的代表人物，主张“明体致用”，“发明天理而见诸人事”，把理势打通，提出理势合一、内圣与外王和谐统一。再如毛泽东在青年时代曾说过：“有豪杰而不圣贤者，未有圣贤而不豪杰者也。圣贤，德业俱全者；豪杰，歉于品德，而有大功大名者。”说明了他对立德立功、德业俱全圣贤人格的追求。

研究湘学、弘扬湘学，应将“内圣”与“外王”相统一，要把历史眼光与时代眼光结合起来。只有这样，湘学才能真正成为有源有流的“活”的湘学，才能为振兴湖南提供丰富的精神资源。否则，湘学仅仅是供奉于书斋、束之于高阁的学术化石，与其景行前徽、匡饬时贤的内在品格相违。历史眼光要求我们对湘学追本溯源，对其发展脉络和轨迹进行细致的梳理，厘清湘学这棵大树的根干枝叶，并对其进行修剪，批判地继承，从而使之开出灿烂的花，结出香醇的果；时代眼光则要求我们抬起淹埋于群经中的头，将目光投向窗外，看看生气勃勃的当今社会，需要我们为她做点什么，使之变得更好。而要将这二者结合起来，则需要我们独具慧眼，找到能将历史、现实和未来连接起来的“时光之门”。其实，我们并不缺少这样的资源，如曾经培育了无数湖湘俊杰的千年学府岳麓书院，至今仍是享誉中外的学术殿堂；又如曾经凝聚了大批仁人志士的百年老刊《船山学刊》，至今仍是传承湖湘学统的重镇沃土。要研究湘学、弘扬湘学，就要充分发掘和利用好这些历史留给我们的宝贵财富，使之为光大“湖南精神”，为振兴中华、振兴湖南，发挥重要作用。

（作者为省社科联党组书记、副主席、研究员）

宏大湘学的意义

刘建武

湘学所倡导的心忧天下的爱国情怀、百折不挠的顽强品格、敢为人先的进取精神、兼容并蓄的开放意识，不仅产生了深远的历史影响，而且具有很强的现实意义。因此，我们一定要宏大湘学，让湘学为实现中华民族伟大复兴的“中国梦”服务，为谱写“中国梦”的湖南篇章服务。

宏大湘学是实现社会主义文化大发展、大繁荣的需要。文化是民族的血脉，是人民共有的精神家园。在中华民族五千年的文明发展历程中，各族人民紧密团结、自强不息，共同创造出源远流长、博大精深的中华文化。湘学作为中华文化的重要组成部分，其本质是中国传统文化与湖南地域精神相结合的产物，是一种带有独特气质的地域文化。尤其是近代以来，湘学更是成为激励湖南人乃至全国人民为实现民族独立、国家富强而奋斗的重要精神源泉。在湘学的激励鼓舞之下，湖南人成为近代中国舞台上的主角，创造了举世瞩目的功业，有“一本湘人奋斗篇，半部中国近代史”之谓。因此，在实现中华民族伟大复兴的历史洪流中，对这样一种在中华民族发展进程中具有独特价值的地域文化，我们理应为其发展和繁荣创造条件。只有这样，湘学这朵中华文明的奇葩，才能迎风怒放、向阳盛开。同时，也会给社会主义文化大发展、大繁荣注入湘学特有的活力因子。

宏大湘学是助推美丽湖南建设、实现富民强省的需要。在“中国梦”价值目标的指引下，湖南作为国家中部崛起的重要省份也有自己的梦想，即“两型梦”、“小康梦”、“崛起梦”。然而，不论是“两型社会”和小康社会的创建，还是湖南在中部地区的率先崛起，都不仅仅需要基础设施建设的进步、物质文明的丰富，也需要健康的思想和昂扬的精神，需要人们素质的全面提升。否则，人和社会的发展就不完整。正如马克思曾经指出的那样，人的全面发展是指个人的体力和智力在生产过程中得到多方面的、充分的和自由的发展。没有文化的滋养，“两型”、小康、崛起都会黯然失色，富民强省也将成为镜花水月，难圆好梦。湘学作为具有浓郁地域色彩、深厚历史底蕴的地方文化，对湖南人来说具有天然的亲和力，是湖南人最佳的精神营养，是提升湖南文化软实力不可或缺的，甚至是最重要的精神食粮。宏大湘学，一定能够让建设美丽湖南、实现富民强省好梦成真。

宏大湘学是增强湖南人的文化自信、文化自觉的需要。湖湘大地，长期以来被视为蛮荒之地、文明荒漠。湘学的诞生、传播和发展，使湖南拥有了自己的独特文化。但湘学的命运却并非一帆风顺，与近代历史上湘学的巨大成就和深远影响相比，新中国成立以来特别是改革开放以来，湘学似乎辉煌不再。以至于有些人认为湘学存在着一些不合理的成分，与现代文明的某些固有元素不相融，由此否定湘学的价值和意义，丧失了应有的文化自信。其实，湘学历经千年风雨而薪火相传，本身就说明了其具有极强的文化生命力和创造力，我们对此应当充满自信。不过这种自信不应当是盲目自大，而应是一种充满理性光辉的自信。为此，我们在继承湘学精髓的同时，要结合时代精神，对其进行合理的扬弃和继承，使湘学能够与时代精神契合，赋予其全新的生命力。只有这样，我们才能承担起湘学传承与创新的历史使命，让其赓续绵延、历久弥新，进而形成湖南人的文化自觉，让湘学迈上文明永续的康庄大道。

（作者为省社会科学院党组书记、院长、教授）

推进湘学发展　做到“三个结合”

刘湘溶

千年湘学，源远流长，既有悠久的传统，也有闪光的结晶。我省成立湘学研究院，开了一个好头，迈出了关键的第一步。我们要大力推进湘学研究和发展，应在“三个结合”上多下功夫。

做到理论研究与实际应用相结合。从根本上说，湘学的生命力在于其本身的科学性，在于其满足实践需要的程度。一方面，科学性是前提，科学的理论迟早都是能够满足实践需要的；另一方面，理论的科学性又必须来源于实践，要从实践中汲取营养，再为实践服务。因此，湘学研究从总体定位上，应定位于“古为今用”、“经世致用”，具体应体现在“三个服务”上。一是为湖南文化强省和科学发展服务。湘学是湖南人民的宝贵精神财富。我们应当大力弘扬湘学的时代精神和当代价值，并以此来提振精神，凝聚人心，激发热情和梦想，不断为深入推进“四化两型”、“四个湖南”建设增添不竭的精神动力，为湖南科学发展作出新贡献。二是为社会主义文化大发展、大繁荣服务。湘学作为中华文化百花园中的一朵奇葩，充分挖掘它的精神、精髓，可以极大地丰富中华传统优秀文化宝库，从而为发展社会主义先进文化夯实基础，为优秀传统文化发挥更大作用作出新贡献。三是为世界人类文明的丰富和发展服务。湘学是湖南的、中国的，也是世界的。宏大湘学，不仅仅是为了中国的今天和明天，还要为世界文明的发展和繁荣作贡献。我们要用更加宽阔的胸怀宏大湘学，大力弘扬湖湘文化传统中包含的审美观念、道德伦理及人文精神，广泛参与世界文明对话，扩大中华文化在世界上的感召力和影响力，真正做到“张扬湖南，而不为湖南，为天下；诵说先贤，而不为先贤，为今人”。

做到理论研究与宣传普及相结合。湘学的生命力除了本身的科学性和实践性之外，还取决于它的群众基础和社会基础，取决于有多少人真正对湘学有了解，有兴趣，有认同，有需求。因此，宏大湘学，应坚持两条腿走路，做到精深的理论研究和群众性的普及相结合，让湘学从书斋里走出来，从“庙堂”里走出来，避免“养在深闺人未识”的尴尬。可以作出这样一个判断：绝大多数湖南人对湘学之精髓做到目能触之、耳能听之、口能言之、心能悟之、身能行之之日，就是湘学宏大之时。

做到理论研究与人才培养相结合。人才强则湘学强，人才盛则湘学盛。正可谓，“斯为盛”离不开“楚有材”。宏大湘学，最关键的还在于培育湖南新人。湘学之所以有辉煌的昨天，就是因为湖湘人才蔚起。“一本湘人奋斗篇，半部中国近代史”就是真实写照。所以，宏大湘学，千万不能忘了育人，否则就会丧失根本。具体做法，我认为首要的是做到“三个进入”。一要做到湘学研究进入高校。比如湖南师范大学就一直重视湘学研究，早在1996年就把“湖湘文化研究”列为首批国家“211工程”重点建设学科，十多年来累累硕果，已成为我省传承和发展湘学的重要基地之一。二要做到湘学经典进入课堂。湘学经典既包括湖湘文化典籍，也包括湘学研究优秀成果，我们要让优秀的湘学经典成为学生们的必修课程。三要做到湘学精神进入学生头脑。要让在湘求学的大学生们高扬“路漫漫其修远兮，吾将上下而求索”的精神，怀持“先天下之忧而忧，后天下之乐而乐”的胸襟，练就“我自横刀向天笑，去留肝胆两昆仑”、“为有牺牲多壮志，敢教日月换新天”的气魄。

（作者为湖南师范大学校长、教授）

（原载《湖南日报》2013年9月23日）

宏大湘学　振兴湖南

——专家学者纵论湘学及其当代价值（二）

湘学的特殊品格

郑佳明

曾国藩说：“湖南之为邦，北枕大江，南薄五岭，西接黔蜀，群苗所革，盖亦山国荒僻之亚。然周之末，屈原出于其间，《离骚》诸篇为后世言情韵者所祖。逮乎来世，周子复生于斯，作《太极图说》、《通书》，为后世言义理者所祖。两贤者，皆前无师承，创立高文。上与《诗经》、《周易》同风，下而百代逸才举莫能越其范围。”这就道出了湘学的渊源与历史地位。正是湖湘的地理和历史孕育了湘学，也镌刻了湘学的特殊品格。

湘学有一种重道的传统。湘人为学追求大本大源，上下求索、天人合一。从屈原、贾谊开始，一直到柳宗元、刘禹锡、韩愈、李白、杜甫、范仲淹、苏东坡，湖湘大地士子先忧后乐，悲天悯人，有一种重视原道和终极关怀的精神。周敦颐把这种精神上升为理论，被誉为“得圣贤不传之学”的理学开山。清代学者黄宗羲在《宋儒学案》中说：“孔子而后，汉儒止有传经之学，性道微言之绝久矣。元公崛起，二程嗣之……若论阐发心性义理之精微，端数元公之破暗也。”弟子程颢、程颐继承和完善了他的思想。后来经过朱熹进一步发展，成为中国的正统思想。从濂闽关洛到程朱理学，都与湖湘之地、湖湘之人、湖湘之学连在一起，让湘学与中华儒学在同一个层次发展和变迁；近代中华文化的转变，义理之学变成实用之学、实事求是之学，也关乎湘人湘学，使湘学成了有全国意义的文化现象。王船山以后湘学的思想资源极大地影响了近代中国的人文和历史。

湘学有一种求变的精神。屈原是求变的，濂溪是求变的，王船山也是求变的，他们都深受《周易》影响，读“易”思变，趋时更化。北宋末年、南宋初年，由胡安国首开先声，其子胡宏独创新论，弟子张栻继承其说，形成湖湘学派，也是求变的。黄宗羲认为“中兴诸儒所造，莫出五峰之上，其所作《知言》，东莱以为过于《正蒙》，卒开湖湘之学统”。《正蒙》是张载的名篇，而《知言》超过了它，超越的是变革经世的思想。这种思想从胡宏就开始了，朱熹曾经对此不以为然。王船山传承的同样是义理之学，但是他改变了宋明理学。历史上当其他地方在传承的时候，湖湘学者往往在求变。曾国藩是卫道士，但是他掀起了洋务运动这一深远的变革，魏源师夷长技以制夷，也是求变。在道和器、知和行、体和用一系列问题上，湘人往往独树一帜。湘学是在变革中超越其他学问的。这种变革思想孕育出近代湘人中的大批改革家和革命家。

湘学有一种唯实的态度。湘学在重理性的同时，重感性，重现实，追求知行合一。胡宏说：“夫人生非生而知之，则其知皆缘事物知”，“是以节事取物，不厌不弃，必身亲格之，以致其知焉”。他认为，人非生而知之，知是后天得到的，是通过客观事物的接触和了解得来的。接触和了解客观事物必须用耳目等感觉器官。他说：“夫耳目者，心之所以流通也；若夫图形具而不能见，耳形具而不能闻，则亦奚用夫耳目之官哉！”在名实问题上，胡宏肯定有实而后有名。他说：“有实而后有名者也。实如是，故名如是。实如是，名不如是则名实乱矣。名实乱于上，则下莫之所以，而危之至矣。”从王船山开始，湘学求实、重实、重器、重行的精神特色愈发鲜明。从知行统一于“礼”的儒学、知行统一于“理”的理学、知行统一于心的王阳明“心学”，到知行统一于“行”的船山学，千年湘学使中国哲学为之一变，经世致用、知行合一、实事求是，成为近代中国救亡图存、革故鼎新的锐利武器。湘人毛泽东写出《实践论》这样论述知行关系的佳作，绝非偶然。

湘学有一种海纳百川的胸怀。湘学其实是百家之学。湘学存在于湘籍人士之作中，如周敦颐、王船山、曾国藩等；流寓于湖湘人士之作中，如屈原、贾谊、柳宗元、刘禹锡、张栻等；研究和传播于湘学人士之作中，如胡氏父子等；弘扬于对湘学有巨大影响人士的相关之作中，如张载、程氏兄弟、朱熹以及王阳明等。湘学实际上是后发之学。在屈原、贾谊之后，两宋之前，湘学基本是李肖聃先生所谓的“流寓学者”在支撑。湘籍人士自己做的学问自两宋兴起，元明消沉，明清之际虽有王船山，但其学术成果在当时并未彰显。湘学在清末再次勃兴，影响至今。濂溪的理学框架本来就是吸收儒佛道诸家精髓后改造出的新儒学。程朱理学包括湖湘学派的学者大都是外省籍人士。王阳明对湖湘文化的深远影响、王船山对中国传统文化的全面批判和吸收，都是湘学嬗变进步的动力。可以说，湘学是一条开放的河流，吸收容纳了各地各派的学术思潮，成就了湘学的博大精深，推动了湘学的与时俱进。

（作者为省委宣传部原巡视员、省社科联原主席、研究员）

为什么要宏大湘学

刘云波

许多学者主张，湘学是指从两宋到清末时期产生和发展于湖南地区的一种学术形态。这是学术流派意义上的、狭义的湘学。而我们当下所要研究、所要宏大的湘学，更多应该是“地域之学”这一广义上的湘学。所谓“地域之学”，从内涵而言，它就不只是包括地域的学术，还应该包括地域的思想、品格和精神等其他一切与湖南相关的学问；从时间而言，显然不能局限于两宋到清末，而应该是整个五千年的历史长河。

因此，我们不妨给广义的湘学下个定义：在中华民族五千年历史进程中，于湖湘大地上滋生、传衍、发展，打上了深深的湖湘地域烙印，具有普遍性、恒定性，并为外界基本认同的一种湖湘特质。包括湖湘地域意识、地域观念、地域习俗、地域信仰、地域宗教以及地域性格和地域精神等。从广义的湘学意义上而言，凡是与湖湘大地相关的，古往今来一切具有湖湘气派的人、事、物，都可以统归于湘学的研究范畴。而我们所谓之宏大湘学，就不仅仅只是宏大湖湘学术那么简单，更应该强调的是，宏大湖湘的品格和湖湘的精神。

为什么要宏大湘学？因为从湖湘大地走出的无数优秀儿女，曾经为中华民族的进步和发展作出过特别突出的贡献，是中华民族伟大复兴之路上的功臣和脊梁。他们不仅为创造灿烂的中华古代文明立下过汗马功劳，更在多灾多难的近代中国，为争取民族独立和国家富强，贡献了自己的勇气、智慧甚至热血和生命。对此，我们不能忘记也不应忘记。

为什么要宏大湘学？因为湘学是中国传统文化的重要组成部分，它所倡导的心忧天下的爱国情怀、敢为人先的创新精神、不尚空言的实干品格以及不甘人后的图强毅力等，本身就是中国精神的重要组成部分，是“凝心聚力的兴国之魂、强国之魄”。从一定意义上说，宏大湘学就是弘扬中国精神，就是为中华民族伟大复兴提供精神动力和力量源泉。

为什么要宏大湘学？因为伴随改革开放和社会主义市场经济所出现的信仰缺失、道德滑坡以及贪污腐败等许多不良现象，与湘学所昭示、所提倡的世界观、人生观、价值观，相差越来越远。宏大湘学，可以说是增强国人理想信念、重塑国人道德品质、树立国人美好形象的良方妙药。

为什么要宏大湘学？因为湘学是湖湘大地的精神信仰，曾经给湖南人带来过无上的荣耀和自豪。在当今经济全球化的时代，在竞争之激烈无与伦比的时代，湖南人要像过去“充满革命的自信”那样“充满经济的自信”，要想顺利实现自己的“小康梦”、“两型梦”、“崛起梦”，必须宏大湘学。应该说，宏大湘学是振兴湖南的自信之根、力量之源！

（作者为省湘学研究院常务副院长、研究员）

对湘学学统的探析

朱汉民

湘学是什么？此“湘”指的是湘人或产生于湘地的学术，此“学”指的是具有学理意义的知识体系与学术思想。我认为，湘学作为一种区域学术形态出现于学术界，绝不是一种孤立的文化现象，湘学学统与中华学术文化的发展和转型密切相关。

楚汉是湘学的孕育期。晚清一些学者就强调湘学有着久远的历史，他们认为可上溯到先秦时期。戴德说：“三闾（屈原）以孤愤沉湘，元公（周敦颐）以伊尹为志，遂开湘学仁侠之大宗。”楚汉时期屈、贾等士大夫，在湖南寓居期间所撰述、传播的各种知识、观念、学问，均具有湖湘地域学术意义，能够纳入湘学脉络中来。

唐宋时期是湘学的成形期。在湘学史上，最早以独立的区域学术形态活跃于学术界，并获得相关命名的是南宋胡氏父子和张栻。在儒学区域形态十分成熟的两宋时期，胡、张创建的儒学学派被朱熹称为“湖湘学”或“湖南学”。湖湘学派的出现，是唐宋之际中国学术文化发生重大演变与转型的成果之一。如果我们进一步考察“唐宋转型”以来，在湖南从事学术研究与传播并产生了重大影响者，就要从胡、张的湖湘学上溯至北宋的周濂溪，并由周濂溪上溯至晚唐的柳宗元。柳宗元——周敦颐——胡、张构成的湘学学术脉络，能够展现唐中叶以来中国学术文化演变发展的基本进程与发展脉络，即晚唐的儒学复兴（柳宗元）、北宋的新儒学奠基（周敦颐），再到南宋的新儒学集大成（胡宏、张栻）。

明清至民国初年湘学呈现大发展。明清以来，湖南地区涌现出大量知名学者，湘学发展呈现高峰，一直延续到民国初年。明清时期的湘学学者均是湖湘本地人，其中大多数又主要是在湖南接受教育、从事学术研究，因此，他们的教育背景、学术背景具有更加鲜明的湖湘地域色彩。这个时期的湘学学者大多在湘学学统特别坚实、湘学学风十分浓厚的岳麓书院、城南书院、石鼓书院等接受教育，这些书院的山长、主讲都有很强烈的传承、弘扬湘学学统的学术理想，湖湘学人就是在这种学统背景下成长起来的。同时，这段时期，湖湘地区高水平的学者、学派、论著等，在规模、数量上大幅地增加，呈现群星灿烂的局面。这些本土学者，能够根据历史演变、时代发展的要求，做到与时俱进，成为引领新兴学术思潮的代表。从明清之际到民国初年，是中国传统社会变迁最为急剧的时期，也是学术思潮变革最为显著的时期。只有走在时代前面的学人，才能够预见社会的发展趋势，继而创造新的知识与思想，从而引领学术思潮的变革。清朝、民国初年的湘学能够彰显于天下，并为近代学人所推崇，正是由于湘学在与时俱进中引领着不断演变和发展的学术思潮。

近代以来湘学逐步走向成熟。其实，湖湘区域学术形态的产生，本是中国传统学术的地方性知识形态的体现。但是，中国近代过程首先是文化观念与知识形态的近代化。这种新的知识形态是从西方引进的各种自然科学技术知识，以及按西方知识学分类的哲学、政治学、教育学、心理学、社会学、法学、经济学等方面的人文社会科学知识。这两类知识形态，都是以西方的文化观念、思维方式为背景而完成的知识架构。随着湘学逐步走向成熟，其学术成就体现出湖南学人对中国乃至全人类学术文化的贡献。而在民国时期的专家学者中，那些从事自然科学、技术工程的专家学者，他们的知识形态与“湘学传统”没有多少关联；同样，那些从事经济学、法学、社会学等社会科学的学者的学术形态，与“湘学传统”的联系也比较少。当然，这些湖南学人的内心深处可能仍有湘学旨趣的影响，也在应用科学与传统经世之学上有联系。相对而言，那些文、史、哲等人文学科领域的学术，天然地与传统湘学有较多的联系，无论是学术形态还是学术旨趣，均受湘学传统影响较大，可以将其看作近代化以后转型中的湘学形态。

（作者为湖南大学岳麓书院院长、省社科联副主席、教授）

张皇湖南　而为天下

李育民

严格学术意义上的“湘学”，有着特定的内涵。自南宋产生以来，湘学以理学为宗，尊奉儒家道统，但又有着湖湘特色，在中华文化中彰显着独特的个性。作为一个学派，湘学仍讲求儒家的格、致、诚、正、修、齐、治、平之学。但更注重经世致用，践履力行，形成了一种有别于其他地域特点的精神。在这一精神的引导下，湖南人创造了湖南的历史，而且对中国的历史进程产生了重大的影响，升华为中华民族的精神财富。

近代是中国最为动荡不安的时代。正是这样的时代，激发了湖南人特异的思想和志节，磨砺了湖南人的英雄本色。梁启超说：“中国苟受分割，十八省中可以为之后之图者，莫如湖南、广东两省矣。湖南之士可用，广东之商可取；湖南之长在强而悍，广东之长在富而通。”“强而悍”正是湖湘精神的体现，湖南人自己则以其豪言壮举阐发诠释了这一独特精神。杨毓麟在《新湖南》中说：“我湖南人，对于同种之责任，其重大有远过于诸省者。”杨度在《湖南少年歌》中说：“中国如今是希腊，湖南当作斯巴达，中国将为德意志，湖南当作普鲁士。”“若道中华国果亡，除非湖南人尽死！”湖南人在近代所表现的这一气概，以及在海内举足轻重的地位，为时人所认同，梁启超推崇湖南为“天下人才之渊薮”，谓：“其可以强天下而保中国者，莫湘人若也。”

在上述精神导引下，中国近现代历史的发展深深地刻上了湖南的印迹。魏源“师夷长技以制夷”的倡呼，给经世致用注入了时代活力，开辟了思想领域的新纪元。湘军的崛起和事功，改变了清王朝的政治格局，为步入近代化的洋务新政疏解了种种梗阻。戊戌维新中，湖南为“全国最富朝气之一省”，有得风气之先之概，各种举措别开生面，谭嗣同以死“召后起”的壮举，惊天地、泣鬼神。孙中山首倡民主革命，湖湘志士呼应最力，实行最力，勋劳卓著，其功甚伟。五四运动开启新民主主义革命，湘籍英豪领袖群伦，翻天覆地，为中国矗立于世界民族之林建非凡之功绩，立盖世之勋业。谭其骧先生称：“清季以来，湖南人才辈出，功业之盛，举世无出其右。”显然，近代湖南与近代中国命运与共，浑然一体，舍此则无彼。

起源于传统儒学的湘学，与时俱变，在历史的演进中推陈出新，丰富内涵。正是这种内在的精神，湘学在不同时代一道而同风，弥久而常新，持续不断地开启着中国的新气象。显然，湘学所阐发的特异精神，随着历史的演递而发育成笼括整个湖南历史人文、影响中国社会发展的文化现象。研究湘学，应将其置于这一宏阔的视野之中，阐发有关湖南与中国之史事，以及对当今社会的影响和启迪。由此才能深入解析湘学和湖湘文化之底蕴，真正认识其深远的历史价值和现实意义。钱基博先生论及近百年湖南学风，谓：“张皇湖南，而不为湖南，为天下；诵说先贤，而不为先贤，为今人。”此言可说是道出了湘学研究的真谛，湘学不仅仅是研究湖湘之学，也不仅仅是发思古之幽情，而是关系到整个中国的昨天和今天，并对未来提供颇有助益的思想养分。

（作者为湖南师范大学历史文化学院教授）

宏大湘学靠什么

朱有志

宏大湘学、振兴湖南，是当代湖南人的历史使命，作为生于斯、长于斯的湖南学人，我们有义务、有责任、有信心、有能力在新的历史条件下宏大湘学。

要宏大湘学，必须着力打造一群大师，铸就一批精品。大师是文化传播的重要载体，一个有深厚学术修养、无穷人格魅力的大师，其影响力是无限的。像易中天、于丹、余秋雨等文化传播大师，就在当代中国的文化传播当中发挥着重要作用。湘学研究，要千方百计通过各种平台扩大研究者的学术影响力，延展他们的文化生命力，助推其成为在省内外、国内外有影响力的大师。反过来，也只有拥有这样一批大师，湘学的影响力、辐射力才能大幅度增强。在他们的学术修养和人格魅力感召下，湘学才能真正走入寻常百姓家。与此同时，我们还要注重精品的铸就，“宁尝鲜桃一口，不要烂杏一筐”，宁可花大气力、下深功夫创作精品，也绝不生产学术垃圾。“言之无文，行之不远”，只有经得起实践考验的文化精品，才能真正具有影响力和生命力，才能真正有利于培养新一代湖南人。

要宏大湘学，必须实现研究力量的整合，实现资源的优化配置。在湖湘大地乃至国内外，从事湘学研究的学者并不在少数，然而在长期的研究过程中，这些学术力量并没有实现真正意义上的整合，而是处于分散作战、单兵作战的状态，没有形成具有规模效应的战斗力和影响力。为此，我们要充分发挥湖南省湘学研究院的作用，以湘学研究院为平台，重新组织和协调省内外、国内外的湘学研究力量，实现湘学研究队伍的整合。在整合过程中，尤其要注重发挥学术带头人的作用，要建构年龄结构合理、知识背景互补的学术梯队，注重研究者的个性特征和研究专长，实现研究者之间的深度融合，产生一加一大于二的效果。

要宏大湘学，必须借助现代传播方式，实现研究和普及的有效结合。现代社会由于科学技术的发展，文化传播方式也日新月异。有别于传统的纸质阅读方式，现代人尤其是年轻人的阅读方式发生了巨大变化，他们不再专注于纸质传播媒介，而热衷于互联网、手机等载体和平台获取信息。在阅读的内容上，也较少关注长篇大论，而乐于通过论坛、微博、微信等方式，来获取“快餐”资讯。要宏大湘学，我们在注重学术研究的基础上，就一定要注意到这种文化传播方式的新变化。要让湘学为普通大众所熟悉，就必须采取符合他们审美习惯和生活方式的媒体传播方式。为此，湘学研究的成果绝不能局限于纸面层次，而是要转化为新媒体传播方式，要让它上网、进手机、入论坛、登微博，这样既能够丰富现代传播媒介的内容，也能够在学术研究硕果累累的基础上，让湘学四处生根、无处不在。这样，才能让湘学真正宏大起来！

（作者为湖南省省政协常委、湖南省社会科学院原院长）

宏大湘学的“逆境文化”

彭平一

湘学作为一种区域历史文化，是在一定的时代背景下，在中华民族整体文化环境中所表现出来的一种特质。我们分析一下湘学形成和发展过程中最重要的三个阶段，可以发现都是以儒学文化为主体的中华传统文化受到非主体民族文化或外来文化严重威胁的时候。正是在这种威胁面前，作为与儒家文化属于同质文化的湘学，明显呈现出“逆境文化”的若干精神特征。所谓“逆境文化”，指的是在特定的困难环境中更能体现其价值、更能发挥其影响的文化。

湖湘之学形成于南宋时期，这正是中国历史上宋金对立之时，由于女真族所建立的金朝南下，北宋灭亡，南宋只能苟安于江南一隅。随着中原王朝政治、经济和文化中心的南移，大批知识分子也从北方向南方转移，在这种背景下，形成了湖湘学派兴起的第一个阶段。湖湘之学发展的第二个高峰，是明清之际的船山之学，这也是中原王朝被少数民族政权进攻，汉族文化受到少数民族文化冲击的时候。进入近代后，湖湘之学出现了进一步兴盛的局面，而这一局面的形成，与西方列强对中国的侵略、中华文化受到西方文化冲击的“变局”紧密相连。由此可以看出，湖湘之学发展的几个高潮，都是中原王朝受到少数民族政权进攻或中华民族受到西方列强侵略，中原文化或中华文化受到异质文化冲击而处于逆境的时候。从这一意义上说，湘学也是一种“逆境文化”。

湘学的“逆境文化”特质，突出表现在其文化精神方面。学界对湘学特征的概括各有不同。我认为，湘学特征突出表现在如下四个方面：大本大原的本原追求、忧国忧民的忧患意识、舍我其谁的担当精神以及冲决网罗的抗争气魄。这四个方面贯穿于湘学的各个层面，将湖湘思想学术与湖南人的社会心理、行为特征联系在一起。而这四种文化精神只有在逆境中才最能发挥其优势，体现其价值。以近代为例，魏源、曾国藩、谭嗣同、黄兴、杨昌济、毛泽东等一代代的湖南人在内忧外患的逆境中，不断地探索救国救民的“本原”，将忧国忧民的忧患意识化为对国家、对民族的责任，勇于担当、敢于抗争，最终造就了一代代伟大的湖南人才群体。也许，没有内忧外患的

“逆境”，湘学精神可能就不会有那么辉煌的彰显。

当然，说湘学是“逆境文化”，并不是说它在顺境中没有价值，不能发挥其影响，只是这种价值和影响相对来说要小一些。如上所说的湘学精神，在内忧外患和革命战争时期，其价值和影响可能发挥到极致，但在相对和平的环境，在经济建设年代其价值和影响就小得多，有时甚至体现出其弊端与不足。

因此，在致力于中国特色社会主义现代化建设的当代，宏大湘学，首先应该对其文化精神进行创新。一方面，传统湘学精神在和平建设时期的价值和影响似乎降低，并非其本身的问题，而往往是我们对其理解的片面和偏差所导致。这就要求我们对湘学精神的合理内核进行创造性的解读和理解，着力发掘其在和平环境中适应经济建设需要的因素，使其焕发出更强大的生命力。另一方面，要根据时代和环境的需要进一步完善和充实湘学的精神内涵，把那些适应性更强的文化精神纳入湘学体系中。只有这样，才能使湘学不断适应新时代和新任务的需要，才能使湘学为湖南和中国的现代化建设作出更大的贡献。

（作者为中南大学马克思主义学院教授）

湘学研发取得十大进展

向志柱　王安中

在省委、省政府和中国社会科学院的关怀下，在省委宣传部的大力支持下，省湘学研究院于2012年6月正式成立。由最高人民法院院长周强，省委书记、省人大常委会主任徐守盛任顾问；中国社会科学院院长王伟光，新华通讯社副社长路建平，省委常委、省委宣传部部长许又声任名誉院长；省政协常委、省社会科学院原院长朱有志任院长；省社会科学院副厅级纪检员刘云波任常务副院长；省作家协会主席唐浩明、省社会科学院哲学所原所长王兴国、湘潭大学副校长王继平、湖南大学岳麓书院院长朱汉民、湖南师范大学历史文化学院教授李育民、中南大学马克思主义学院教授彭平一任副院长。在省湘学研究院成立以来的短短一年多时间里，湘学研发已取得如下十大进展：

一、完善了湘学组织领导机构和学术机构，为湘学研究各项工作的开展奠定了组织和学术基础。二、制定了湘学研究院中长期发展规划，为积极稳妥地推进湘学研究确立了思路、明确了方向。三、确定湘学研究选题范围，面向省内外进行委托和招标课题，为整合湘学队伍、聚集湘学人才营造了良好氛围。四、创办“中国湘学网”网站，为扩大湘学影响打造了新平台。五、已创建两批湘学研究基地、调研基地，为打造湘学研究阵地迈出了重要步伐。六、聘请一批国内外知名专家学者、社会名流担任专家顾问，为扩大湘学在国内外的影响奠定了良好基础。七、省湘学研究院在北京成功举办专家顾问座谈会，《人民日报》、《光明日报》等央媒予以报道，扩大了湘学研究的影响。八、已在《光明日报》推出《崇实重行　宏大湘学》等一批高水平的研究文章，切实加大了湘学宣传力度。九、精编出版《湘学研究》专刊，打造了研究湘学、宣传湖南的新名片。十、一套五卷的《推进中国现代化进程的湘学名人》（涉及1840年至1949年近110年间的50位湘学名人）编写进展顺利，将很好地展示湖南和湖南人在推进中国现代化进程中所发挥的重要作用，并为湖南的经济社会发展提供宝贵的历史借鉴和强大的精神动力。

（作者单位：湖南省湘学研究院）

（以上各文均原载《湖南日报》2013年9月24日）

论文选载

湘学与中国精神

刘云波　马延炜

1899年12月23日，梁启超在《清议报》上发表了一篇题为“中国魂安在乎”的短文，这位戊戌变法的主要领导人、中国近代著名的思想家，在中华民族面临亡国灭种危机的世纪之交大声疾呼“中国魂”，一时间激起许多有识之士的回应。对“中国魂”的讨论，也由此成为上个世纪初的热门话题。梁氏此时所谓之“中国魂”，实际上指的就是“中国精神”。所以，这场在民族危亡关头的讨论，在某种意义上也可以看作那个年代对“中国精神”的呼唤。从此，伴随着民族救亡运动的不断推进和民族富强事业的逐步展开，人们对“中国精神”的讨论也愈加深入，关于中国精神的内涵也逐渐清晰和明朗。根据学术理论界的相关研究和中央领导人的相关论述，我们可以将中国精神的内涵概括为两个方面，一是以爱国主义为核心，勤劳勇敢、爱好和平、团结友爱、自强不息的民族精神；二是以改革创新为核心，解放思想、实事求是、与时俱进的时代精神。正如习近平总书记在阐述“中国梦”时所概括的：“实现中国梦必须弘扬中国精神。这就是以爱国主义为核心的民族精神，以改革创新为核心的时代精神。这种精神是凝心聚力的兴国之魂、强国之魄。”

讨论中国精神，不能不提到作为湖湘精神传统的“湘学”[①]。这是因为，在中国精神形成、演变和发展的历史上，湖南、湖南人曾作出突出贡献，占

---

① 不少学者主张“湘学”是两宋时期开始产生和发展于湖南地区的一种学术形态。也有学者在此基础上进一步提出，湘学“是一个伟大的精神传统，是非常值得珍视的一笔宝贵的精神财富”。本文所谓之“湘学”，是广义的“湖湘地域之学”，具体指在中华民族五千年历史进程中，于湖湘大地上滋生、传衍、发展，打上了深深的湖湘地域烙印，具有普遍性、恒定性，并为外界基本认同的一种湖湘特质。包括湖湘地域意识、地域观念、地域习俗、地域信仰、地域宗教以及地域性格和地域精神等。

据了重要地位。考古资料表明，早在距今40万年前的旧石器时代，湖南大地上已有人类生活的足迹，这些湖湘先民们和生活在今天中华大地上的其他各族人民一道，共同创造了灿烂的中华古代文明，并在这个过程中，形成了勤劳勇敢、仁爱友善、艰苦奋斗等中华民族的传统美德。近代以来，随着民族危机的不断加剧，一代代湖湘儿女前仆后继，死而后已，为追求民族的独立和富强贡献出了自己的勇气、智慧，甚至热血和生命，并在这一伟大进程中凝练出爱国担当、自强不息、奉献牺牲以及创新求变等中国精神的核心内容。新中国成立以来，不论是在备极艰苦的建设岁月里，还是在改革开放的伟大征程中，都可以看到湖湘儿女的清晰身影，他们那勤于钻研、乐于奉献、敢为人先以及勇于牺牲等精神品格，早已和“抗美援朝精神”、“两弹一星精神”、“抗洪精神”等具象化了的中国精神紧密结合在一起，共同成为中国精神在新时代的新体现，是非常值得珍视的宝贵精神财富。

正是从上述意义上，我们着重研究湘学与中国精神的关系，目的是回顾历史、着眼现实、展望未来。通过对中国精神形成、演变、发展历程的分析，研究湘学在其中的地位和作用，一为大力弘扬中国精神贡献一份“湖南力量”，二为学界探讨其他地域文化、地域之学与中国精神的关系提供一些思路和启示。

古代湘学与中国精神的历史发源

虽然关于中国精神的讨论在近代以后才开始，虽然中国精神的主要内涵在近代以后才逐渐清晰，但中国精神的创造和发源却早在远古时代就已经开始。中华民族的历史十分悠久，号称“上下五千年”，与古希腊、古印度、古巴比伦并称为世界四大文明古国，并是其中唯一一个文明延续至今的国家。在漫长的历史长河中，生活在当今中华人民共和国版图上的各民族彼此融合，在交融发展中渐渐形成了勤劳勇敢、仁爱友善、热爱祖国等共同的精神特征，这些相似的民族性格经过岁月的熔铸和洗练，一起构成了中国精神的历史源泉。今天，当我们追溯中国精神历史源头的涓涓细流时，不能忽视的是出自湖南的这股清泉，它产生于湖南独特的历史、地理、文化土壤之中，具有浓郁的湖湘特色，又和整个中华民族的发展历程息息相关，与中华文化的演进遥相呼应。这一切，都使得湘学这一区域性的精神文化传统，很早便融入了整个中华文明，成为中国精神的源头活水。

一　中华民族勤劳勇敢精神的形成离不开古代湘学的贡献

勤劳勇敢是中华民族的传统美德，也是中华大地上各民族在千百年的生息繁衍过程中，在和大自然斗争的过程中逐渐形成的共同民族精神。众所周知，在“人猿相揖别”① 后的相当长一段时间里，人类都不得不在和大自然的斗争中求得生存。湖湘大地史前时期主要是三苗、南蛮人活动的区域，和当时黄河流域华夏族较为优越的生存环境不同，湖南先民们的早期生活条件十分恶劣，《左传》中曾以“筚路蓝缕，以启山林”来描述楚人祖先艰辛创业的情景。恶劣的自然环境，导致了历史上湖南各种自然灾害的频繁发生。据不完全统计，从公元前155年（西汉景帝二年）至1949年，湖南仅有文献记载的自然灾害就分别有：水灾468年次、旱灾371年次、虫灾134年次、风灾107年次、雹灾132年次、冰冻灾75年次、荒灾304年次，共计1591年次。② 其中又有不少年份是同年发生水旱两灾。③ 极度恶劣的自然环境、极度频繁的自然灾害，给湖湘人民带来了深重灾难，同时也磨砺出了他们“雄心征服千层岭，壮志压倒万重山”的勤劳勇敢的精神品格。

古代湖南稻作农业的发达从另一个侧面印证了湘人的这种精神。在距今8250—9100年前的澧县彭头山新石器遗址中，已发现了稻谷壳的存在，说明湖南在当时地势宽阔的湖沼地带边缘已有了以稻作为主的农业。东汉安帝永初七年（公元113年）九月，朝廷曾“调零陵、桂阳……租米，赈给南阳、广陵、下邺、彭城、山阳、庐江、九江饥民”（《后汉书·安帝纪》）。三国时，“长沙好米”之名已流传于北方和中原地区。隋唐以后，湖南的农业生产进一步发展，逐渐在全国占据了举足轻重的地位。唐代，湖南粮食的生产和运输已具有重要意义，时人称“三秦之人，待此可饱，六军之众，待此可强”（《旧唐书·刘晏传》）。北宋朝廷每年从湖南调集大量的粮食供北方和朝廷食用。元代国家的粮食生产基地虽然集中于长江三角洲地区，但湖南的洞庭湖地区也是全国重要的产粮区。到了明代，由于长江三角洲地区桑棉经济作物和手工业生产的发展，粮食逐渐不能自给，转而仰赖于长江中游的两湖地区，遂出现了“湖广熟，天下足”的说法，到清乾隆年间更进一步发展成为“湖南熟，天下足”。晚清时期，长沙发展成为与芜湖、九江、无锡并列的全国四大米市之一。中国是一个传统的农业大国，湖湘地域

① 毛泽东：《贺新郎·读史》。

② 湖南历史考古研究所编：《湖南自然灾害年表·前言》，湖南人民出版社1961年版。

③ 《湖南同年发生水旱两灾表》，载湖南历史考古研究所编《湖南自然灾害年表》，湖南人民出版社1961年版。

农业的发达在很大程度上是湖南人民与恶劣环境抗争的结果，是践行勤劳勇敢的民族精神的结果。早在秦汉时期，湖南人就开始尝试在洞庭湖区垦田，魏晋时期更出现了一批旨在防洪排涝、灌溉田地的水利设施，著名的长沙龟塘，“周围四五十里”，溉田万顷。隋唐时期，仅在今常德地区就先后修建了多处水利工程。北宋时，华容县城西，有良田数千顷，而夏燥秋潦，庆历年间知县“筑堤置门，以时启闭，遂常为丰岁”（光绪《湖南通志》卷 162《人物三》）。宋代以后，湖南人民针对本省丘陵多、湖泊河流多的自然特点，大胆地围湖造田、修造梯田，与水争田、与山争田，同时还根据所开发田地的特点进行耕种，时人曾有“湖南无荒田，粟米妙天下焉”（《宋会要辑稿·食货七》）的感叹。

二　中华民族仁爱友善精神的形成离不开古代湘学的贡献

仁爱友善是中华民族的传统美德，是中国精神的重要组成部分，也是当今建设和谐社会、促进世界和平的中华法宝。它的内涵十分丰富，既是一种道德标准，也是一种处世原则。千百年来，无数中国人就在这样一种民族精神的滋养与教化下，形成了孝顺父母、友爱亲族、助人为乐、与人为善等共同的性格特点。古代湘学为中华民族仁爱友善精神的形成作出了重要贡献。南巡崩于苍梧之野而葬于九嶷的虞舜，是中华道德文明的先祖，被司马迁称为“天下明德，皆自虞舜始”。相传舜从小受父亲瞽叟、后母和后母所生之弟象的迫害，屡经磨难，仍和善相对，孝敬父母，爱护胞弟，深得百姓赞誉。登天子位后，他要求人民“行厚德，远佞人”，“直而温，宽而栗，刚而毋虐，简而毋傲”（《史记·五帝本纪》），孝敬父母，和睦邻里。在其治理下，政教大行，八方宾服，四海咸颂舜功。综观而言，以父义、母慈、兄友、弟恭、子孝为代表的五教理论和以明德思想为代表的德政思想是舜文化的基本内涵。舜的人格形象亦因此成为重视伦理道德的儒家极力推崇的典范。孟子曾说，“舜，人也；我，亦人也。舜为法于天下，可传于后世，我由（犹）未免为乡人也，是则可忧也。忧之如何？如舜而已矣”（《孟子·离娄下》）。极力推崇舜的德行，而且倡导人们努力向舜看齐，做舜那样的孝德之人。由于儒家的宣传，有关舜的传说事迹在中国文化传统中留下极深刻的影响，舜帝崇尚道德的思想主张和尊崇孝行的生平事迹都对中华文明的发展演进产生了深刻影响，有力促进了中华民族仁爱友善精神的形成，对于今天的社会主义和谐社会建设更具有极强的启示和借鉴意义。

三 中华民族爱国主义精神的形成离不开古代湘学的贡献

爱国主义是中华民族精神的核心内容。早在距今1万至4千年前的新石器时代，中华大地上就出现了定居农业，其特点是以种植业为核心，家畜饲养业为副业，兼及采集狩猎。定居农业的出现，使一种比较稳定的定居生活得以实现，这种生活的进一步发展，使人们逐渐产生了对自己所生活的土地和人民的亲切感情。这种对故土的依恋、对家园的热爱，构成了中华民族爱国主义的最早形态。它的进一步发展演变，就形成了“对祖国、对人民的深厚感情”——爱国主义。湖湘人民素来热爱故土，心系桑梓，这种家园之恋、故国之思构成了湘学思想体系的有机组成部分，并成为中华民族早期爱国主义精神的重要组成部分。

在古代湘学对中华民族爱国主义精神形成的贡献史上，屈原和王夫之是两个绕不开的人物。作为中国古代最著名的爱国主义诗人，屈原的爱国主要体现在三个方面：一是对祖国（楚国）和祖国人民的深深的眷念和爱戴之情；二是“期待善政、美政”的崇高政治理想；三是对广大劳苦大众的深刻同情。这种刻骨的爱国深情随着他的千古名篇《离骚》一起流传下来，感动了无数文人墨客。两千余年来，悼念屈原，敬仰屈原的诗文代不绝书，屈原作为一位伟大爱国主义诗人的形象不断被强化，成为中华民族爱国主义精神发展史的第一座丰碑，几乎成为爱国主义的代名词。王夫之则是近代民族主义思潮的始祖。他少年时受父兄影响，关注时局，喜问四方事，凡江山险要、士马食货、典制沿革，皆极意考究。1644年，清军攻入北京，1646年进逼两湖，王夫之只身赴湘阴上书南明监军、湖广巡抚章旷，提出调和南北督军矛盾，并联合农民军共同抗清，未被采纳。后又在衡山组织武装抗清，任南明永历政权行人司行人时，曾连续三次上疏弹劾东阁大学士王化澄等贪赃枉法、结奸误国，几陷大狱。返回原籍，誓不剃发，因而辗转流徙，四处隐藏，最后定居湖南衡阳湘西草堂，发奋著述，直到1692年病逝。随着《船山全书》等在近代的刊刻流布，王夫之在明末清初抵抗清朝统治的民族主义思想及其实践也被辛亥反清斗士所广泛继承并发扬光大，正如章士钊所言：“辛亥革命以前，船山之说大张，不数年而清室以亡。”[①] 王夫之“反清复明”的民族主义思想实则是近代以后反对外敌侵略的民族主义思想的发端，是将古代爱国主义过渡发展为近代爱国主义的关键人物。

湖湘儿女在面对入侵家园的敌人时所表现出的不屈抗争更能证明湘学精

① 章士钊：《疏黄帝魂》，载《章士钊全集》第八卷，文汇出版社2000年版。

神传统中家国之恋的深度。早在西周时期，中原统治者曾多次对南方用兵。比如周昭王就曾先后三次讨伐荆蛮，每次都遭到顽强抵抗，第一次“丧六师于汉”，第二次所带劲旅尽失，第三次连自己的性命也赔了进去。南宋末年，元兵攻打长沙，遭到了守军的顽强抵抗。长沙人尹谷，中进士后，原在常德任职，后因母丧返长沙，在岳麓书院、岳麓精舍等处任教职。城破前夕，以儒者冠服端坐庭中，妻子侍立于侧，举家自焚而死，所教学生闻讯往哭，他们以老师为榜样，勇敢地投入抵抗斗争中去，据说“死者什九”。城破后，长沙百姓坚强不屈，誓死不为元军所俘虏，据史料记载，当时长沙城中“多举家自尽，城无虚井，缢林木者，累累相比”（《宋史》卷450《忠义传》）。

近代湘学与中国精神的近代演进

中国精神的内容并非一成不变，它随着时代主题的变迁而不断变化，并在原有体系的基础上不断衍生出新的内容。从1840年鸦片战争到1949年中华人民共和国成立的百余年，是中华民族灾难深重的百余年，也是中华民族不断抗争的百余年。以反对外敌侵略、争取民族独立为主要内容的爱国主义、以革新求变为主要内容的改革创新精神，成为这一时期民族精神的主旋律。今天，当我们回顾爱国主义精神在近代的演变发展时，更不能忽视湘学在其中的地位和作用。因为在近代中国争取民族独立和解放的道路上，湖南、湖南人曾发挥了极其重要的作用，正如有学者所说，“一本湘人奋斗篇，半部中国近代史”，这使得湘学这一区域性的精神文化传统，在中国精神的近代演进过程中产生了重要影响。

一　近代湘学对中华民族爱国主义精神内涵的丰富和完善

在古代历史上，中华民族曾经长期占据世界领先地位，中华文化远播西土，曾引起当时欧洲启蒙思想家伏尔泰等人的高度赞扬。但从1840年鸦片战争开始，曾经的“天朝上国”不断遭到以英、法、日、俄为代表的西方列强的侵略。一个个不平等条约的签订，将中华民族一步一步拖入了灾难的深渊，同时也激发出中国人前所未有的民族意识和爱国热情。正是在百余年的抗争奋斗历程中，中华民族精神中原有的对故乡的依恋、对家园的热爱等朴素情感逐步升华成为对整个国家和民族的热爱，并最终演进成为近百年历史上具有崭新内涵和崭新意义的民族爱国主义精神。

湖南位于中国大陆的南部腹地，在19世纪中叶西方列强的坚船利炮东来之时，并不是侵略者首要的侵略对象。但是，秉承了依恋故土、热爱家园、心系桑梓的朴素情感和由此生发出来的中国传统士大夫“先天下之忧而忧，后天下之乐而乐”之忧国情怀的湖南人，却很快感受到了国家、民族面临的危机，所以当中国近代历史的大幕徐徐拉开之际，湖南人在强烈的家国情怀的驱使下，“以一隅之力，支柱天下”①，不仅充实了湘学精神的近代内涵，也在新的时代背景下不断丰富和发展了近代的爱国主义精神。

1. 将爱国主义和民族主义紧密结合，谱写了近代反对外敌侵略的壮美赞歌。纵观1840年第一次鸦片战争之后100余年的中国近代历史，在中华儿女每一次反对侵略的战争中，几乎都可以看到湖南人伟岸不屈的身影。鸦片战争期间，湖南镇军祥福率领湖南兵900人前往增援珠江口的乌涌之战，面对英军加略普号、先锋号、阿里耶打号、硫磺号、摩底士底号及汽船复仇神号、马达加斯号共七艘战舰的联合猛攻，祥福等有意切断自己的退路，以“不成功，誓成仁”的气魄与敌死战，“击退英夷者三”，终因力量悬殊以致慷慨捐躯，全体将兵“舍命效忠，无一逃者”。② 1875年，湖南人左宗棠以64岁高龄出任钦差大臣，督办新疆军务。面对沙俄强敌，他为了鼓舞士气，增强国人信心，做出了“抬棺出征”的壮举，最终一举收复新疆，在近代反对外敌侵略的爱国史上写下了光辉的一页。甲午战争时期，湖南老湘军五营经过三个月的长途跋涉，行军近万里，从湖南赶往冰天雪地的山海关外布防，在牛庄与日军展开了激烈的巷战，主帅魏光焘往来督战，竟至三易坐骑，血染衣袍。抗日战争期间，湖南人民与侵华日军先后在长沙进行了四次大规模的激烈攻防战，史称“长沙会战”。第一次会战，歼灭日军1万余人，守军付出伤亡4万余人的代价，守备在斗篷山的胡春华营、草鞋岭的史思华营，抱着“誓与阵地共存亡”的信念，在与日军的搏斗中，全部壮烈殉国。第二、三次会战，抗击了日军的反复进攻，共歼敌近9万人，迫使日军原路退回。1943年的常德保卫战，守军以一个师的兵力，与来犯的日军浴血奋战16昼夜，歼敌5000余人，而守军8000多官兵仅剩500余人。1944年的衡阳保卫战，守城的第十军官兵抗击着数倍于己的日军的轮番攻

① （清）郭嵩焘：《郭嵩焘诗文集》卷十五《刘韫斋中丞八十寿序》，岳麓书社1984年版，第280页。

② 光绪十二年《增建镇军祠添置祀田碑记》，载《广州市文物志》，岭南美术出版社1990年版。

击，以伤亡15000余人的代价，毙伤日军2万余人，并坚守孤城47天，创造了抗战期间坚守一个城市时间最长的奇迹。1945年历时55天的湘西会战中，中国守军与日军展开了一场追击、截击、围歼的厮杀，日军死伤2.4万多人。湘西会战是中国抗日战争正面战场的最后一次大规模的战役，以此为起点，中国抗日战争进入了战略反攻阶段。可以说，抗日战争期间，湖湘儿女将爱国主义与反对列强侵略的民族主义紧密结合，对近代爱国主义进行了淋漓尽致的完美诠释。

2. 将爱国主义与反对专制独裁紧密结合，谱写了“为有牺牲多壮志”的壮美赞歌。近代中国是一个内忧外患频仍的时代，这一时期，中国人不仅面对着西方列强的侵略，还为国内统治者的专制独裁所钳制。因此，反对封建专制、争取资产阶级民主成为近代中国的又一主题。在辛亥革命这场中国历史上反对封建专制的第一次资产阶级民主革命中，湖南人的革命宣传之功、组织发动之功、武装斗争之功，都位于全国各省前列，堪称辛亥革命的中流砥柱。在民国初年反对独裁、争取民主的斗争中，湖湘儿女又发挥了非常重要的作用。邵阳人蔡锷以“为四万万人争人格”的气魄和毅力，于1915年12月25日在昆明首先举起反袁护国大旗，成为护国运动当之无愧的发动者和领导者。1917年当段祺瑞政府解散国会、撕毁《约法》的艰难时刻，又是时任零陵镇守使的刘建藩在零陵、衡州举起武装“护法”旗帜，最先揭开“护法战争”的序幕。至于以毛泽东为首的湖南共产党人在反对军阀混战、反对蒋介石独裁的新民主主义革命中的丰功伟绩，早已为世人所熟知。无数湖湘儿女抛头颅、洒热血，前赴后继，死而后已，正是在这一波又一波反对专制独裁的革命浪潮中，对近代爱国主义进行了另一层面的详尽诠释。

3. 把爱国主义与马克思主义紧密结合，将爱国主义发展到崭新的历史阶段。为了争取民族独立、实现国家复兴，中国人民走过了一条曲折而艰辛的道路。以曾国藩、李鸿章为代表的封建官僚曾希望通过学习西方先进科技的洋务运动来“自强求富”，失败了；以康有为、梁启超为代表的资产阶级改良派幻想通过自上而下的改革来实现救亡图存，失败了；以孙中山、黄兴为代表的资产阶级革命派试图通过发动资产阶级革命推翻专制，建立共和，仍然失败了。只有当“十月革命一声炮响，给中国送来了马克思主义”之后，中国人民才真正找到了救亡图存的道路。毛泽东、蔡和森等湘籍早期共产主义知识分子致力于探寻中国道路，如饥似渴地找寻马克思主义，在五四运动的推动下，他们由激进民主主义者逐渐转变为马克思主义者。1918年4

月，毛泽东与蔡和森等人在长沙发起组织新民学会，从事革命活动。五四运动后，毛泽东主编《湘江评论》，热情歌颂十月革命，认为这个胜利“必将普及全世界”，“我们应当起而仿效”。在他们的鼓舞和推动下，马克思主义在湖南得到了广泛传播，影响了一大批湖湘子弟，进而成长为对中国革命作出重要贡献的湘籍革命家，对近代中国的历史走向产生了重要影响。同时也赋予了中国传统的由家国之恋发展而来的爱国主义以全新的内容，将其发展到了崭新的高度。

二　近代湘学对改革创新精神的详尽诠释和杰出贡献

改革创新精神是一个民族永葆生机和活力的源泉，也是中华民族之所以能够历五千年沧桑风雨而屹立不倒、生生不息的不竭动力。中华民族是一个尊敬先贤、注重传统的民族，同时又富于改革创新精神。先秦时期的经典《周易》中就有“穷则变，变则通，通则久”的说法，认为改革创新是事物发展到一定阶段的必然产物，是促进事物发展的唯一途径。主持战国时期秦国变法的商鞅曾提出“圣人不法古，不修今，法古则后于时，修今则塞于世”（《商君书·开塞》）的观点，北宋王安石则喊出“天变不足畏，祖宗不足法，人言不足恤”的口号。这些富于激情、充满哲理的改革宣言，今天读来，仍余香满口。历史上，中华文明曾长期居于世界领先地位，创造了人类文明史、科技史上的多个第一，这和勤劳勇敢的中国人民善于创新、勇于创新是紧密联系在一起的。

近代以来，随着外国侵略的逐步深入、民族危机的不断加深，中国人越来越深刻地认识到此时面对的乃是“三千年未有之变局，三千年未有之强敌”（李鸿章语）。几乎就在西方列强逐渐入侵中国的同时，中华儿女也在黑暗中开始了对救亡道路的不断探索，从“改良”到“革命”，从“以日为师”到“以俄为师”，在一次次的失败中不断修正着自己的道路。作为近代中国救亡道路上的一支主力军，继承了湘学精神的湖南人对中华民族精神中原本就蕴含着的改革创新精神进行了新的诠释，对这一精神的纵身发展作出了卓越贡献，主要体现在：

1. 倡导并实践向西方学习，为近代中国打开封闭之门居功至伟。在近代中国走向世界的历史过程中，湖南人发挥了不可替代的作用。19 世纪中叶的清代中国虽然被迫打开大门，但对这些打败了自己的敌人的基本情况却几乎一无所知，“若迷路之子，指东谓西”，“所谓欧罗巴者，尔时不知为何地，以为不过南洋诸夷之类”[①]。1842 年，中英开战已逾二年，道光皇帝却还要特别叮嘱审问英俘时询问“究竟该国地方周围几许”、“英吉利到回疆有无旱路可通”、“与俄罗斯是否接壤”等问题。[②] 清政府朝野上下对外部世界知识的匮乏，已经到了危及国家安全的地步。《南京条约》签订后，清政府天真地以为从此将万年和好，罢兵熄火，当大部分中国人还沉醉在天朝上国的迷梦中，没有也不愿意向西方学习时，湖南邵阳人魏源却“开眼看世界”，并以其卓越的政治智慧提出了“师夷长技以制夷”的著名主张，成为其后洋务运动的实际指导思想。19 世纪 70 年代，出使英法的湘阴人郭嵩焘目睹西方资本主义经济政治的繁荣景象，在此基础上提出全面学习西方，成为日后国人向西方学习从西艺到西政、西学的先声。至于曾国藩等人等亲身领导并参与的洋务运动，则是以实际行动为近代中国打开封闭之门，向西方学习，探索着道路。曾国藩延揽了一大批当时中国最优秀的科技制造人才，主持创建了中国近代官方兴办的第一所新式兵工厂——安庆内军械所，对中国近代民族工业的发展产生了深远的影响，容闳曾这样评价曾国藩的贡献：“世无文正，则中国今日不知能有一西方机器厂否耳。”[③]

2. 领导变法维新，为封建中国的现代化居功至伟。清朝在甲午战争中的失败，特别是北洋舰队的全军覆没宣告了洋务运动的失败，也证明在中国若要自立自强，仅仅通过学习西方科学技术，不改变自身落后的经济、政治制度是不行的。几年之后，在年轻的光绪皇帝的直接支持下，一场试图通过自上而下的改革来求新求变的改革运动拉开了序幕，史称“戊戌变法”。在当时全国上下一片观望的艰难情况下，陈宝箴担任巡抚的湖南省却成为全国之楷模，在他的领导下，晚清改革派人士梁启超、黄遵宪、熊希龄、江标、徐仁铸、皮锡瑞、唐才常等一时间齐集湖南，整吏治、辟利源、变士习，创办《湘学报》和《湘报》，开办时务学堂，成立南学会，设立保卫局和课吏馆，又拟选派一批留学生赴日，是当时改革势力最能发挥作用的地方。浏阳人谭嗣同为实现维新大业，以“不有死者，无以召后起”的豪情英勇献身，成为中国近代历史上为变法流血牺牲的第一人。谭嗣同、陈宝箴等领导的变法维新，虽然因保守势力的反扑而宣告失败，但却为民族的独立和富强摸索

---

① （清）魏源：《海国图志》卷五十二《英吉利国》二，载《魏源全集》，岳麓书社 2011 年版。

② （清）姚莹：《遵旨严讯夷供覆奏》，《东溟奏稿》卷二，台湾文听阁图书有限公司 2007 年版。

③ 李鼎芳：《曾国藩及其幕府人物》，岳麓书社 1985 年版，第 61 页。

了道路。

3. 实事求是并开拓创新，为开辟中国革命新道路居功至伟。在探索中国革命道路的过程中，我们的党及党的主要领导人曾经犯过教条主义的错误，他们抓着马克思主义的本本，直接照搬苏联的一套办法，无视中国革命的实际，盲目攻打大城市，在第五次反围剿中与敌人主力正面对抗，造成了巨大损失，革命力量一度面临生死的边缘。就在这时，出身湖南的一代伟人毛泽东致力于将马克思主义的普遍真理与中国革命实际相结合，以大无畏的勇气和高超的智慧，排除种种阻力，创造性地提出了“枪杆子里面出政权”的新主张，开辟了“农村包围城市”的革命新道路，最终引导中国革命走向胜利。

随着革命时代的结束和建设年代的到来，湘学的演进并未止步，还在随着时代的发展而不断向前。我们看到，无论是在新中国成立之初备极艰苦的岁月里，还是在党的十一届三中全会以后改革开放的伟大实践中，无数湖湘儿女心系祖国，他们既继承了中华民族勤劳勇敢的传统美德，又以三湘子弟特有的“敢为人先”的开拓精神，全身心地投入建设伟大祖国的新征程，在新的时代、新的战线，以一种新的面貌践行着、发展着以爱国主义为核心的民族精神和以改革创新为核心的时代精神。

湘籍无产阶级革命家群体是中国精神之魂

中国精神是中华民族在精神层面的共同性格，也是中华民族赖以生存和发展的精神支撑。当今世界各国都非常重视培育民族精神，美国以强化“美国精神”为公民教育的重点；俄罗斯则制定了对全民特别是青少年的爱国主义教育大纲和法案，力求重振民族精神；韩国的爱国主义教育以政府为主导，推崇“身土不二”，着力培育“韩国精神”。今天，当我们大力弘扬中国精神时，不能忽视的是湘学这支地域精神文化传统在其中的作用，尤其是不能忽视以毛泽东、刘少奇、任弼时等为代表的湘籍无产阶级革命家群体在其中的作用，他们是中国新民主主义革命从胜利走向胜利的关键人物，是中国共产党和中华人民共和国的主要缔造者，也是中国社会主义革命和建设事业的主要开拓者、中国特色社会主义事业的主要奠基者。他们是井冈山精神、长征精神、延安精神、“两弹一星”精神等具象化的中国精神的主要创造者和践行者，是弘扬爱国爱民、艰苦朴素、自强不息、团结友爱以及改革创新等中国精神最有力、最生动的历史教材。他们不仅是湘学之魂，也是中国精神之魂。

第一，强烈的爱国主义和忧国忧民的情怀。爱国主义是对祖国和人民的一种极其深厚的感情，是中华民族生生不息的力量源泉。五四运动以后，毛泽东、蔡和森等一批湖南志士乘时而起，他们创学会、办报刊，继承湘学“以天下为己任”的爱国主义传统，以“革新学术，砥砺品行，改良人心风俗”为宗旨，如饥似渴地寻找、学习、实践救国救民的马克思主义，把反帝爱国与社会主义和共产主义运动结合起来，将挽救国家民族的危亡当作自己的神圣职责与使命，体现了鲜明的时代特征，也因此把传统的爱国主义发展到了崭新的历史阶段。

第二，坚定的理想信念和踔厉敢死的牺牲精神。正确的理想信念是共产党人安身立命的精神支柱和奋发进取的强大动力。湘籍无产阶级革命家群体争取国家独立、民族解放和振兴中华、实现共产主义的崇高理想和坚定信念十分突出。在新民主主义革命历史上，信念坚定、宁死不屈的湘籍共产党人不计其数。夏明翰“砍头不要紧，只要主义真”的千古名言是他们为着坚定的理想信念敢于并勇于献身的生动写照。他们也正是凭借着坚定的理想信念和为了理想信念勇于牺牲的精神，用热血和生命铸成了中华民族的脊梁。

第三，实事求是和开拓创新的优秀品格。实事求是并在实事求是的基础上开拓创新，是湘学精神的优秀传统，这一优秀传统深深影响了以毛泽东为首的湘籍无产阶级革命家群体。毛泽东本人就是实事求是、开拓创新的典范，大革命时期“农村包围城市、武装夺取政权”革命新道路的开辟，抗日战争初期《论持久战》的发表以及解放战争时期“帝国主义和一切反动派都是纸老虎”科学命题的提出，都是理论联系实际、开拓创新的产物。作为中国革命指导思想的毛泽东思想也正是将马克思主义普遍真理与中国具体实际相结合的产物。这种基于实事求是而勇于并善于开拓创新的优秀品格，正是以改革创新为核心的时代精神的必然要求。

第四，艰苦奋斗、服务人民的高尚情操。艰苦奋斗是中华民族的传统美德，也是共产党人加强自身建设、拒腐防变的重要手段。服务人民是湘籍无产阶级革命家群体的行动宗旨，他们任何时候都坚持和维护人民群众的根本利益，都关心人民群众的生活疾苦，任何时候都把人民的利益放在第一位，为了人民的利益，甘愿牺牲个人利益，甚至宝贵的生命。正如毛泽东所说：“我们这个队伍是完全为着解放人民的，是彻底地为人民的利益工作的。”

湘籍无产阶级革命家群体的上述品质和精神，既体现了突出的湘学特质，又是中国精神的固有内涵。要通过大力研究和宣传湘籍无产阶级革命家群体的思想、事功和精神，激励、感染全体国民特别是青少年，培养他们的爱国主义情操，不断增强中国特色社会主义的道路自信、理论自信、制度自信；锻造他们的改革创新品质，不断提升与时俱进、开拓创新的意识、能力和水平。

（作者分别为湖南省社会科学院党组成员、副厅级纪检员、研究员；历史研究所助理研究员）

（原载《中华魂》2013 年第 5 期）

湖湘文化的源、脉、气

朱汉民

湖湘文化是中华文化体系中的区域文化之一。对于湖湘文化的特色与优势是什么，学术界从不同角度曾作过概括，对深化湖湘文化的研究起了很好的推动作用。但是，我们感到还不够鲜明和深入。如何对湖湘文化的特色与优势做精到而全面的概括？湖湘文化博大精深，我们可以从湖湘文化的文源、文脉、文气，即源、脉、气三个方面，对湖湘文化特色与优势作一阐发。

文源

中华文明是世界古文明中唯一延续至今的文明实体。史籍记载的“三皇五帝”，充分体现了中华民族的悠久文明历史，而湖湘文化与“三皇”中的炎帝、“五帝”中的舜帝均有着密切的联系。在中华文明史上，炎帝神农氏是农耕文化的奠基人，《周易·系辞》载神农氏“斫木为耜，揉木为耒，耒耨之利，以教天下”。湖南地区出土的新石器时代遗址，如道县玉蟾岩遗址、澧县彭头山遗址，均证明了在炎帝神农时代（甚至更早的历史时期）在湖南地区创立了比较发达的农业文明。后来，炎帝神农氏因为民治病、误食毒草而亡，葬于湖南酃县。可见，三皇之一的炎帝神农氏既是湖湘文化的开拓者，更是中华农耕文明的开拓者。五帝之一的舜帝则是中华道德文化的奠基人。舜帝是出生于中原地区的华夏部落联盟的首领，历史典籍中大量记载了他的道德精神，诸如孝敬父母、恭谦礼让、以德治国、举贤任能，等等，成为中华传统道德的典范。舜帝的道德精神在南方产生了重大的影响，特别是《史记》记载他南巡时“崩于苍梧之野，葬于九嶷”，此后，九嶷山的舜帝之陵就成为湖湘儿女祭礼舜帝、表彰其道德文化的地方，从上古一直延续到今天。

湖湘文化的文源深远，不仅仅与中华民族农耕文化、道德文化的源头相关，同时还与中国古典文学和两宋道学的源头直接相关。中国古典诗歌有两个源头：北方的《诗经》与南方的《楚辞》。屈原是楚辞艺术的奠基人与杰出代表，而他的许多代表作品如《离骚》、《九歌》、《九章》、《天问》等，大多是他流放于湖南地区时创作的，并且吸收了沅湘之地的神话巫风，可见，湖湘文化为中国文学鼻祖屈原的诗歌作品提供了源头活水。其次，宋代被称为“道学宗主”、“理学开山祖”的周敦颐出生于湖南道县，以后又多年在湖南地区做官并从事学术研究与文化传播，故而也是湘学的奠基人。屈原与周敦颐，“一为文学之鼻祖，一为理学之开山”（钱基博语），充分反映了湖湘文化的源远流长。

文脉

“文源”着重从时间维度表达湖湘文化源流的悠久，而“文脉”则是着重从空间维度表达湖湘文化源流的广大。区域文化虽然是特指某一空间范围，但是区域文化的形成、演变、发展，均离不开区域文化之间的交流、互动。湖湘文化之所以获得很大发展，除了依靠本土文化的创造、继承外，还在于不断学习、吸收外来文化，故而具有文脉广的特点。湖湘文化形成的上古时期，中原文化与南方本土文化相结合极大地促进了文化的发展。“炎帝神农氏”的出现，其实就是北方的英雄传说（炎帝）与南方的宗教信仰（农神）交流互渗的结果。而舜帝南巡逝世并葬九嶷，受到南方民众的普遍敬仰，亦体现出湖湘文化对中原道德文化的接受与吸收；另外，湖南本土的苗蛮文化，如果追溯其来源，亦是东夷文化的九黎部落南迁的结果。

作为文学鼻祖的屈原，其楚辞作品亦体现出文脉广大的特点。一方面，他的诗歌渊源于沅湘巫歌，具有南音歌谣、巫风歌舞的地域特色与湖湘风情；另一方面，这些诗歌表现出对“美政”、“美人”的理想追求，特别是对舜帝这位远古圣王的崇敬，其文脉显然源于中原华夏族文化。周敦颐之所以能够成为道德宗主、理学开山，固然是由于他能够继承齐鲁之风、孔孟学统，同时还与他大胆吸收、兼容佛教、儒家与道教的思想有关。作为周敦颐理学思想的传承者，南宋胡宏、张栻在湖南地区创建的湖湘学派，也具有文脉广的特点。首先，湖湘学派起因于二程洛学南传，故而有浓厚的洛学特色；同时，湖湘学者又广泛地与闽学学派杨时、朱熹，与浙东学派吕祖谦、薛季宣、陈傅良，与江西学派陆九渊、陆九韶等开展学术交流，其文脉广大，故其学术有兼容并蓄的特点。王船山能够成就为清初三大儒之一，仍然源于他文脉广的特点。他不但是继承了南宋时期的湖湘学统，包括胡安国的《春秋》学、胡宏的人性论、张栻的知行论，尤继承张载关学的学术思想，将气学发扬光大，同时他也吸收了浙学的事功取向。再如晚清的那些湖湘学人，其思想学术无不具有文脉广的特点。曾国藩将知识学问分成义理、考据、辞章、经济“四门之学”，他本人能够在这四门之学中均取得突出的成就，就在于他文脉广大，如义理之学源于洛闽，考据之学宗吴皖，辞章之学承桐城，其经济之学则源于浙东、湖湘各地。可见，广泛的文脉成就了湖湘学人，也推动了湖湘文化的大发展。

文气

“文气”是一个古代文论的专有名词，一般用来指文章中所体现出的作者的精神气质。而用“文气”来描述湖湘文化的特征时，就可能有狭义与广义的双重含义。

狭义的“文气”，专指那些在湖湘地区创作的作品或湖南人的文章中，能够充分表达出既具有地域特色，又充满生命活力与刚强质直的精神气质。湖南省作为一个文化大省，首先体现在这个地方产生了一大批优秀的文学作品和一大批著名的作家。从文学鼻祖屈原算起，他的《离骚》、《九歌》、《九章》、《天问》，是最早的中国文学经典之一。以后，这里产生了许许多多在中国文学史上占有重要地位的文学作品，如贾谊的《吊屈原赋》与《鹏鸟赋》、柳宗元的《永州八记》、范仲淹的《岳阳楼记》、周敦颐的《爱莲说》。明清至近代，湖南地区涌现了不计其数的文学名人与名篇，包括李东阳、王船山、曾国藩、何绍基、王闿运、丁玲、沈从文，等等。十分重要的是，他们的作品中均表现出一种充盈而劲悍的“文气”。最早提出“文气”说的曹丕曾说“文以气为主，气之清浊有体，不可力强而致”。其实，这个“气”就是作者内在的精神气质。由于湖湘诗人、作家群体的精神气质大多是血性与灵性的结合，并表现出劲直、刚烈、气雄的特色，故而湖湘作家群及代表作品特别体现出文气足的特色。

“文气”还有更加广义的理解，即某个人物群体所具有并表现出来的文化气质。由于湖湘之地有数千年的文化积淀，加之宋以后湖湘教育发展很快，全国四大书院中湖南有岳麓、石鼓两所，这样，湖南人才群体普遍体现出一种特别的文化气质。当然，那些从事文学、学术等与“文”有关的活动的人人普遍具有文气，而那些从事政治、军事活动的政治家、军人也表现出特别的文气。晚清的湘军集团，就是一个最为鲜明的具有“文气”的军事集团、政治集团，湘军集团的大部分将领均是文人学者出身，受过系统的文化教育，能够治学为文，他们还将这种“文气”用于训练士兵，军营中常常传出琅琅书声。军队能够具有这样鲜明的文气，在历史上十分罕见。湘军的文气影响了以后的湖南军人，历史上许多著名的军人如黄兴、蔡锷均显出鲜明的文气。同样，湖南的政治家也具有文化气质，表现得最充分的是毛泽东。毛泽东是一位中国历史上影响最大的政治家、军事家，他的政治才能、军事才能使得他能够领导中国人民推翻三座大山、建立了中华人民共和国；同时，他又是一位创作了大量文学名篇的诗人、热爱哲学并且提出了系统哲学理论的哲学家。毛泽东是一位历史上罕见的文气足的政治领袖。

所以，各界越来越形成一个共识，可以将湖湘文化的特色与优势概括为：文源深、文脉广、文气足。

（作者为湖南大学岳麓书院院长、教授）

（原载《光明日报》2012年9月23日）

化自然以归人文

——论周敦颐融道归儒的宇宙论思想*

周建刚　张利文

周敦颐的著作主要有《太极图说》、《通书》，《太极图说》依据《易传》，以《老》解《易》，以气化宇宙论阐述自然世界的演化过程；《通书》则结合《易传》和《中庸》，展现了儒家人文宇宙观的本义。周敦颐思想还有一个重要的方面就是"孔颜乐处"，即通过"孔颜乐处"体认圣人之人格与气象，化自然以归人文。在周敦颐的这三层思想中，《太极图说》的宇宙论有明显的道家倾向，《通书》融道归儒，建立儒家的价值形而上学体系，"孔颜乐处"的思想则指明了宋代儒学的精神方向。

《太极图说》中的自然宇宙观

周敦颐的《太极图说》阐述宇宙演化的过程，自"无极而太极"到"万物化生"，以生动简明的笔法描述了自然世界的形成。周敦颐的《太极图》，在历史上有各种说法，朱熹认为是周敦颐自作，但清代的毛奇龄、黄宗炎等人普遍认为是袭自道家的修炼图。现代学者的研究认为，《太极图》为周敦颐自作的可能性较大。① 但不管怎么说，周敦颐的思想主要体现在文字的《图说》而非"图像"的《太极图》中，图像化的《太极图》只不过是顺应宋代易学的"象学"风气而产生，本身在周敦颐的思想中并不占很

---

* 本文为国家社科基金项目"周敦颐与宋明理学思想谱系研究"阶段性成果，项目编号11BZX048 。

① 参见李申《话说太极图——〈易图明辨〉补》，知识出版社 1992 年版。吾妻重二《〈太极图〉之形成——围绕儒佛道三教的再检讨》，载吴震、吾妻重二主编《思想与文献——日本学者宋明儒学研究》华东师大出版社 2010 年版。

重要的地位。在文字的《太极图说》中，周敦颐明确以《易传》的思路，阐述天地万物的生成过程，以及人类社会的道德规范，其思想风格和理路是“儒家易”而非“道家易”。这在《图说》的“立人极”部分尤为清楚：“圣人定之以中正仁义而主静，立人极焉。”“圣人之道，仁义中正而已矣。”[①]“人极”通过“中正仁义”的价值规范而得以体现，“仁义中正”就是圣人之道，这充分说明周敦颐的思想在价值理念方面是归本于儒家的。

周敦颐的《太极图说》在价值指向上是儒家的，但在涉及其具体展示的宇宙论时，则有明显的道家倾向，这主要体现在“无极”和“主静”等观念上。《太极图说》阐述了自然世界自无极而太极、二气五行、万物化生的演化过程，这基本上是一个气化宇宙论的模式。如果以汉唐易学为背景来理解，那么周敦颐《太极图说》中的“太极”，实际上是“元气”的代名词，而所谓“无极”，则取自于《老子》的“有生于无”以及魏晋玄学的“以无为本”。在唐代《五经正义》的《周易正义》中，这两种学说都被保留下来。如韩康伯的《注》中说：“夫有必始于无，故太极生两仪也。太极者无称之称，不可得而名。取有之所极，况之太极者也。”[②] 孔颖达的《疏》则说：“太极谓天地未分之前，元气混而为一，即是太初、太一也。”[③] 周敦颐的“无极而太极”无疑就是综合了汉唐易学的成果，以“太极”为自然世界最初演化阶段的“元气”，无极则是更为根本性的本体之“无”。这一理路，是以《老子》和玄学的思想解释《易传》，和《通书》以《中庸》来诠释《易传》有很大差异。此外，根据陈鼓应先生的分析，“主静”的观念在周敦颐思想中占据极为重要的位置，“无极”为“主静”的形上依据，人道论的“主静”说与宇宙本原的“无极”说相对应，而“无极”、“主静”的观念都承自道家，因此，“周敦颐《太极图说》的主题思想从宇宙生成论、万物化生论，到主静立人极，我们能清楚地看到其中深受老子哲学的影响”。[④] 在《太极图说》中，儒家的价值观和道家的宇宙观两者并存，显得极不调和，这也是《太极图》和《太极图说》在历史上备受争议的主要原因。

---

① 《周敦颐集》，陈克明点校，中华书局2009年版，第6页。

② 李申：《话说太极图——〈易图明辨〉补》，知识出版社1992年版，第340页。

③ 同上书，第340页。

④ 陈鼓应：《论周敦颐〈太极图说〉的道家学脉关系》，《哲学研究》2012年第2期。

周敦颐的《太极图》和《太极图说》，其中体现的究竟是一种本体论思想还是宇宙生成论思想，这在历史上是富有争议的。在我个人看来，这两种思想在《太极图说》中都存在，但总体而言还是生成论的意味更为浓重一些。这不仅是因为《太极图说》对万物生化过程层次分明的解说，更是由于周敦颐本人在生活情调方面给了我们鲜明的提示。二程语录中曾提到："周茂叔窗前草不除去，问之，云：与自家意思一般。"另一处则说："观天地生物气象。"（小字注：周茂叔看。）[①] 这说明周敦颐主观上将自然世界理解为一个不断生成变化的过程，生机盎然而又充满诗意，也就是《太极图说》说的"万物生生，而变化无穷焉"。这一思想基调的底色是生成论而非本体论的。周敦颐在《读英真君丹诀》中说："始观丹诀信希夷，盖得阴阳造化机。"[②] 所谓"阴阳造化机"，即是道家和道教所理解的天地生成之不测之机。周敦颐熟悉道教学说，说明他的这种生成论思想受到过道教的影响。

周敦颐在《太极图说》中还提到了"立人极"问题，涉及人类社会道德规范的形成。就周敦颐的本意来说，应该是希望从"天道流行"的宇宙论高度来论述"人极"的当然性，以"太极"而立"人极"。所谓"人极"虽然是人类社会自身的规范，但也应该同"太极"一样具有至高无上的尊严性，如同康德所说的"头上的星空"和"心底的道德"同为我们所敬畏的对象。但从《太极图说》的论述来看，周敦颐远远没有做到将"人极"与"太极"之间的关系说清楚。究其原因，一方面是因为《太极图说》深受道家思想影响，将自然世界的形成理解为一个自在的过程，从无极、太极到万物化生是一个自然流转、生成的进程，其中看不到人文价值理想的因素，因而"人极"的树立从根本上与天道流行的宇宙进程并不相关，也就是张载所批评的"体用殊绝"。另一方面，在方法论上，方东美认为周敦颐的《太极图说》是一种"描述型"的宇宙论，"因为它只是根据道教的说法，把宇宙分成五个阶段，这五个阶段仅仅是静态地加以叙述而已，并没有动态地把它们连贯起来做一个系统的说明"。[③] 按照方东美的解释，这一"描述型"的宇宙论或"宇宙开辟论"，无法对人文价值世界的形成有积极建树。

---

① 《二程集》，王孝鱼点校，中华书局 1981 年版，第 83 页。

② 《周敦颐集》，陈克明点校，中华书局 2009 年版，第 69 页。

③ 方东美：《新儒家哲学十八讲》，黎明文化事业股份有限公司 1983 年版，第 122 页。

《通书》中的人文宇宙观

周敦颐的《太极图说》虽然对宋明理学造成了广泛影响，但究其实际，是由于朱熹对《太极图说》的解释和宣传起了很大作用，而朱熹以“太极”为“理”（牟宗三称之为“只存有不活动”之“理”）的解释与周敦颐的原意是有一定距离的。在周敦颐的著作中，《通书》比《太极图说》更能反映周敦颐的思想，而《通书》对“乾元诚体”的描述则比《太极图说》有了明显的不同。《太极图说》侧重于宇宙生成论，描绘的是天道流行的自然外在过程。但就儒家传统而言，天道流行不仅是一个自然、自在的进程，同时也由其自身的创生性力量而呈现为一个“带着诗意的感性光辉对人的全身心发出微笑的客观存在”[①]。换言之，道家的宇宙观是一个与人的身心漠不相关的冷冰冰的事实存在，“天地不仁，以万物为刍狗”（《老子》第五章）；而儒家的宇宙观则更带有“人化”的色彩，“显诸仁，藏诸用，鼓万物而不与圣人同忧，盛德大业至矣哉”（《周易·系辞上》）。在儒家传统的宇宙观中，世界不仅是自然的世界，更是彰显人文价值理想的世界，与人的存在从根底上说就呼吸相通、痛痒相关。宋明理学中有很多关于“万物一体”的论述，实际上就是出自这种具有高度人文价值关怀的宇宙观视野。周敦颐在《通书》中对于“乾元诚体”的描绘，客观上是从《太极图说》的道家式自然宇宙观回归到了儒家的人文宇宙观，为宋明理学的形上思想奠定了基础。可以说，从唐代的柳宗元、刘禹锡等人一直到宋代庆历年间的刘牧等人，尽管旨在确立儒家的人文价值观念，但在宇宙观上始终不能摆脱道家自然宇宙论的影响，至周敦颐始明确摆脱了这一思路，从而使宋代的儒学复兴有了明确的方向。

《太极图说》“无极而太极”的思路是以《老子》解《易》，即“有生于无”，《通书》以“诚”释“乾元”则明显是采用了《中庸》的思想。《通书》与《太极图说》有密切关系，按照朱熹的说法，《通书》与《太极图说》是相为表里的关系，“盖先生之学，其妙具于《太极》一图。《通书》之言，皆发此图之蕴”。[②] 而陆九渊则反对此说，认为《太极图说》是

---

① 余敦康：《汉宋易学解读》，华夏出版社2006年版，第245页。

② 《周敦颐集》，陈克明点校，中华书局2009年版，第44页。

周敦颐早年所作，《通书》才代表了周敦颐的成熟思想。近人牟宗三则一反前人所说，认为《太极图说》是根据《通书》中的主要思想概括而成[①]。由于周敦颐的著作几经后人改编，其原始面目已不可知，这一问题可能注定要湮没在历史的谜团中。但从思想理路来看，《通书》无疑与《太极图说》有甚深的关系，其中《动静》、《理性命》二章更是直接触及《太极图说》的主题，极有可能是根据《太极图说》的内容总结、深化而成。如《动静》章中说："五行阴阳，阴阳太极。四时运行，万物终始。混兮辟兮，其无穷兮。"[②]《理性命》章则说："二气五行，化生万物。五殊二实，二本则一。是万为一，一实万分。万一各正，小大有定。"[③] 这些内容明显是对《太极图说》的陈述和总结，并且在哲学思辨的层次上有了进一步的提升。此外，关于动静关系问题，《太极图说》中有"太极动而生阳，动极而静，静而生阴，静极复动"的说法，这一说法没有将太极之动静与物之动静进行区别，因而在解释中造成了困难。在《通书》的《动静》章中，周敦颐将动静分为"动而无静，静而无动"和"动而无动，静而无静"两个层面，并且引申出"物则不通，神妙万物"的结论，实际上是从《太极图说》的生成论转变到了体用论的立场，注意到了万物生成演变这一"大化流行"过程背后的主导性、推动性的力量，由体而立用，因物而知神。这一结论和张载在《正蒙》中所说的"散殊而可象为气，清通而不可象为神"的说法有类似之处。

周敦颐对于宋明理学的真实贡献在于，他从自己的生成论思想出发，认识并领悟到了天道流行的宇宙进程背后的根本性力量，这一根本性力量无象无形，却又"神妙万物"，是涵虚实、有无、动静为一的创造性实体。周敦颐结合《中庸》和《易传》的传统，将宇宙的这种创生力量解释为"诚"："'大哉乾元，万物资始'，诚之源也。'乾道变化，各正性命'，诚斯立焉。纯粹至善者也。"[④] 诚即真实无妄，既是天道流行的创生性力量，也是人类社会价值规范的根源。从这一意义上讲，天道流行所展现的就不仅是一个服从自然规律的自在的世界，更是一个焕发出人文价值理想光辉的人文世界。从自然主义的立场来看，所谓"天道流行"是一个宇宙万物顺应自然规律而生长变化，"乾道变化，各正性命"的过程，从人文主义的立场来看，这

① 牟宗三：《心体与性体》，上海古籍出版社 1999 年版，第 306 页。

② 《周敦颐集》，陈克明点校，中华书局 2009 年版，第 27 页。

③ 同上书，第 32 页。

④ 《周敦颐集》，陈克明点校，中华书局 2009 年版，第 13—14 页。

同时也是价值规范得以成立，“诚斯立焉”的过程，因此宇宙的生化过程就不仅是阴阳五行的气化作用，而更含有一种道德意识和道德作用。

周敦颐所说的“诚”，实际上就是儒家传统所强调的“天地之生意”，他对其加以哲学的论证，使之成为形上化的创生性实体，牟宗三先生在《心体与性体》一书中将其直接命名为“诚体”。周敦颐和二程都极为重视这种体现了大自然勃发生机的“造化生意”，在日常生活中时常加以流露。宋代理学家如周敦颐、邵雍、张载、二程等人都有观察大自然的爱好，这种观察往往不是出于单纯的审美欣赏目的，而是努力在自然世界中发现人文价值世界，进而打通隔阂，合而为一，化自然为人文，合内外为一体，“觉飞跃蠕动，碧绿青黄，眼前看底，耳边闻底，自然皆有勃勃生机之发，昭昭天理之行”。[①] 周敦颐《通书》所阐发的，正是这种洋溢着勃发生机的人文主义宇宙观，这种宇宙观奠定了宋代理学的哲学形而上学基础。

周敦颐以《中庸》和《易传》相互诠释的思路有其具体的思想史背景，那就是北宋庆历时期儒家知识分子对《中庸》的重视。据余英时考证，宋代《中庸》之学最初是由僧人发端，其后才得到了儒家知识分子的重视。[②] 如范仲淹劝说张载“儒者自有名教可乐”，即以《中庸》授之，其后张载的《正蒙》基本也是阐发《中庸》和《易传》的观点而组织成一个本体论系统。宋代儒者倡导《中庸》之学，是因为《中庸》包含着早期儒家关于“性与天道”思想的一些思考，而这些思考在汉唐经学家那里已经中断。以《中庸》与《易传》互相诠释，从而开启出儒家独有的天道观、宇宙论和本体论学说，是庆历时期儒家经学转型的一个重要标志，周敦颐和张载的学说就是这一时代思潮所结出的硕果。

化自然为人文的“孔颜乐处”

周敦颐对宋明理学的重要影响还在于“孔颜乐处”的提法。据二程自述，他们十五六岁从周敦颐问学时，周敦颐便教导他们“寻孔颜乐处，所乐何事”。程颐在《明道先生行状》中说：“先生（程颢）自十五六时，闻汝南周茂叔论道，遂厌科举之业，慨然有求道之志。”[③] 程颢则自言：“诗可

① 陈荣捷：《近思录详注集评》，华东师范大学出版社 2007 年版，第 154 页。

② 余英时：《朱熹的历史世界》，生活·读书·新知三联书店 2011 年版，第 65—109 页。

③ 《二程集》，王孝鱼点校，中华书局 1981 年版，第 638 页。

以兴。某自再见茂叔后，吟风弄月以归，有‘吾与点也’之意。”[①] 可见周敦颐“孔颜乐处”的教导对二程的学问方向有决定性的作用，将他们从世俗功利化的“科举之业”引向精神领域的“道”之追求。在二程之中，周敦颐对程颢的影响力似乎更大一些，所谓“孔颜乐处”，在程颢的个人生活中也得到了更为充分的体现。后人评价二程，总认为程颢坦然平易，而程颐则拘谨严肃，就气象上而言，程颢与周敦颐更为类似。这类评价也说明程颢对于周敦颐“孔颜乐处”的思想有更深的领悟。

所谓“孔颜乐处”，是将孔子和颜渊并提，《论语》中说颜渊“一箪食，一瓢饮，居陋巷，人不堪其忧，回也不改其乐”（《论语·雍也》），《庄子》中也有颜渊向孔子请教“心斋”的记载。《庄子》的记载未必可信，但也说明在春秋战国时期，人们已普遍认为颜渊在孔门弟子中以“心学”的修养见长，与子夏、子贡等人有明显的不同，可说是代表了孔门中最高级的精神传统。“孔颜之乐”的问题其实就是“名教之乐”，也就是如何在“名教”的规范中体会到精神性的快乐，并由此将儒家的礼教规范化为主体的自觉性行动。魏晋时期的乐广针对玄学名士放肆流荡、蔑弃礼教的风气曾指出：“名教中自有乐地，何为乃尔也。”（《世说新语·德行》）范仲淹初见张载时也说：“儒者自有名教可乐，何事于兵。”（《宋史·张载传》）可见如何从儒家的礼教规范中体会其“乐处”，在儒学中是一个传统话题。从道家和佛教的角度来看，儒家知识分子埋头章句训诂，专注于具体的社会政治事务，实无精神性的快乐可言。西汉时深通道家之学的司马谈在《论六家要旨》中说儒家“累世不能通其学，当年不能究其礼，故曰博而寡要，劳而少功。若夫列君臣父子之礼，序夫妇长幼之别，虽百家弗能易也”（《史记·太史公自序》），就已经指出儒家的长处仅在于处理社会政治和族群伦理关系，而其烦琐程序已经令人生厌，无法让人从中体验到任何精神性的愉悦。长期以来，儒学的这一“形而下”的方向制约了自身的发展，许多知识分子尽管在价值取向上认同儒家，但在更为终极性的精神领域中却不得不倒向道家或佛教，这是因为儒家最高级的“心学”传统自颜渊以后已经断绝，所谓“颜子没而圣学亡”，而汉唐经学的章句训诂之学虽有保存文献之功，但在精神领域却始终无法与佛道抗衡。如唐代的柳宗元称：“浮图诚有不可斥者，往往与《易》、《论语》合。”[②] 刘禹锡则以《中庸》会通佛教内

① 《二程集》，王孝鱼点校，中华书局 1981 年版，第 59 页。

② 《柳宗元集》，中华书局 1979 年版，第 673 页。

典，“是余知突奥于《中庸》，启键关于内典。会而归之，犹初心也。”[①] 儒家知识分子在通向终极性的精神领域时，不得不借重于佛教的心性之学，这说明了儒家精神传统的没落。而要扭转这一局面，就要重提“孔颜之乐”，将价值规范化为主体的自觉行动，并从这种自觉行动中体会到精神性的快乐，周敦颐“孔颜之乐”的命题就是适应这样的时代要求而提出的。

在周敦颐的《通书》中，有两处地方涉及“孔颜之乐”。一条是《志学》章“志伊尹之所志，学颜子之所学”[②]，将颜渊与伊尹相提并论，实际上是指出儒学的整体结构包含“内圣”和“外王”两个层面，缺一不可，而“学颜子之所学”则是恢复先秦儒家“内圣”心学的点睛之笔。另一处涉及颜渊的是《颜子》章，其中说道：“颜子一箪食，一瓢饮，在陋巷，人不堪其忧，而不改其乐。夫富贵，人所爱也。颜子不爱不求，而乐乎贫者，独何心哉？天地间有至贵至爱可求，而异乎彼者，见其大而忘其小焉尔。见其大则心泰，心泰则无不足。无不足则富贵贫贱处之一也。处之一则能化而齐。故颜子亚圣。”[③]《师友》章又说：“天地间，至尊者道，至贵者德而已矣。至难得者人，人而至难得者，道德有于身而已矣。”[④] 将《颜子》和《师友》这两章的内容合在一起看，周敦颐所体会的“颜子之乐”，就是“道德有于身”。在“道德有于身”的状态中，道德践履已成为主体的自觉行动，从而实践者由道德行为中体验到一种精神性的快乐，这种快乐超越了富贵、贫贱等具体处境。颜渊学孔子之所学，体验到了这种精神性快乐，因而在陋巷中箪食瓢饮，也能“不改其乐”，成了儒家精神修养取得高度成就的一个标志性人物。

周敦颐在《通书》中的论述，似乎是将“孔颜之乐”限定为由道德意识、道德行为所导致的快乐，实际上周敦颐所说的“孔颜之乐”远非如此简单。就儒学传统本身而言，当然并不排斥由道德行为而带来的快乐、幸福等感受，但也从不将其作为主要的追求目标，否则就会沦于功利主义的境地而不能自拔。结合周敦颐的整体思想来看，“孔颜之乐”当然不是乐于“箪食瓢饮”之贫贱境遇，但也不是单纯地乐于“道德有于身”，而是由自然世界的“造化生意”中体会出其形而上的意义，并进而“化自然以归人文”，领悟到道德规范来源于宇宙本体之后所产生的“天人合一”的特殊心理体

① 《刘禹锡集》，卞孝萱校订，中华书局1990年版，第389页。

② 《周敦颐集》，陈克明点校，中华书局2009年版，第23页。

③ 同上书，第32—33页。

④ 同上书，第33页。

验，在这一心理体验中，既有感性的成分，也有理性的因素，既有道德的庄严，更有审美的愉悦，自然世界与人文价值世界贯通为一，再无隔阂可言，体用一源，显微无间。由此而言，“孔颜之乐”是德性之乐，但更是超道德的审美之乐。

二程对周敦颐所指点的“孔颜之乐”深有领会，在文集和语录中屡有提及。程颢在《颜乐亭铭》中指出：“天生之民，是为物则；非学非师，孰觉孰识？圣贤之分，古难其明；有孔之遇，有颜之生。圣以道化，贤以学行，万世心目，破昏为醒。”① 程颐则在《颜子所好何学论》中明确提出：“圣人之门，其徒三千，独称颜子为好学。夫《诗》、《书》六艺，三千子非不学而通也。然则颜子所独好者，何学也？学以至圣人之道也。”② 二程都指出孔子和颜渊有圣、贤之分，作为圣人的孔子具有“生知安行”的素质，作为贤人的颜渊则必须作克己复礼的工夫，因此为学之道在于通过“学颜子之学”而通达圣人之道，成就圣人人格。圣人人格和境界的体现是“不思而得，不勉而中，从容中道”，游于名教之中，而又出乎名教之外，这无疑是二程对“孔颜之乐”的进一步深入阐发。

周敦颐对“孔颜之乐”没有进行太多的阐释，但就其人格风貌而言，确实体现了“孔颜之乐”的特殊精神内涵。黄庭坚称周敦颐“光风霁月”，苏轼也赞叹周敦颐“造化乃其徒”，这种同时代人异口同声的评价表明周敦颐的人格光明通透，确已接触到儒家“内圣”之学的要点，因此为宋明理学开辟了一个非常明确的精神方向。周敦颐之后，关于“孔颜之乐”、“曾点之乐”，就成为理学家经常讨论的一个话题。

周敦颐宇宙论思想的融道归儒倾向

周敦颐作为二程之师、宋代理学的先驱，其思想有其时代的特殊性。在周敦颐的时代，理学作为一股时代思潮，尚处于酝酿阶段。理学的主题是将传统儒学由章句训诂的汉唐经学学风中拨转到“向上一路”，即指点出儒学中蕴含的独特精神价值，从而在社会层面消除佛老的影响，为社会政治和道德风尚的全面改善奠定基础。在这一过程中，儒家知识分子一方面需要对汉

① 《二程集》，王孝鱼点校，中华书局 1981 年版，第 472 页。

② 同上书，第 577 页。

唐经学的遗产进行重新诠释，另一方面也必须正视佛老在宇宙论、心性论等形而上学领域的成就。

就周敦颐而言，他的宇宙论深受道家学说影响，有“有生于无”的生成论痕迹，同时《太极图说》中的宇宙生成论学说也没有摆脱汉唐经学家的影响，基本上还是一个气化宇宙论的模式。朱熹以“太极”为理、“阴阳为气”的本体论诠释，实际上是朱熹的一家之言，并不符合周敦颐学说的原意。但是《太极图说》并不能代表周敦颐思想的全貌，因为《太极图说》中的思想反映的是道家式的“自然宇宙观”，换句话说，是“天道无为”的思想而非“天道健行”的思想，由这种“天道无为”式的“自然宇宙观”，实际上不能开显出儒家的人文价值理想，因此陆九渊怀疑《太极图说》是“周子少作”，“与《通书》不类”，至少从思想理路上来看是有一定道理的。但是从周敦颐思想的整体面貌来看，他所要表述的并不是一个与人文价值理想无关的自然世界，而是恰恰相反，是一个“名教”与“自然”合一的人文价值世界。“名教与自然”的关系问题是魏晋玄学的主题，但魏晋玄学的处理方法是以道家的“自然”为体，儒家的“名教”为用，因而不能恰当地体现出儒学的精神内涵。周敦颐对这一问题的理解是通过以《中庸》和《易传》相互诠释的方法，将自然世界中天道流行之创生性力量解释为具有道德规范意味的“诚”，宇宙生成的“元亨利贞”过程就是“诚之复”、“诚之通”的过程。在这一意义上，宇宙的生成化育之德也就通于儒家道德规范之“仁义”，“天以阳生万物，以阴成万物。生，仁也；成，义也”。[①] 由此而言，《通书》的思想与《太极图说》有明显的不同。《太极图说》尽管也提出“立人极”的问题，但主要是综合汉唐易学的成果，提出了一个系统化的宇宙生成论和宇宙演化论，而在《通书》中，则将宇宙生化的主题确定为“诚”，并且提出了“神”与“物”的区别，“动而无静，静而无动，物也。动而无动，静而无静，神也”。“物则不通，神妙万物。”“物”与“神”的区分在于物有限定而神无方所，神即是宇宙万物生成演化背后的推动性和创造性力量，也就是“诚”。这一说法实际上是将宇宙生成论和宇宙本体论合而为一，在过程中确定本体，因而带有体用论的色彩，同时也将“天道无为”的自然世界转化为“天道健行”、诚实无妄的人文价值世界，为宋明理学奠定了形而上学和价值论合一的基础。

不可否认的是，周敦颐尽管是“宋学之祖”，但其思想与道家和玄学有

① 《周敦颐集》，陈克明点校，中华书局2009年版，第23页。

很深的关联，尤其是他对于《易传》的理解，尽管有正面的传统儒家式的“天地之大德曰生”的理解，但也有反面的道家式的“有生于无”、“以无为本”的理解。就正面的、儒家式的理解而言，天地的“生生之德”就是“诚”，“诚”不仅体现了天道流行的创生力量，同时也是“五常之本，百行之源”，因此儒家的价值规范上通于天道，人道即天道，人极即太极，名教即自然。从反面的道家式理解来看，周敦颐又认为宇宙的本体是“无极”，有生于无，因此人道修养的主要工夫就在于“无欲主静”。在一定程度上，这两者的立场是不可调和的，因为《通书》中的“诚”体现的是“天地之大德曰生”，而“无极”则是象征“寂然至无”的最高存在，这两者之间是一动一静的关系，反映了儒家心灵与道家心灵的基本区别。王弼论“大衍之数”云“夫无不可以无明，必因于有。故常于有物之极而必明其所由之宗也”①，这句话就是“无极而太极”之所本。周敦颐所主张的“无欲故静”的修养论，实际上也来自王弼解释《复卦彖》所说的“然则天地虽大，富有万物，雷动风行，运化万变，寂然至无，是其本矣。故动息地中，乃天地之心见矣”。② 这一段话讲得很明确，“动息地中，乃天地之心见矣”，说明“天地之心”是主静的，然则周敦颐所谓“无欲主静”就是王弼所说的因静而见天地之心，其为道家化、玄学化的修养工夫无疑。在周敦颐之后的程颐对此不以为然，认为“一阳复于下，乃天地生物之心也。先儒皆以静为见天地之心，盖不知动之端乃天地之心也。非知道者，孰能识之”，这一批评是针对王弼的，同时也包含了周敦颐这样的“先儒”在内。

周敦颐的《太极图说》中包含着种种道家化、玄学化的思想，这主要是由于《太极图说》是解《易》之作，而北宋初年的易学思想还沿袭了《五经正义》中王弼和韩康伯的注解，同时象数学易学流行，儒家正统的义理派易学还在摸索之中，因此周敦颐的易学也无法摆脱时代的限制。周敦颐以《太极图》的“象学”为形式，以道家玄学的义理为骨干，这在一定程度上是时代风气使然。但就周敦颐的整体思想来说，他无疑是以儒家为本而试图融合道家，因此《通书》中就采取《中庸》之“诚”来表征天地运行的“健动”过程，“无极”的观念也不再出现，修养工夫也是兼动静而言，将“无欲主静”的说法改为“无欲则静虚动直”，避免了道家化的纯粹主静的观念。可以说，《太极图说》和《通书》的观念系统确有明显不同之处，

① 《周易正义》，卢光明、李申整理，北京大学出版社 2000 年版，第 328—329 页。

② 同上书，第 132 页。

前者的重心在道家系统，后者则转向儒家系统而融摄道家观念，二者之间体现出一种递进的关系。南宋时的陆九渊曾说《太极图说》为“周子少作”，这一说法值得我们仔细推敲。

（作者单位：湖南社会科学院哲学所）

（原载《哲学研究》2012 年第 11 期）

从廉洁文化的内化到个人秉性的塑造

——晚清重臣曾国藩的廉洁思想及其现代价值

张文凤

在中华民族漫长的古代文明史上，廉洁文化作为优秀的传统文化积淀了深厚的底蕴与内涵。近代，晚清重臣曾国藩不仅勤俭自持、习劳习苦，传承着中华民族的廉洁文化，而且在近代纷纭变幻的国内外形势下，能够顺应历史潮流，力排众议、大胆改革，赋予了传统的廉洁文化新的时代内涵。本文拟从其廉洁思想的产生、内容等方面进行分析，以期为世人提供历史启示。

思想源流——以理学为基础的湖湘文化

曾国藩（1811—1872），湖南湘乡人，原名子城，字伯涵，号涤生，道光进士，曾三任两江总督，统辖苏、皖、浙、赣四省军务，镇压太平天国后，官至二品，与李鸿章一道倡办江南制造总局并派遣留美学童，成为满清王朝举足轻重的洋务首领。

作为中国近现代史上的湘籍精英人物，曾国藩曾言湖湘文化影响了他的一生。湖南在中国近现代史上有着“湖湘一地，系全国人心之希望”的显赫地位，哺育这块土地的湖湘文化功不可没。湖湘文化源远流长、内涵丰富，作为中华民族的一个子文化，受中原文化影响至深。尤其是南宋王朝偏安一隅后，湖南由一个偏远地跃为离首都较近的政治、经济、文化的重要地区，作为理学学派之一的湖湘学派在此背景下诞生并得到长足发展。

“理学的心性义理之道和务实践履思想以及讲求经世致用的传统，构成了湖湘文化的核心与基础。”[①] 理学强化和改造了的儒家思想，是封建社会的正统思想，湖湘文化既传承其“修身、齐家、治国、平天下”的脉络精髓，又展现出其积极进取、忧国忧民的一面。曾国藩廉明进取、勤勉务实的官宦作风来源于理学学派的湖湘文化。

思想内容——从传统到近代的新儒学

从小接受理学熏陶和儒学教育，曾国藩和其他走科举之路的封建士子一样，在思想和实践中恪守精谨勤廉之古训，克勤克俭，以廉率人，言行遵循着中国传统文化“为官之要在于廉”的基本要求。此外，曾国藩能够在变幻多端的国内外环境中，审时度势，大胆改革，与保守势力作斗争，引领愚昧守旧的晚清官场“师夷长技以自强”。其与时俱进、力求变革的创新思想冲破了传统的廉洁思想的范畴，赋予廉洁文化新的时代内容。作为新儒学大师，曾国藩的廉洁思想主要包括：

读书非官、不积私财的廉政官宦思想。满腹经纶的曾国藩，靠的是勤奋读书在科举道路上步步攀升。但科举成就显赫的他反对社会上流行的读书做官论。这种思想体现在他的大量日记和家信中，他督促曾氏家族的男子勤奋读书，但并不愿意子孙做大官，而是希望他们做读书明理的君子，学有所成。他说：“凡人皆望子孙为大官，余不愿为大官，但愿为读书明理之君子。勤俭自持，习劳习苦，可以处丰，可以处约。此君子也。”[②] 这种思想在“娶妻莫恨无良媒，书中自有颜如玉……男儿欲遂平生志，五经常向窗前读”的“学而优则仕”的社会氛围中很是高尚。他继承发展了孔子的“志于利禄，学者之大患也”的思想，反对子孙为功名利禄而学，希望子孙淡泊名利，提高自己的思想境界。

不积私财是曾国藩始终不渝的为官原则，在满贵排汉的复杂政治环境中，在其跌宕起伏的官宦生涯中，曾国藩能深得朝廷信任靠的不只是才能，更多的是在那吏治腐败的年代里官僚们难以做到的这一为官原则。他认为当官不要钱，也就是为官要廉洁是一个最浅显最重要的原则。他为官30多年，始终能勤俭自持，不敢稍染官宦气息。“将来若作外官，禄入较丰，自誓除

① 张恒俊：《论湖湘文化影响下的湘籍精英》，《湖南科技学院学报》2009年第2期，第72页。

② 曾国藩：《曾国藩家书》，中华工商联合出版社2007年版，第237、191页。

廉俸之外，不取一钱。廉俸若日多，则周济亲戚族党者日广，断不蓄积银钱为儿子衣食之需。盖儿子若贤，则不靠宦囊，亦能自觅衣饭；儿子若不肖，则多积一钱，渠将多造一孽，后来淫逸作恶，必且大玷家声。故立定此志，决不肯以做官发财，决不肯留钱与后人。”这股清廉作风与当时“一年清知府，十万雪花银”的官场现状形成鲜明对比，足显曾国藩的可贵之处。

勤俭自持、习劳习苦的勤政俭朴思想。曾国藩曾在奏稿中指出清朝官场腐败的原因是，官场繁文缛节过多，懒散人员过多，官宦浪费钱财过多。要提高行政效率必须精简机构，增强官员的勤政意识。为了改变日下的世风，他力倡廉政之风，认为正气不伸，则风俗难挽回。因此，他倡导“八德”以正世风，即以“勤、俭、刚、明”求诸己；以“孝、信、谦、浑”施诸人，并指出要“勤以治事”，“廉以服众”。作为朝廷要员，始终保持清醒头脑，把劳逸不均、贫富悬殊的问题肯定为“此天下最不平等之事”。曾国藩一直认为：不管是居家、居官、行军，都应该要以“勤”字为根本。他毕生以勤字自检，实现了“立德、立言、立功”三大志愿。他在个人修身养性方面坚持以勤为本，不仅自己一生坚守勤劳勤奋，还把“勤”当作教导子弟的经常性内容之一。他的诸弟、子侄及其后代谨遵家法，历代兴旺昌盛。

俭和勤在中国传统文化中是不可分割的整体。曾国藩虽身居庙堂高位，但也认为“勤者生动之气，俭者收敛之气”①。曾国藩一生清廉，淡泊明志，座右铭是“只知耕耘，不问收获”，在当时乌烟瘴气的官场上确是独秀一枝。他吃饭因只有一道菜而被誉为“一品宰相”。他曾对其子纪鸿说：“余服官二十年，不敢稍染官宦气习，饮食起居，尚守寒素家风，极俭也可，略丰也可，太丰则吾不敢也。凡仕宦之家，由俭入奢易，由奢返俭难。尔年尚幼，切不可贪爱奢华，不可惯习懒惰。”②

良好的家教家风使得曾氏家族人才辈出，成为晚清的名望家族，长子曾纪泽官至驻英大使。颇有建树的曾氏人才与曾国藩的家教和个人秉性密不可分，曾在教育领域堪称楷模。他吩咐家中子弟在日常花费上要注意节俭，不可以奢为尚，漫无节制，他说：“尔辈以后居家，须学陆梭山之法，每月用银若干两，限一成数，另封称出，本月用毕，只准盈余，不准亏欠。衙门奢侈之习，不能不彻底痛改。”③

---

① 曾国藩：《曾国藩家书》，中华工商联合出版社 2007 年版，第 237、191 页。

② 曾国藩：《曾国藩全集·家书》，岳麓书社 1985 年版，第 324、1370 页。

③ 同上。

顺时而变、师夷自强的创新进取思想。深受湖湘文化影响的曾国藩继承和发扬了儒家的思想内容，博众家之长。他潜心治学的目的是为了经世致用，为了从学术中寻找治国安邦、扶危救困的有效途径。作为饱览儒家经典的一代儒学大师，他能在中国封建社会濒临崩溃、出现数千年未有的大变局的时代背景下，审时度势、顺势而动、创新求变，确是可贵。他的创新进取思想使其一向尊崇的传统的廉洁文化有了新的时代内涵。他曾对那些“以为经世之道，不出故纸中”的儒士进行猛烈的抨击。他在1851年8月的日记中写道：“前世所袭误者，可以自我更之，前世所未及者，可以自我创之。”在政治、军事、外交等生涯中，显现出务实求变、顺时而动、除旧布新的行事作风。他在给清廷的奏稿中说：“外国技术之精，为中国所未逮。……精通其法，仿效其意，使西人擅长之事，中国皆能究知，然后可以徐图自强。”

1861年是中国史上极其重要的时间，对洋人一向嗤之以鼻的清政府成立专门负责洋务事宜的总理衙门。在中央权贵奕䜣的支持下，作为地方实力派曾国藩的洋务主张得到了慈禧太后的支持，闭关锁国的中国开始了长达三十年的洋务运动。这场运动虽因“中学为体、西学为用”的错误宗旨而失败，但却是中国史上划时代的大事，对后世的中国影响极大。在这场运动中，曾国藩无疑是一名引领者，他创办了第一家军工厂、第一家也是当时规模最大的船舶建造厂，派出了第一批赴美幼童，其中赴美幼童的派遣为近代中国培养了第一批西学人才，他们在政治、经济、交通和教育等领域作出了重要贡献。

结论

作为晚清重臣，曾国藩是中国历史进程中的显赫人物，同时也是中国近代史上争议色彩较为浓烈的历史人物。但其清廉坦荡、勤政俭朴、务实求变的从政风范，得到学者们的公认。中华民族传统的优秀文化在他身上得到完美体现，他崇尚廉洁文化、践行廉洁思想，推己及人，他率领的湘军是当时一支最廉洁的军队。更为可贵的是，他能在中华民族遭受外来侵略、民族危机加剧的关键时刻，力排众议，大胆提出“师夷长技以自强”，这一口号如一声春雷，唤醒了沉睡中的中国人，开创了中国人探索西方的先河。这种思想已远远突破了一个传统的封建士大夫的思想范畴，把中华民族的传统文化从古代向近代推进了关键的一步。虽然由于阶级的局限，曾国藩倡导的廉洁文化是为了维护清政府的封建统治，但其思想价值以及传承的廉洁文化的精髓值得探讨和借鉴。

（作者为江苏师范大学马克思主义学院副教授）

（原载《人民论坛》2013 年第 20 期）

毛泽东研究专栏

毛泽东是中国特色社会主义的伟大奠基者、探索者和先行者

——专访中国社会科学院院长王伟光

1949年新中国的成立，从根本上改变了中国人民和中华民族的前途命运，不可逆转地开启了中华民族不断发展壮大、走向伟大复兴的历史进程。作为新中国的主要缔造者，毛泽东一生的光辉历程和不朽功勋，将永远鼓舞着我们继续推进中国特色社会主义向前发展。历史的发展不能割断，在纪念毛泽东同志诞辰120周年之际，就如何全面地、历史地、公正地评价毛泽东对中国特色社会主义伟大实践的历史性贡献，本报记者采访了中国社会科学院院长、党组书记王伟光。

新中国社会主义建设要走自己的路

《中国社会科学报》：今年是毛泽东诞辰120周年，中央提出要深刻揭示中国特色社会主义理论体系与毛泽东思想既一脉相承又与时俱进的发展创新关系、科学阐释改革开放前后“两个三十年”的辩证统一关系，对于中央提出的两个重大命题，我们该如何破题?

王伟光：毛泽东领导的社会主义建设实践与探索，与今天我们党领导的中国特色社会主义伟大事业，可以看作是同一件大事的两个不同的发展时期，两者既相互联系又有所区别，同属于中国共产党领导中国人民实现社会主义现代化、实现中华民族伟大复兴、实现中国梦的总体历史进程，前者是后者的探索和准备，后者是前者的继承和发展。不论是从历史实践上说，还是从理论逻辑上说，毛泽东都是中国特色社会主义事业的伟大奠基者、探索者和先行者。

《中国社会科学报》：毛泽东是中国特色社会主义事业的伟大奠基者、

探索者和先行者，这是您基于历史逻辑和时代高度得出的一个重要判断。那么，我们应该从哪些方面来理解这一重要判断？

王伟光：作为社会主义新中国的缔造者，在领导完成新民主主义革命胜利、创建新中国、恢复国民经济的历史任务后，毛泽东及时地领导了对生产资料私有制的社会主义三大改造，建立了社会主义基本制度。他率先提出要走自己的路，实现马克思主义基本原理同中国具体实际的第二次结合，探索适合中国具体情况、具有中国特点的社会主义建设道路。虽然毛泽东在探索实践中出现严重错误和挫折，但成就巨大而卓越：他领导党和人民创建了社会主义基本制度，领导了大规模的社会主义建设，积累了社会主义的物质财富和精神财富，形成了关于社会主义建设的独创性理论成果，积累了社会主义建设宝贵的经验教训，为开创和发展中国特色社会主义伟大事业提供了制度条件、物质基础、理论准备和宝贵经验。

作为占世界人口 1/4 的中国人民，走上社会主义道路，是 20 世纪中国乃至世界发展进程中的一个极其伟大的历史事件。它从根本上改变了中国历史发展的方向，对世界历史进程产生了深刻的影响，对今天中国特色社会主义事业的开创和推进有着深远而重要的理论和现实意义。

早在革命战争年代，毛泽东就指明了中国革命的前途，即通过新民主主义革命不间断地进入到社会主义革命，最终建设社会主义和共产主义。新中国成立后，他成功地领导开辟了一条具有中国特色的社会主义改造道路。包括领导完成生产资料所有制的社会主义改造任务，创立并不断发展社会主义经济制度；与建设社会主义经济基础相适应，领导建立并不断发展社会主义政治制度和法律体系；领导开展大规模的社会主义建设，为社会主义巩固和发展积累坚实的物质基础；他还领导确立了和平共处五项原则，制定了独立自主的外交政策，积极发展最广泛的国际友好合作，为中国特色社会主义开辟了有利的国际环境。

实现马克思主义普遍真理同中国实际的第二次结合

《中国社会科学报》：从您的叙述可以看出，毛泽东在领导社会主义建设的过程中，创造了一系列独创性的关于中国社会主义建设的理论成果，极大地推进了马克思主义中国化的进程，为中国特色社会主义提出了正确的思想指南，提供了重要的理论准备。

王伟光：是的，这可以从八个方面来理解。

第一，提出实现马克思主义同中国实际的第二次结合，为建设中国式社会主义确立总的指导原则。

毛泽东对马克思主义、对社会主义和共产主义事业最伟大的理论贡献，一是实现了马克思主义与中国革命实践的第一次结合；二是提出并初步探索了马克思主义与中国建设实践的第二次结合。第一次结合的主题是要找出中国自己的革命道路；第二次结合的主题是要找到中国自己的建设道路。提出实现马克思主义普遍真理同中国实际的第二次结合，走自己的路，探索适合中国国情、具有中国特点的社会主义建设道路，是毛泽东在中国社会主义发展史上的重大理论贡献，为实现马克思主义中国化第二次历史性飞跃做了充分的思想酝酿与理论准备，不仅是中国特色社会主义理论、道路、制度形成的历史和逻辑的起点，而且是中国革命、建设和改革的一条指导原则。

第二，做出中国处于不发达社会主义阶段的理论判断，为建设中国式社会主义明确国情依据和战略目标。

毛泽东提出，社会主义分为不发达的社会主义和比较发达的社会主义两个阶段，中国不要过早地讲建成社会主义，得出了中国正在并长期处于“不发达的社会主义阶段”的判断。从这个基本认识出发，他对我国社会主义建设的阶段性、长期性和曲折性有了初步认识。他说，“建设强大的社会主义经济，在中国，五十年不行，会要一百年，或者更多的时间”。毛泽东关于中国处于不发达的社会主义阶段的判断，是党提出社会主义初级阶段理论的思想源头，揭示了中国社会主义建设的国情依据和基本出发点。

第三，创立社会主义基本矛盾、主要矛盾和人民内部矛盾学说，为建设中国式社会主义提供哲学依据和科学方法。

在《论十大关系》和《关于正确处理人民内部矛盾的问题》等著作中，他以马克思主义的唯物辩证法为指导，系统论述了社会主义建设和发展中的带有全局性的重大关系，强调必须用辩证法思想来处理这些关系，既要坚持两点论，又要坚持重点论，既要抓好主要矛盾，又要解决好非主要矛盾。他关于社会主义建设方法的探索，为形成社会主义建设正确路线提供了重要的方法论依据。

第四，制定社会主义民主政治建设的总方针和总目标，为建设中国式社会主义明确政治方向和基本方针。

在《论十大关系》中，毛泽东开宗明义地提出了一个基本方针，“就是要把国内外一切积极因素调动起来，为社会主义事业服务”；“要调动一切直接的和间接的力量，为把我国建设成为一个强大的社会主义国家而奋斗”。为了调动一切积极因素，他提出了要处理好一系列重要的政治关系，他所论述的十大关系，其中有五个方面都是有关政治建设的，即汉族和少数民族的关系、党和非党的关系、革命和反革命的关系、是非关系、中国和外国的关系。围绕着这个基本方针，毛泽东在社会主义民主政治建设问题上，提出了一系列重要的观点：在国家的根本政治制度上，必须始终坚持人民民主专政，实行人民代表大会制度；在中国共产党和民主党派的关系上，必须加强中国共产党领导下的多党合作和政治协商制度，共产党和民主党派要实行“长期共存、互相监督”的方针；在民族问题上，坚决实施民族区域自治制度，推动民族地区的民主改革，促进少数民族经济文化发展，反对大汉族主义和地方民族主义。毛泽东对社会主义民主法制是高度重视的，他多次强调，在国家政治生活中要扩大党内民主和社会民主，把坚持民主集中制和发扬社会主义民主，提高到巩固国家政权的高度。在法制问题上，他强调必须反对官僚主义，逐步健全社会主义法制，真正做到“有法可依、有法必依”。

第五，探求指导社会主义建设的经济理论和经济政策，为建设中国式社会主义做出重要的政治经济学理论创新。

毛泽东自己在社会主义政治经济学理论方面做出了重要的理论创新，在经济体制、商品经济、对外开放方面提出了一系列重要理论论断。他率先提出社会主义要大力发展商品生产和商品交换，认为商品生产本身是没有什么制度性的，它只是一种工具，看一种商品经济的制度特征，“要看它是同什么经济制度相联系，同资本主义制度相联系就是资本主义的商品生产，同社会主义制度相联系就是社会主义的商品生产”。社会主义时期，必须充分利用商品经济这个工具，使之为社会主义建设服务，中国的商品经济很不发达，一定要“有计划地大力发展社会主义的商品生产”；一味否定商品经济的观点“是错误的，这是违背客观法则的”。他明确指出，价值规律在我国的社会主义建设中发挥着作用，价值“这个法则是一个伟大的学校，只有利用它，才有可能教会我们的几千万干部和几万万人民，才有可能建设我们的社会主义和共产主义。否则一切都不可能”。他从中国实际国情出发明确指出，基于中国经济发展的现实状况，在对待资本主义和私营经济问题上，既不搞教条化，也不搞西化，认为可以在搞国营的基础上搞私营，坚持社会主义的前提下搞资本主义，“可以搞国营，也可以搞私营”，可以消灭资本主义，又搞资本主义，因为“它是社会主义经济的一个补充”。这些重要论断为改革开放时期我们党提出经济体制改革、对外开放、社会主义市场经济体制等做了重要的理论储备。

第六，提出发展社会主义文化的方针政策和战略思考，为建设中国式社会主义确定思想指南和文化旨要。

毛泽东首先明确了马克思主义在我国社会主义建设中的根本指导地位，把马克思主义牢固地确立为社会主义思想文化的灵魂。他反复强调，马克思主义是指导我们思想的理论基础，“马克思主义的基本原则又是不能违背的，违背了就要犯错误”。马克思主义不是某一方面工作的指导思想，而是社会主义建设全部工作的根本指针，是当代中国一切发展进步的方向引领和思想保证，任何时候都不能偏离更不能动摇。他亲自主持把马克思列宁主义作为指导思想写进新中国的首部宪法当中，使作为领导阶级的工人阶级的世界观方法论——马克思主义成为社会主义的国家意志，使党的指导思想上升为国家的主流意识形态，形成了中国社会主义文化建设的核心内容和根本原则。他从中国社会主义制度长远发展的战略高度，高度强调共产主义理想信念教育，提出了培养共产主义接班人的重大历史任务，并提出了“又红又专”的接班人标准。明确提出了社会主义文化发展中判别大是大非的六条根本标准，即有利于团结全国各族人民、有利于社会主义改造和社会主义建设、有利于巩固人民民主专政、有利于巩固民主集中制、有利于巩固共产党的领导、有利于社会主义的国际团结和全世界爱好和平人民的国际团结，并特别强调，“这六条标准中，最重要的是社会主义道路和党的领导这两条”。这六条标准成为“四项基本原则”的直接理论源头，邓小平曾明确说过“这四项基本原则并不是新的东西，是我们党长期以来所一贯坚持的”。毛泽东创造性地提出了繁荣发展社会主义文化的根本方针，他指出：“百花齐放，百家争鸣，这是一个基本性的同时也是长期性的方针，不是一个暂时性的方针。”他提出要做到“古为今用、洋为中用”，继承和吸收古今中外一切有益的科学文化知识。他高度重视科学技术在社会主义建设中的极端重要性，明确提出了“向科学进军”的口号，并把科学技术现代化作为社会主义现代化的重要组成部分。他充分肯定知识分子在社会主义建设中的地位作用，明确提出我国知识分子的大多数已经是中国工人阶级的组成部分，要实现达到世界先进水平的伟大目标，“决定一切的是要有干部，要有数量足够的、优秀的科学技术专家”。

第七，规定中国外交工作总的方针政策，为建设中国式社会主义争取有利的外部环境。

毛泽东提出了“互相尊重主权和领土完整、互不侵犯、互不干涉内政、平等互利、和平共处”的五项原则，确定了新中国处理国际关系的根本原则。在世界总体格局上，提出了“三个世界”划分的战略思想，认为中国作为第三世界国家，要加强同广大第三世界国家的团结，争取第二世界国家，反对超级大国的控制，反对殖民主义、帝国主义和霸权主义，中国现在不是，将来也决不做超级大国，着力改善和发展同新兴民族独立国家尤其是邻近国家的关系。极大地改善了中国的安全环境，拓展了中国外交活动的舞台，为开展社会主义建设创造了比较好的国际环境，为新时期的改革开放和更加积极地参与国际事务活动创造了前提基础。

第八，坚持中国共产党在中国社会主义建设中的领导核心地位，为建设中国式社会主义提供重要的组织保证。

党的七届二中全会上，他就告诫全党同志要牢记“两个务必”。新中国成立以后，针对中国共产党夺取政权后的形势和特点，及时提出了加强执政党建设的紧迫任务，强调要始终警惕和预防共产党变质变色。高度重视党的制度建设，强调维护和发展民主集中制，发展党内民主，加强党内监督，加强集体领导，反对个人崇拜，维护党的团结统一，初步提出了废除领导干部终身制的设想，并明确提出自己希望退出领导岗位，提出了在中央领导中设置一线、二线，推行党代表常任制和领导干部任期制。他还提出了思想工作是一切工作的生命线等科学论断，大力加强党的作风建设、思想建设，强调必须始终贯彻党的群众路线，密切联系群众，反对主观主义、宗派主义和官僚主义，全面推进党的建设伟大工程。

毛泽东探索的经验教训具有重要启示

《中国社会科学报》：您一开始提到毛泽东积累了社会主义建设宝贵的经验教训，今天来看，建设中国特色社会主义需要继承哪些经验并从中得到重要启示？

王伟光：在中国搞社会主义建设是前无古人的事情，必须要在实践中边实践、边探索、边总结、边发展。1961 年 6 月 12 日，毛泽东在中共中央工作会议上就谈到：“社会主义谁也没有干过，没有先学会社会主义的具体政策而后搞社会主义的。我们搞了十一年社会主义，现在要总结经验。”在探索中不可能一帆风顺，失误在所难免，失误的教训也是宝贵经验，1963 年 9

月3日，他曾谈到："我们有两种经验，错误的经验和正确的经验。正确的经验鼓励了我们，错误的经验教训了我们。"毛泽东在探索中既留下了成功的经验也留下了失误的教训，这两方面都为当今中国特色社会主义建设积累了宝贵经验和重要启示。概括地说：

第一，毫不动摇地坚持马克思主义指导，坚持不懈地推进马克思主义中国化。第二，始终不渝地坚持中国共产党的领导，不断提高执政党建设的科学化水平。第三，坚定不移地走社会主义道路，牢固树立中国特色社会主义共同理想。第四，加强和巩固人民民主专政，为中国特色社会主义发展提供最可靠的保障。第五，紧紧抓住经济建设这个中心不放松，把发展社会主义社会生产力作为根本任务。第六，一刻也不能忘记和放松党的意识形态和宣传思想工作，不断巩固和强化全党全国人民发展中国特色社会主义的共同思想基础。第七，必须从社会主义初级阶段的基本国情出发制定路线方针政策，以更大的政治勇气推进改革开放。第八，把尊重历史规律同尊重群众首创精神结合起来，形成发展中国特色社会主义的历史合力。第九，勇于纠正工作失误并及时总结经验教训，推动中国特色社会主义健康发展。第十，深入探索社会主义建设的科学方法，完善中国特色社会主义的总布局。

当前，我国已经站在实现社会主义现代化和中华民族伟大复兴的新的历史起点上，党的十八大全面系统地提出了发展中国特色社会主义的八项基本要求，即必须坚持人民主体地位、解放和发展社会生产力、推进改革开放、维护社会公平正义、走共同富裕道路、促进社会和谐、和平发展、党的领导。这些基本要求揭示了中国特色社会主义建设中最本质的东西，体现了共产党执政规律、社会主义建设规律、人类社会发展规律，显示了中国共产党对中国特色社会主义规律的深度把握，对我国全面建成小康社会的各项工作，具有重大而长远的指导意义。我们一定要毫不动摇地牢牢把握坚持和发展中国特色社会主义的基本要求，努力把中国特色社会主义事业推向前进，为实现社会主义现代化和中华民族伟大复兴的中国梦而努力奋斗，创造中国人民和中华民族更加幸福美好的未来。

没有毛泽东对中国特色社会主义的奠基工作和先行探索，就没有中国特色社会主义的今天；同样，没有中国特色社会主义的今天，毛泽东开创的社会主义建设事业就不会持续发展。

（作者为中国社会科学院院长）

（原载2013年10月16日《中国社会科学报》）

毛泽东与民族复兴道路上的四座里程碑

冷　溶

党的十八大以来，习近平总书记提出和阐述了实现中华民族伟大复兴的中国梦。中国梦是近代以来中国人民不懈追求的共同理想，凝结了一代代中国共产党人的英勇奋斗和流血牺牲。毛泽东同志为实现中华民族伟大复兴作出了彪炳史册的贡献。

近代以来，在中华民族伟大复兴的历史进程中，有四个具有里程碑意义的、起了关键作用的重大事件和时间节点。它们是：1911 年辛亥革命，1921 年中国共产党成立，1949 年中华人民共和国成立，1978 年实行改革开放。从毛泽东同志与这几件大事的关系上，可以清楚地看到他对中华民族伟大复兴作出的历史性贡献。

一

辛亥革命是中华民族伟大复兴征程上的第一座里程碑。辛亥革命推翻了清王朝，结束了在中国延续两千多年的封建帝制，扫除了民族复兴道路上的第一个障碍。正如毛泽东同志所说："辛亥革命以后，谁要再想做皇帝，就做不成了。所以我们说它有伟大的历史意义。"辛亥革命是真正意义上的反帝反封建的资产阶级民主革命，这是它与近代以来历次革命运动的不同。

辛亥之年，毛泽东 18 岁，亲身参加了这场革命。他多次回忆这段经历。他说，我当了一名战士，拿七块大洋。毛泽东当了半年兵，时间不长，但对他的影响是深刻的。他以自己的行动完成了思想上的一次嬗变，成为坚决拥护革命的民主主义者。

毛泽东同志与辛亥革命的关系，更重要的是体现在他后来对这场革命的认识和分析上。他阐明了辛亥革命的性质，指出新民主主义革命与旧民主主义革命的区别和联系，特别是着重分析了辛亥革命失败的原因：“没有一个彻底的反对帝国主义和封建主义的纲领，没有广泛地发动和组织可以依靠的人民大众的力量。”这两个“没有”，一个说明领导这场革命的中国民族资产阶级的软弱性，一个说明这场革命没能“唤起民众”，脱离了广大人民特别是农民。这种对民族资产阶级特点的透辟认识，对农民在中国革命中重要性的透辟认识，恰恰解决了中国革命两个关键的理论问题。毛泽东同志运用马克思主义立场观点方法对辛亥革命进行的深刻分析以及得出的结论，成为他的新民主主义革命理论的重要组成部分。他关于中国革命道路的许多重要思想，都是建立在对辛亥革命经验教训深刻总结基础上的。

毛泽东同志多次强调，研究党史要从辛亥革命讲起，“不然，就不能明了历史的发展”，“对于共产党的成立和以后的历史，也就不能说得清楚”。在1956年《纪念孙中山先生》一文中他说：“辛亥革命，到今年，不过四十五年，中国的面目完全变了。再过四十五年，就是二千零一年，也就是进到二十一世纪的时候，中国的面目更要大变。”他高度评价孙中山先生的贡献，说我们共产党是孙中山先生事业和思想的真正继承者，“我们应该有清醒的头脑来举起孙中山这面旗帜”。毛泽东同志这些话，都是在讲辛亥革命对中华民族复兴的重大意义。

二

毛泽东同志说：“中国产生了共产党，这是开天辟地的大事变。”从此以后，“中国就改变了方向，五千年的中国历史就改变了方向”，“中国革命的面目就焕然一新了”。中国人民有了一个能够代表他们利益的科学真理和彻底的革命纲领，有了一个毫不动摇地始终如一地领导他们进行斗争的正确的领导者，找到了一条不同于以往的救国救民的新道路。历史已经证明，只是在中国共产党成立以后，中华民族的复兴才真正有了希望，有了可能。

毛泽东同志是党的主要缔造者之一，他参加了中国共产党的筹建和成立。他后来回忆说，第一次代表大会，只有十二个代表。现在在座的还有两个，一个是董老，再一个就是我。“其做始也简。”我们开始的时候，是很小的小组。由小组到建党，经过根据地发展到全国。以后就不得了了，翻天覆地。毛泽东同志从创建党，到成为党的领袖，提出一整套建党理论，建立了一个好的党，领导全党全国人民取得革命和建设的胜利。这样的一个历史，说明了他在党内的崇高地位和作出的伟大贡献。

从毛泽东同志参与建党的过程中，可以看出中国人是怎样选择了马克思主义，以及这一选择对中国以后发展的决定性意义。他说，在一个很长的时期内，即从1840年的鸦片战争到1919年的五四运动的前夜，中国人没有什么思想武器可以抗御帝国主义。旧的顽固的封建主义的思想武器打了败仗，抵不住，宣告破产了。不得已，中国人被迫从帝国主义的老家即西方资产阶级革命时代的武器库中学来了进化论、天赋人权论和资产阶级共和国等项思想武器和政治方案，以为可以外御列强，内建民国，但同样抵不住，败下阵来，宣告破产。1917年俄国革命唤醒了中国人，中国人学得了一样新的东西，这就是马克思列宁主义，中国产生了共产党。只是在这时，中国人从思想到生活，才出现了一个崭新的时期。中国人找到了马克思列宁主义这个放之四海而皆准的普遍真理，中国的面目就起了变化，中国人在精神上就由被动转入主动。“已经复兴了并正在复兴着伟大的中国人民的文化。这种中国人民的文化，就其精神方面来说，已经超过了整个资本主义的世界。”在被马克思主义武装了的中国人面前，帝国主义开始打败仗了。毛泽东同志这些精辟论述，讲了一个深刻的道理，即民族复兴首先取决于文化的复兴和精神上的主动。他对十月革命和五四新文化运动作出高度评价，充分阐明了马克思主义来到中国和共产党的成立对于中国革命和民族复兴的影响和意义。

三

“中国人民从此站起来了。”毛泽东同志的这句话，最明确、最集中、最生动地说明了新中国的成立在中华民族伟大复兴进程中的里程碑意义。这标志着中国人民彻底完成了反帝反封建的革命任务，实现了中华民族一百多年来最伟大的历史转折。

缔造新中国，这是毛泽东同志为民族复兴作出的最伟大贡献。这一点，众所周知，无须多言。正如邓小平同志所说：“如果没有毛泽东同志的卓越领导，中国革命有极大的可能到现在还没有胜利，那样，中国各族人民就还处在帝国主义、封建主义、官僚资本主义的反动统治之下，我们党就还在黑暗中苦斗。所以说没有毛主席就没有新中国，这丝毫不是什么夸张。”我们要永远铭记毛泽东同志为我们党、国家和民族建立的不朽功绩。

毛泽东同志究竟是怎样成功地把如此艰巨复杂的中国革命中的一个一个难题解决掉的，这是永远需要深入研究的课题。中国革命的条件与马克思、恩格斯、列宁所分析的西方资本主义国家进行无产阶级革命有极大的不同，我们是在一个半殖民地半封建的东方大国进行革命的，遇到了许多特殊的复杂的问题。靠背诵马克思主义的一般原理和照搬外国经验，是不可能解决这些问题的。我们党在很长的一个时期里并没有认识到这一点，付出了惨重代价。把马克思列宁主义的普遍原理与中国革命的具体实践相结合，形成自己的中国化的马克思主义，这是毛泽东同志的重大贡献。毛泽东同志反复强调实事求是、从实际出发、理论联系实际的根本观点，向全党提出马克思主义中国化的理论任务，强调要确立对待马克思列宁主义的正确态度。他敢于坚持和追求真理，敢于和善于斗争，通过坚忍不拔的努力和深入细致的理论工作，回答和解决了中国革命的一系列重大问题，逐渐说服了全党，统一了全党的思想认识。经过延安整风和党的七大，我们党在理论上成熟了起来，形成了毛泽东思想。正是因为有了毛泽东思想，找到了中国革命的正确道路，才有了新民主主义革命的胜利，才有了新中国的成立，才有了社会主义在中国的建立，才有了中国以后的发展。毛泽东思想永远是我们宝贵的精神财富。毛泽东思想的旗帜，不仅今天，而且今后，我们都要永远高高地举起。

四

改革开放是中华民族伟大复兴历史进程中又一座里程碑。

中国开始改革开放的时候，毛泽东同志已经离开了我们。但是，他开创的事业、进行的探索、提出的宝贵思想，与改革开放和中国特色社会主义有密切关系。

1978 年十一届三中全会召开，开启了中国历史新时期。在改革开放这场新的伟大革命中，邓小平同志领导我们党开辟了中国特色社会主义正确道路，中华民族从此大踏步赶上时代前进潮流，中华民族的伟大复兴展现出灿烂的前景。就像习近平总书记说的那样，“现在，我们比历史上任何时期都更接近中华民族伟大复兴的目标，比历史上任何时期都更有信心、有能力实现这个目标”。“改革开放是决定当代中国命运的关键一招，也是决定实现‘两个 100 年’奋斗目标、实现中华民族伟大复兴的关键一招。”

邓小平同志曾经深刻阐明了十一届三中全会以来我们党所从事的事业与

毛泽东同志的关系。他指出："从许多方面来说，现在我们还是把毛泽东同志已经提出、但是没有做的事情做起来，把他反对错了的改正过来，把他没有做好的事情做好。今后相当长的时期，还是做这件事。当然，我们也有发展，而且还要继续发展。"

关于毛泽东同志对中国特色社会主义所作的历史贡献，江泽民同志和胡锦涛同志都有过许多论述。党的十八大报告有一段很精辟的概括，主要讲了两层意思。一是，以毛泽东同志为核心的第一代中央领导集体完成了新民主主义革命，确立了社会主义基本制度，"为当代中国一切发展进步奠定了根本政治前提和制度基础"。二是，在社会主义建设中，虽然经历了严重曲折，但"取得的独创性理论成果和巨大成就，为新的历史时期开创中国特色社会主义提供了宝贵经验、理论准备、物质基础"。这两层意思，把毛泽东同志的贡献讲得非常充分。

这里，什么叫"独创性理论成果"呢？理解这一点，对于认识毛泽东同志的贡献是十分重要的。这个问题，1981 年的历史决议曾经作过论述。党的十八大以后，习近平同志也作过精辟的概括。在中央文献研究室编辑的《毛泽东文集》八卷本的后三卷中，在《建国以来重要文献选编》十卷本中，都有非常丰富的记载。12 月 22 日发行的《毛泽东年谱（1949—1976）》中，披露了许多新的材料。从中我们可以清楚地看到，改革开放和中国特色社会主义是对毛泽东事业最好的继承和发展，毛泽东思想是中国特色社会主义理论体系最直接的理论来源。

关于中国特色社会主义理论体系与毛泽东思想的继承发展关系，在党的十七大提出中国特色社会主义理论体系概念的时候，中央曾作出过明确说明，指出这是一脉相承的两次认识飞跃。习近平同志曾经论述过这个问题。他指出，我们党在领导中国革命、建设、改革的长期实践中，不断推进马克思主义中国化，实现了两次历史性飞跃。第一次飞跃发生在新民主主义革命时期，形成了被实践证明了的关于中国革命和建设的正确的理论原则和经验总结——毛泽东思想。第二次飞跃发生在党的十一届三中全会以后，形成了被实践证明了的关于在中国建设、巩固、发展社会主义的正确的理论原则和经验总结，这就是包括邓小平理论、"三个代表"重要思想、科学发展观在内的中国特色社会主义理论体系。中国特色社会主义理论体系是对马克思列宁主义、毛泽东思想的坚持和发展。在当代中国，坚持中国特色社会主义理论体系，就是真正坚持马克思主义。他还指出，中国特色社会主义是在改革开放新时期开创的，但也是在新中国已经建立起社会主义基本制度并进行了

20 多年建设的基础上开创的，中国特色社会主义是党和人民 90 多年奋斗、创造、积累的根本成就。习近平同志这些话，把毛泽东同志与改革开放和中国特色社会主义的关系，毛泽东思想与中国特色社会主义理论体系的关系，这两个问题都讲清楚了。

毋庸讳言，毛泽东同志和我们党在社会主义建设道路的探索中经历了严重曲折，他是有缺点有错误的。承认这一点，丝毫无损于他的伟大，丝毫掩盖不了他的贡献。重要的是，我们要像习近平同志要求的那样，坚持实事求是的思想路线，分清主流和支流，坚持真理，修正错误，发扬经验，吸取教训，在这个基础上把党和人民事业继续推向前进。

一个民族复兴的中国梦、四座巍然屹立的里程碑，为我们勾勒出近代以来中国历史画卷的基本轮廓。展开这幅画卷，我们看到中华民族是怎样从历史的谷底上崛起、接续奋斗、走向辉煌，看到毛泽东同志在民族复兴征程上写下的光辉篇章。我们对毛泽东这位历史伟人更加崇敬，对我们民族走过的道路和未来发展认识得更加清醒，对习近平同志提出中国梦的深远考虑和重大意义理解得更加深刻，对在中国特色社会主义道路上实现中华民族伟大复兴的决心和信心更加坚定。

毛泽东同志在中国人民心中有着无上的地位。他离开我们已经 37 年了，但永远和我们在一起。他的思想和精神就像一座灯塔，指引我们朝着中华民族伟大复兴的宏伟目标，乘风破浪，胜利前进！

（作者为中央文献研究室主任）

（原载《人民日报》2013 年 12 月 23 日）

毛泽东与中华民族伟大复兴第一个历史任务的实现

李　捷

中华民族伟大复兴有两大历史任务。围绕着这两大历史任务，先后形成两条正确道路，一条是具有中国特点的民主革命道路，一条是中国特色社会主义道路。在对具有中国特点的民主革命道路的艰苦卓绝的探索中，毛泽东抓住不同的历史机遇，成功地闯过五大关口。

第一，闯过道路关，开辟中国革命道路。

1927 年 9 月 9 日，毛泽东领导发动湘赣边界秋收起义。然而，湘赣边界秋收起义很快就失败了。9 月 19 日晚，毛泽东在湖南浏阳县的里仁学校主持召开前敌委员会会议，讨论起义失败后工农革命军的行动方向问题，决定转向敌人统治力量薄弱的农村、山区，寻求落脚点。这次转兵，奠定了毛泽东开辟中国农村第一个革命根据地——井冈山根据地的起点。

在随后的几年里，毛泽东系统总结了井冈山革命根据地和赣南闽西革命根据地的成功实践，先后形成《中国的红色政权为什么能够存在?》（作于 1928 年 10 月）、《井冈山的斗争》（作于 1928 年 11 月）、《星星之火，可以燎原》（作于 1930 年 1 月）等著作，系统论述了红军、游击队和红色区域的建立和发展是半殖民地中国在无产阶级领导下的农民斗争的最高形式，论述了中国革命在农村点燃的星星之火迟早会变为迎接全国革命高潮的燎原之势的历史必然，基本上形成了农村包围城市、武装夺取政权的理论。

第二，闯过战争关，形成武装斗争法宝。

井冈山，不仅是毛泽东开辟中国第一个农村革命根据地的地方，也是毛泽东比较系统地展开军事斗争实践的第一个舞台。他和朱德共同总结提出了“敌进我退，敌驻我扰，敌疲我打，敌退我追”十六字诀。

毛泽东十分看重十六字诀，认为红军后来的全部战略战术和作战原则都是从这里发展出来的。他在《中国革命战争的战略问题》一文里这样说：

“这个十六字诀的军事原则，立三路线以前的中央是承认了的。后来我们的作战原则有了进一步的发展。到了江西根据地第一次反‘围剿’时，‘诱敌深入’的方针提出来了，而且应用成功了。等到战胜敌人的第三次‘围剿’，于是全部红军作战的原则就形成了。”

第三，闯过赢得抗日战争胜利关，形成统一战线法宝。

中央红军经过二万五千里长征胜利到达陕北前后，中日民族矛盾逐渐上升为国内主要矛盾。在这个关乎民族存亡的危急时刻，毛泽东果断地确定并推动了抗日民族统一战线的发展，不但赢得了抗日战争的伟大胜利，而且成功推动了中国共产党和中国革命力量的大发展。

在整个抗日战争中间，以蒋介石为代表的带买办性质的大资产阶级，具有很强的两面性。1941 年 1 月发生的震惊中外的“皖南事变”，就是这种两面性的集中表现。起初，毛泽东提出要做好最坏的准备，甚至要准备出现第二个“四一二”反革命事变。随后，经过“军事上取守势、政治上取攻势”的有理有利有节的策略斗争，国共两党的政治对比发生了有利于我党的变化，“形成了国共力量对比发生某种变化的关键”。

经过整个抗日战争的实践，毛泽东系统地验证了中国广大的中间阶层乃至统治阶级的政治立场和政治特性，掌握了中国各阶级在中日民族战争中的政治底线，从而为统一战线奠定了坚实的政治基础、策略基础和理论基础。毛泽东对统一战线的运用，也到了炉火纯青的地步。

第四，闯过农村建党关，形成党的建设法宝。

大革命失败以后，革命根据地在农村，革命道路发展的中心也在农村。这就遇到马克思主义发展史上的新课题：如何在农民和其他小资产阶级的汪洋大海里建设一个具有广大群众性的、马克思主义的无产阶级先进政党。

1929 年 12 月发表的《关于纠正党内的错误思想》一文，是毛泽东党的建设理论的奠基之作。从此，高度重视党的思想建设、始终把思想建设放在党的建设的首位，就成了毛泽东党的建设理论与实践的一大特色。

1942 年开始的全党整风，在党的建设史上占有极其重要的一页。在这次整风中，毛泽东提出反对主观主义以整顿学风，反对宗派主义以整顿党风，反对党八股以整顿文风，把整风运动的聚焦点放在整顿党的作风上。通过延安整风，逐渐培育起理论联系实际的作风、密切联系群众的作风、批评与自我批评的作风，使之成为中国共产党区别于其他任何政党的显著标志，还创造出整风这种实行马克思主义自我教育的好办法。这些都是马克思主义建党学说在中国的独创。

第五，闯过中国革命决战决胜关，创建中华人民共和国。

在国民党发动的全面内战爆发以后，毛泽东精心组织了粉碎国民党军全面进攻、重点进攻的军事斗争，并抓住时机指挥刘伯承、邓小平率领的中原野战军挺进大别山，彻底改变了中国人民解放军战略防守的态势，直接转入战略进攻，将战争深入到国民党统治区域内。随后，又抓住敌我力量对比的关键时刻，组织实施了辽沈、平津、淮海三大战役，将国民党军主力聚歼于长江以北，为渡过长江、占领南京、解放全中国创造了条件。

与此同时，国民党统治区域也爆发了反内战、反饥饿的罢工、罢课和游行示威，各民主党派纷纷发表声明，接受中国共产党的领导。国统区第二条战线的形成，表明国民党政权已处于四面楚歌的境地。

随后，毛泽东和中共中央适时提出“五一口号”，号召各革命阶级准备召开新政治协商会议，为创建新中国做实际的准备。

解放战争时期，是毛泽东思想炉火纯青、最为成熟、最为自如的时期，为中国革命的彻底胜利、为中华人民共和国的创建，立下了汗马功劳。正如邓小平所说：“没有毛主席，至少我们中国人民还要在黑暗中摸索更长的时间。”这是公允之论。

（作者为中国社会科学院副院长）

（原载《中国社会科学报》2013 年 12 月 27 日）

毛泽东的历史功绩

逄先知

在中国历史上，出现了许许多多的杰出人物，他们对中华民族的发展与进步都作出过这样那样的贡献。毛泽东同志是其中的佼佼者，是一位伟大的马克思主义革命家、战略家、理论家。他把自己的一生都奉献给了中国革命和建设事业，为中国人民和中华民族作出了巨大贡献。我们应当永远铭记毛泽东同志的历史功绩。

创建了一个新中国——中华人民共和国

毛泽东同志同他的战友们领导中国共产党和中国人民，经过长期艰苦卓绝的斗争，经历了多次挫折和失败，克服了千难万险，在几次危急的时刻力挽狂澜，出奇制胜地挽救了革命，最终取得了革命的胜利，创建了新中国。一个黑暗的旧中国，变成一个光明的新中国；一个四分五裂、内乱不已、匪患不绝、民不聊生的旧中国，变成一个强大统一（除台湾等岛屿）和人民安居乐业、各民族平等和睦相处的新中国；一个饱受列强欺凌和宰割、被人称为“东亚病夫”的旧中国，变成一个独立自主、屹立在世界东方的新中国；一个由地主、官僚、买办乃至洋人主宰的旧中国，变成一个由人民当家作主的新中国。谈到这些巨大而深刻的改变，人们首先不能不想到毛泽东同志对党、国家、人民和民族所建立的不可磨灭的历史功绩。正如邓小平同志所指出的：“没有毛主席，至少我们中国人民还要在黑暗中摸索更长的时间。”“没有毛主席就没有新中国。”

新中国的成立不仅在中国近现代历史上是一个翻天覆地的大事件，在中国几千年的历史上也是一个划时代的大事件。它改变了100多年来半殖民地半封建的社会，推翻了帝国主义和封建主义的双重压迫和统治，废除了100多年来帝国主义在中国的种种特权和延续几千年的封建土地制度，彻底结束了近代以来中华民族的屈辱历史。

毛泽东同志为新中国确立了人民民主专政的国体，并在此基础上建立了一个根本政治制度——人民代表大会制度，两个基本政治制度——中国共产党领导的多党合作和政治协商制度、民族区域自治制度。毛泽东同志又适时地、创造性地用和平的方法实现社会主义的三大改造，建立了社会主义基本经济制度。这些制度是总结了近代以来中国的历史经验、完全根据中国的实际情况制定的，对于坚持和巩固社会主义，充分发扬人民民主，保证国家长治久安，巩固国家统一，实现各阶层、各党派、各民族的大团结，起着决定性的作用。

把中国建设成为一个文明、民主、富强的社会主义现代化国家，使中国走在世界前列，是毛泽东同志不懈奋斗的目标。为了实现这一目标，他从思想上、理论上和实践上进行了艰辛探索。尽管经历了许多困难，也犯过错误、走过弯路，终究在他和其他老一辈革命家领导下，经过中国各族人民的艰苦奋斗，在不到30年的时间里，在旧中国遗留下来的一穷二白的基础上，建立起一个独立的比较完整的工业体系和国民经济体系。这一时期，我国经济的发展速度总体说来是相当快的。

毛泽东同志非常重视发展我国的科学技术，特别是尖端科学技术。当我国处于经济困难时期，在国防尖端技术是上马还是下马的关键时刻，他一锤定音："要下决心，搞尖端技术。"他说："国防尖端这个东西要切实抓一下，世界上没有这个东西，好像就不是一个国家，人家就不理你。"在他的这个战略思想指导下，我国在发展尖端科技方面取得了突出成就，出了许多重大成果，填补了许多空白，培养了大批科技人才，为此后我国在"两弹一星"以及航天事业方面取得辉煌成就打下了坚实基础。

作为中华人民共和国的主要缔造者，毛泽东同志时刻高度重视捍卫国家的独立、统一、主权和领土完整，始终不渝地维护中华民族的尊严。他绝不允许任何国家侵害中国的安全和尊严。他说："我们热爱和平。如果有人危害我们的独立，我们的天性就是奋不顾身地起来捍卫。"他敢于顶住来自任何一个霸权主义国家的压力，不管它是多么的气势汹汹，彰显了中华民族刚强不屈的骨气。

中华人民共和国的成立，引起了世界格局的重大变化。她以一个保卫世界和平、主持正义、反对帝国主义侵略的重要力量，站在世界舞台上。毛泽东同志为新中国制定的独立自主的和平外交政策和许多重大国际战略，使新中国赢得了国际尊严，赢得了越来越多的朋友，彻底摆脱了旧中国那种“弱国无外交”的险恶处境。到 1976 年，同我国建交的国家达到 111 个。邓小平同志曾深情地说：“我们能在今天的国际环境中着手进行四个现代化建设，不能不铭记毛泽东同志的功绩。”

总起来说，新中国成立后的前 30 年，在毛泽东同志和中国共产党领导下，我国在各个方面所取得的成就是十分显著的，为改革开放后 30 多年的发展打下了重要而坚实的基础。改革开放前的 30 年和改革开放后的 30 多年，是中华人民共和国连续不断而又有所不同的两个历史时期。前者为后者打下基础，后者是对前者的继承和发展。不能将这两个历史时期割裂开来，更不能对立起来、互相否定。

建设了一个先进的党——中国共产党

近代以来，为了救国救民、改变旧中国的悲惨命运，无数志士仁人和各式各样的政治力量纷纷提出各自的救国主张，有改良的，也有比较激进的。但是这些主张都不灵，没有一个能够解决中国的问题。以马克思列宁主义为指导思想的中国共产党一成立，情况就开始发生根本的变化。诚如毛泽东同志所指出的：“自从有了中国共产党，中国革命的面目就焕然一新了。”

中国共产党刚成立的时候只有几十名党员，在一个相当长的时间里还是一个幼年的党，很不成熟。从一个幼年的党到一个完全成熟的党，直到领导中国人民取得新民主主义革命的胜利，经历了一个漫长的、艰难曲折甚至是痛苦的过程。这中间有胜利，有失败；有前进，有后退；有壮大，有缩小；有正确的时候，有犯错误甚至是犯严重错误的时候。中国共产党在实际斗争中，运用马克思主义的立场、观点、方法，不断总结成功的经验和失败的教训，根据具体情况，实事求是地纠正党内各种错误倾向，包括“左”的和右的，并上升为理论，反过来又指导革命实践向前发展。就这样经过多次的循环往复，中国共产党逐渐发展壮大，从一个幼年的党变成一个成熟的党。对此，许多老一辈革命家都作出了贡献，而贡献最大、起决定性作用的是毛泽东同志。

说毛泽东同志的贡献最大，不只是因为他参与了中国共产党的创建，是党的创始人之一，更主要的是因为他根据马克思特别是列宁的党建理论，紧密联系中国革命斗争的实际，形成了中国共产党一套完整的党建学说。早在抗日战争时期，毛泽东同志就提出，要把中国共产党建设成为一个全国范围的、广大群众性的、思想上政治上组织上完全巩固的布尔什维克化的党，并称之为“一件伟大的工程”。毛泽东同志完整的党建学说，是经过总结中国共产党成立以后的20年间正反两方面的实践经验，在延安整风时期全面确立起来的。邓小平同志曾深刻指出：“我们回想一下，正是根据毛泽东同志的建党学说，才建立了这样一个好的党。从延安整风以后，无论前方后方的人，真是生气勃勃，生动活泼，心情舒畅，团结一致。毛泽东同志建立的这个党，既能够充分发扬民主，充分发挥下面遵守纪律的自觉性，又能够在这样的基础上建立高度的集中。”

如果要对毛泽东同志的党建学说作一个概括，最主要的可以归纳成这样几条：关于党的工人阶级先锋队性质；关于全心全意为人民服务的根本宗旨；关于辩证唯物主义和历史唯物主义的世界观、方法论；关于共产主义的远大理想；关于实事求是的思想路线；关于民主集中制的组织路线；关于从群众中来到群众中去、集中起来坚持下去的工作路线；关于维护团结统一、维护中央领导权威、坚持集体领导的政治原则；关于坚持“五湖四海”、“德才兼备”、“任人唯贤”的用人方针；关于理论联系实际、密切联系群众、批评和自我批评的工作作风；关于正确处理党内矛盾的原则和方法；等等。

中国共产党在全国执政以后，所处的环境和面临的任务发生了根本变化。毛泽东同志高瞻远瞩，把注意力集中到防止党腐化变质、脱离群众、做官当老爷、形成一个贵族阶层的情况发生上。这是他在新中国成立后一直非常关注的一件大事。他不断向全党敲警钟，并采取了许多重大步骤及具体措施加以防范。他把这个问题作为党的建设的重要任务，放到十分突出的位置。毛泽东同志多次说过，他最厌恶的是官僚主义，在老百姓面前摆官僚架子。邓小平同志认为：“不要‘做官当老爷’，要反对‘衙门作风’，这是毛泽东同志的一些根本的思想观点。”

毛泽东同志提出的关于党的建设的一系列重要原则和方针，使我们党从根本上区别于一切非无产阶级的政党，成为最先进、最有战斗力的党。她以全国各族人民的利益为最高利益，成为中国革命、建设和改革的领导核心。中国共产党是经过千锤百炼、经验十分丰富的党，是唯一能够团结、凝聚和领导中国这样一个拥有众多人口、众多民族和广大国土，情况十分复杂的大国的政治力量。在中国共产党领导下，新中国成立以后我们仅仅用了60多年的时间，就把一个积弱积贫、极端落后、被人看不起的旧中国建设成为世界第二大经济体。毛泽东同志关于党的建设的基本原则和方针，在改革开放的今天仍然是我们党所遵循的，并在新的历史条件下不断有所发展、有所创新。

缔造了一支人民的军队——中国人民解放军

毛泽东同志是中国人民解放军的创建人之一。这个军队开始的时候是很弱小的，其主要成分是农民，又带有旧式军队的影响。要将这样一支军队改造并建设成用无产阶级思想武装起来的人民军队，其艰巨性可想而知。许多老一辈革命家对军队的建设都曾作出过不同贡献，但作出贡献最大、起决定性作用的还是毛泽东同志。

为建设和培育这支军队，毛泽东同志耗费了大半生的心血。从三湾改编决定党的支部建在连上，制定三大纪律、六项注意，到古田会议总结建军两年多的经验作出决议，明确红军是一个执行革命的政治任务的武装集团，使红军肃清了旧式军队的影响，完全建立在马克思列宁主义的基础上，整个红军成为真正的人民军队，毛泽东同志的建军路线基本形成。以后，经过抗日战争、人民解放战争，毛泽东同志的建军思想不断丰富和发展。如规定官兵一致、军民一致、瓦解敌军的政治工作的基本原则；提出“三八”作风；在军队内部实行政治、经济、军事三大民主；规定军队是战斗队，又是工作队、生产队。新中国成立后，又提出实现军队的革命化、正规化、现代化，等等。如果把毛泽东同志关于中国人民解放军的建军思想综合起来，可以归纳为这样几条：坚持党对军队的绝对领导；全心全意为人民服务是军队的唯一宗旨；政治工作是军队的生命线；军队必须执行严格的纪律和发扬勇敢战斗、不怕牺牲、不怕疲劳和连续作战的优良作风；军队要实现革命化、正规化、现代化。

在毛泽东建军思想的指导和培育下，在毛泽东同志亲自领导和指挥下，中国人民解放军由小到大、由弱到强，经过长期的艰苦卓绝的斗争，战胜了比自己强大得多的内外敌人，解放了全中国（除台湾等岛屿）。这是一支听党指挥，与人民血肉相连，纪律严明、英勇善战的军队。当年人民解放军解放大上海，官兵不住民宅而露宿街头的事迹，被广为传颂。锦州那个地方出苹果，辽西战役的时候正是秋天，老百姓家里有很多苹果，我们的战士一个都不去拿。这个消息感动了毛泽东同志，他说："我们的纪律就建筑在这个自觉性上边。"这只是体现人民解放军性质、代表人民解放军形象的千千万万事例中的两个具体事例。这就是毛泽东思想武装起来的人民军队，这样的军队无敌于天下。

新中国成立以后，中国人民解放军的任务、组织形式等都发生了很大变化。军队建设从低级阶段向高级阶段发展，军队也由单一军种兵种的军队发展成为多军种多兵种组成的军队。人民解放军逐步建设成为一支正规化、现代化的革命军队。它担负着保卫国家安全、保卫国家主权和领土完整、保障人民过和平生活的神圣任务，是巩固人民民主专政的主要工具。人民解放军又担负着国家经济建设的艰巨任务，是一支最有组织性、最有战斗力的生产大军。

这里特别要提到毛泽东同志对建设空军和海军的重视和关怀。新中国成立之初他就提出，我们不但要有一支强大的陆军，还要有一支强大的空军和一支强大的海军。他亲自点将组建这两支队伍。为了在实战中锻炼和提高年轻的空军队伍，毛泽东同志让他们到抗美援朝战争的最前线，同世界上头号强国美国空军在战斗中较量，使我国空军的战斗力得到了提高。我国是一个海洋大国，有着1.8万多公里的海岸线。毛泽东同志对发展海军尤为重视。他说："为了肃清海匪的骚扰，保障海道运输的安全；为了准备力量于适当时机收复台湾，最后统一全部国土；为了准备力量反对帝国主义从海上来的向我国的侵略，我们必须在一个长时期内，根据工业建设发展的情况和财政的情况，有计划地逐步地建设一支强大的海军。"他又说："一百多年来，帝国主义侵略我们都是从海上来的，不要忘记这一历史教训。"

中国人民解放军的建设，在我国改革开放时期，适应现代战争的需要，先后在邓小平同志、江泽民同志、胡锦涛同志领导下，有了很大的发展，作出了新的重要贡献。他们都继承了毛泽东同志确立的建军基本原则。习近平同志提出党在新形势下的强军目标，即建设一支听党指挥、能打胜仗、作风优良的人民军队，言简意赅、内涵深刻，同样继承了毛泽东同志的建军基本原则，具有很强的现实针对性和指导意义。

创立了一个科学理论——毛泽东思想

上述毛泽东同志的三大历史功绩都同毛泽东思想密不可分，新中国是在这个理论指导下创立和发展起来的，中国共产党是在这个理论指导下壮大和成熟起来的，中国人民解放军是在这个理论指导下成长和强大起来的。没有毛泽东思想，就没有这一切。

毛泽东思想是一个完整的、内容极其丰富的科学体系，包括政治、军事、经济、文化、统战、外交、党建等各个领域。在这些方面，毛泽东同志都有大量科学著述。而贯穿于其中的精髓是他的哲学思想，即马克思主义的唯物史观、认识论和辩证法。当年邓小平同志主持起草《关于建国以来党的若干历史问题的决议》（以下简称《历史决议》），在讲到如何写毛泽东思想的问题时，曾特别嘱咐："历史决议中关于毛泽东同志对马克思主义哲学的贡献，要写得更丰富，更充实。""陈云同志说，他学习毛泽东同志的哲学著作受益很大。"

毛泽东同志把产生于欧洲的先进科学理论——马克思主义创造性地运用到中国这个农民占人口绝大多数的经济文化落后的东方大国，紧密结合中国实际，并汲取中华文明之精华，创立了毛泽东思想，开辟了马克思主义中国化道路。这个理论生长在中国这片土地上并已深深扎根在这片土地上。它具有彻底性、深刻性、严密性、实践性等特点，具有很强的说服力，又体现了新鲜活泼的、为中国老百姓所喜闻乐见的中国作风和中国气派。这个理论培养了一代又一代中国共产党人。这个理论被广大人民群众掌握，就变成改造和建设中国的巨大物质力量。

任何一种科学理论都是从实践中来的，是对实践经验的总结和概括，而不是凭空想出来的。毛泽东思想的形成就是如此。在这里，让我们看看毛泽东同志本人对这个问题是怎样说的。他说："我写的文章就是反映这几十年斗争的过程，是人民革命斗争的产物，不是凭自己的脑子空想出来的。先要有人民的革命斗争，然后反映在我们这些人的脑子里。既然有人民革命斗争，就产生要采取什么政策、策略、理论、战略战术的问题，栽了跟头，遭到失败，受过压迫，这才懂得并能够写出东西来。"这就是说，一种科学理论要有长期实践经验的积累，包括正面的和反面的，才能产生出来。毛泽东同志这些切身经验之谈，对于我们进行理论创新是很有启发意义的。

对待毛泽东思想的态度，是一个严肃而重大的政治问题，涉及党的指导思想，涉及党的光荣历史，涉及党能否团结一致地领导全国人民继续前进。所以，邓小平同志力主在《历史决议》中把毛泽东思想这个问题写好。他说："毛泽东思想这个旗帜丢不得。丢掉了这个旗帜，实际上就否定了我们党的光辉历史。"他警告说："不写或不坚持毛泽东思想，我们要犯历史性的大错误。”

《历史决议》对毛泽东思想作了系统阐述和精辟概括。今天重温这些论述，仍然很有必要。《历史决议》指出：“毛泽东思想是我们党的宝贵的精神财富，它将长期指导我们的行动。”“毛泽东同志的重要著作，有许多是在新民主主义革命时期和社会主义改造时期写的，但仍然是我们必须经常学习的。这不但因为历史不能割断，如果不了解过去，就会妨碍我们对当前问题的了解；而且因为这些著作中包含的许多基本原理、原则和科学方法，是有普遍意义的，现在和今后对我们都具有重要的指导作用。因此，我们必须继续坚持毛泽东思想，认真学习和运用它的立场、观点和方法来研究实践中出现的新情况，解决新问题。”

毛泽东思想和中国特色社会主义理论体系是马克思主义中国化的两大理论成果，它们是一脉相承的，前者是后者的思想来源和理论基础，后者是对前者的继承和发展。中国特色社会主义理论体系是沿着毛泽东同志开辟的马克思主义中国化道路、随着时代的不同和建设社会主义实践的发展而向前发展的，其中许多基本原则、基本思想是直接从毛泽东思想那里继承下来的。我们党的指导思想就包括毛泽东思想。党的十八大报告指出：“科学发展观同马克思列宁主义、毛泽东思想、邓小平理论、‘三个代表’重要思想一道，是党必须长期坚持的指导思想。”

毛泽东同志所建立的历史功绩，改变了中国近代历史的发展方向，实现了中国由弱到强、由衰而盛的伟大转折，为中华民族的振兴奠定了坚实基础、提供了根本保障。

（作者为中央文献研究室原副主任）

（原载《人民日报》2013 年 12 月 25 日）

毛泽东对社会主义的实践探索和理论贡献

陈　晋

党的十八大以来，习近平同志多次强调：中国特色社会主义承载着几代中国共产党人的理想和探索，它是从改革开放的伟大实践中走出来的，也是从新中国成立后的持续探索中走出来的；我们党领导人民进行社会主义建设，有改革开放前和改革开放后两个互相联系而又有重要区别的历史时期，但本质上都是进行社会主义建设的实践探索；改革开放前的探索为改革开放后的社会主义实践积累了重要的思想、物质、制度条件。在毛泽东诞辰120周年之际，认真学习习近平同志的重要论述，回顾和梳理毛泽东对中国社会主义建设道路作出的实践探索与理论贡献，对于我们继续推进中国特色社会主义、实现中华民族伟大复兴具有十分重要的意义。

毛泽东探索中国社会主义建设道路的独创性理论贡献，概括地讲可以归纳为以下十个方面。

一、提出把党和国家的工作重点转到社会主义建设和技术革命上来。革命的目的是解放和发展生产力，这是毛泽东从战争年代到社会主义建设时期都强调过的重要思想。他指出：阶级斗争仅仅是为建设、为发展生产、为由农业国到工业国、为人民生活的提高开辟道路。1949年在革命胜利前夕召开的党的七届二中全会上，他提出将工作重心由乡村转移到城市，并且以生产建设为中心任务。1956年在基本完成社会主义改造、我国社会主义基本制度全面确立时，他再次宣布党和国家的中心任务就是搞建设。他对中国20世纪的历史进程作了一个大致的划分：上半个世纪搞革命，下半个世纪搞建设。在我们这样一个落后的国家靠什么来搞建设、发展生产力呢？毛泽东十分重视科学技术。他把提高国家整体科学技术水平称作一个伟大革命，叫技术革命，甚至把它放到同社会政治革命同等重要的地位，认为单是政治改变了，社会制度改变了，我们国家还是一个穷国，不搞科学技术，生产力无法提高，还是要落后挨打。毛泽东的这些主张，是我们进入新的历史时期确立以经济建设为中心的先声，对于我们今天牢牢坚持以经济建设为中心不动摇，不断提高国家综合实力和人民生活水平，具有重要意义。

二、提出走自己的路，探索适合中国国情的社会主义建设道路。新中国成立初期，毛泽东从中国实际出发，运用马克思主义基本原理，在政治制度上，成功地确立了人民代表大会制度、中国共产党领导下的多党合作和政治协商制度、民族区域自治制度，为新中国长治久安奠定了稳固基础；在经济制度上，成功开辟了一条用和平的方法对生产资料所有制进行社会主义改造的道路，建立起了社会主义基本经济制度。在怎样建设社会主义方面，由于没有经验，开始更多的只能是学习苏联经验。但是，毛泽东很快就觉察到苏联模式的局限，提出要以苏联的经验教训为鉴。他强调要“独立思考”，推动马列主义同中国实际“进行第二次结合”，找出适合中国国情的建设社会主义的道路。这种独立自主、走自己路的思想，也成为改革开放后直至今天我们推进改革发展仍然坚持的一个基本立足点。

三、提出社会主义社会的基本矛盾和主要矛盾，为确立社会主义社会的根本任务、改革和完善社会主义制度、提供了理论依据。社会主义社会有没有矛盾？马克思主义经典作家没有论述。斯大林在相当长的时间内否认社会主义社会存在矛盾。毛泽东对此作出明确论断：社会主义社会仍然存在矛盾，社会矛盾是社会主义的发展动力；社会主义社会的基本矛盾，仍然是生产关系和生产力、上层建筑和经济基础之间的矛盾，可以通过社会主义制度本身的不断完善得到解决；社会主义建设时期的主要矛盾，是人民对于经济文化迅速发展的需要同当前经济文化不能满足人民需要的状况之间的矛盾。毛泽东关于社会主义社会基本矛盾和主要矛盾的理论，为我们改革不适应生产力发展的生产关系和上层建筑的某些环节、某些方面，以促进社会主义制度的自我完善与发展，提供了理论依据，也为我们提出社会主义社会的根本任务是发展生产力，以满足人民不断增长的物质文化需求，提供了理论依据。

四、提出社会主义现代化建设分两个步骤，进而提出中国社会主义的发展分两个阶段，为确立社会主义现代化发展战略和社会主义初级阶段理论作了理论准备。我们的社会主义究竟处于什么样的历史阶段？建设社会主义强国究竟需要经历什么样的步骤？这是毛泽东在 20 世纪 50 年代中期以后多次思考的问题。他的规划和设想是，在建设社会主义步骤上，分两步走，第一步，建立独立的比较完整的工业体系和国民经济体系；第二步，建成一个具有现代农业、现代工业、现代国防和现代科学文化的社会主义强国。在所需时间上，毛泽东最初设想，十五年打下基础，五十年实现现代化。经过“大跃进”的挫折和三年困难时期，他对这一问题的考虑变得更加符合实际，认为中国人口多、底子薄，经济落后，要把中国变成富强的国家，五十年不行，会要一百年，或者更多的时间。与这种思考相联系，毛泽东还提出中国社会主义的发展可以分为两个阶段：第一个阶段是不发达的社会主义，第二个阶段是比较发达的社会主义。后一阶段可能比前一阶段需要更长的时间。因此，他强调，不要过早地讲建成社会主义，不要那么急，搞社会主义建设没有耐心是不行的。毛泽东关于社会主义社会阶段论和实现社会主义现代化分两个步骤的设想，为改革开放后“三步走”发展战略提供了思想来源。

五、提出社会主义社会还存在商品生产和商品交换，要尊重价值法则，大力发展商品生产。毛泽东认为，马克思、恩格斯曾经设想未来的社会主义取消商品生产，其前提是一切生产资料都归全民所有；而在我国，除了全民所有制外，还存在集体所有制和部分个体所有制，不同所有制的存在决定了商品经济存在的必要性。在完成生产资料所有制的社会主义改造时，他就提出：可以搞国营，也可以搞私营；可以消灭了资本主义，又搞资本主义。后来，他又把这个想法聚焦在商品经济问题上，指出：必须肯定社会主义的商品生产和商品交换还有积极作用；社会主义需要有一个发展商品生产的阶段。① 针对那种将商品经济与资本主义混为一谈的错误观点，他指出：“商品生产，要看它是同什么经济制度相联系，同资本主义制度相联系就是资本主义的商品生产，同社会主义制度相联系就是社会主义的商品生产。”② 他明确提出：“现在要利用商品生产、商品交换和价值法则，作为有用的工具，为社会主义服务。”③ 这些正确主张，为我们党在新的历史时期实行经济体制改革，进而推行社会主义市场经济，提供了认识准备。

六、提出社会主义建设要处理好一系列重大关系，必须采取“统筹兼顾”的方针，成为我们今天推动经济社会发展的根本方法。毛泽东提出，统筹兼顾，调动一切积极力量建设社会主义，这是一个“战略方针”。他在《论十大关系》和《关于正确处理人民内部矛盾的问题》等著作中，系统论述了社会主义建设中带有全局性的重大关系，强调要用马克思主义唯物辩证

① 参见《毛泽东文集》第 7 卷，人民出版社 1999 年版，第 436 页。

② 同上书，第 439 页。

③ 同上书，第 435 页。

法来处理好这些重大关系，既坚持两点论，又坚持重点论。他指出：要实行工业与农业并举，以农业为基础，工业为主导，走有别于苏联的工业化道路；要实行中央与地方并举，充分发挥两个积极性；要处理好沿海工业和内地工业的关系，促进共同发展；要处理好国家、集体和个人的关系，使各方各得其所；要处理好汉族和少数民族的关系，巩固民族团结，共同建设祖国；要处理好党和非党的关系，坚持“长期共存、互相监督”；要正确处理自力更生与发展对外交流的关系，坚持自力更生为主、争取外援为辅，积极学习其他国家和民族的长处，积极利用有利条件开展对外贸易和交流，等等。从毛泽东的论述看，统筹兼顾，不但是经济建设的战略方针，而且是全面建设社会主义的战略方针。我们今天推动经济社会全面协调可持续发展，强调遵循“统筹兼顾”这个根本方法，即源于此。

七、提出正确处理人民内部矛盾的重要思想，对我们今天处理好新形势下的人民内部矛盾具有重要指导意义。在实现社会主义改造任务以后，大规模的疾风暴雨式的阶级斗争基本结束，人民内部矛盾越来越明显地突出出来。这是一个新问题，全党没有思想准备。毛泽东对这个新问题进行了深入研究，提出了正确处理人民内部矛盾的重要思想。他指出：要严格区分和正确处理敌我矛盾和人民内部矛盾，这两类矛盾性质不同、解决方法不同；在社会主义根本政治制度和经济制度建立后，敌我矛盾已不是主要矛盾，大量的是人民内部矛盾，要把正确处理人民内部矛盾作为国家政治生活的主题。他还强调，处理人民内部矛盾要运用民主的和团结—批评—团结的方法；要正确对待和处理群众闹事，善于从中接受教训、改进工作、教育干部群众，把坏事转化为好事。这些主张，对于我们今天正确处理新形势下人民内部矛盾、不断提高群众工作水平，具有重要指导意义。

八、提出搞好民主集中制，造成又有集中又有民主的生动活泼的政治局面。毛泽东认为，社会主义不仅是强大的，还应该是“可亲的”。怎样才能形成“可亲的”、有利于社会主义建设的良好政治局面呢？关键是要搞好民主集中制。我们党胜利了，自己掌握了政权，很容易忽略民主，听不见和听不得不同意见。为此，他提出：没有集中和统一是不行的，但同时必须想些办法扩大民主，使人民敢于讲真话，敢于批评。人民的政治情绪能够得到合理表达，人民与政府的关系、领导者与被领导者的关系、人民与人民之间的关系，将是一种合理的、活泼的关系。[①] 毛泽东还把他希望达到的目标概括

① 参见《毛泽东传（1949—1976）上》，中央文献出版社 2003 年版，第 652 页。

为："造成一个又有集中又有民主，又有纪律又有自由，又有统一意志、又有个人心情舒畅、生动活泼，那样一种政治局面。"[①] 这些主张，对于我们今天推进社会主义民主政治建设具有重要的启发意义。

九、提出"百花齐放、百家争鸣"、"古为今用、洋为中用"的文化方针。毛泽东认为：我国是人民民主专政的社会主义国家，必须坚持马克思主义在思想意识形态领域的指导地位，但是对于艺术和学术上的自由讨论，不能用行政命令去压制和禁止，必须坚持"百花齐放、百家争鸣"的方针。"百花齐放、百家争鸣"，是促进艺术发展和科学进步的方针，是促进我国社会主义文化发展繁荣的方针。当然，实行"双百"方针必须有一定的政治标准和前提，除了遵守宪法原则外，毛泽东提出了六条政治标准，其中最主要的是要坚持社会主义道路和党的领导两条。在文化建设上，毛泽东还提出，要批判地继承历史文化遗产，取其精华、去其糟粕，做到古为今用；同时要学习借鉴外国进步文化，做到洋为中用，使之具有中国特点和民族风格。这些思想对于我们今天推动社会主义文化大发展大繁荣，仍然具有重要指导意义。

十、提出保持"两个务必"、密切党和人民群众血肉联系等一系列加强执政党建设的要求。中国共产党在全国执政以后，如何保持马克思主义先进政党的本色不变质，如何保持党同人民群众的血肉联系，防止出现因贪图享乐、权力腐败、脱离群众而导致人亡政息的危险，是毛泽东始终思考和探索的重大问题。早在革命胜利前夕，他就告诫全党，必须牢记"两个务必"。新中国成立后，他一直对我们党可能出现的脱离群众、脱离实际的现象保持高度警惕，对一些党员干部做官当老爷、搞特殊化甚至欺压群众的官僚主义作风深恶痛绝。他将党群关系提到关系党和国家事业兴衰成败的高度，指出："如果党群关系搞不好，社会主义制度就不可能建成；社会主义制度建成了，也不可能巩固。"[②] "一定要每日每时关心群众利益，时刻想到自己的政策措施一定要适合当前群众的觉悟水平和当前群众的迫切要求。凡是违背这两条的，一定行不通，一定要失败。"[③] 他强调，领导干部要"打掉官风"，丢掉"官气"，遇事要同群众商量，以普通劳动者的姿态出现，才能保持同人民群众的鱼水关系。这些深邃思想和战略考虑，对于我们今天保持党同人民群众的血肉联系、开展群众路线教育活动，仍然具有十分重要的指

① 《建国以来毛泽东文稿》第 6 册，中央文献出版社 1992 年版，第 543 页。

② 同上书，第 547 页。

③ 《毛泽东文集》第 8 卷，人民出版社 1999 年版，第 33 页。

导意义。

毛泽东对探索中国社会主义建设道路作出的独创性理论贡献，细说起来还有不少，以上只是主要的根本性的十个方面。我们党在新的历史时期，继承了毛泽东探索中国社会主义建设道路所形成的正确认识，并根据新的时代条件与新的实践基础，不断加以丰富和发展，在一以贯之的接力奋斗中，开创、推进和发展了中国特色社会主义，形成了中国特色社会主义理论体系。党的十八大以来，以习近平同志为总书记的党中央，承继伟业、不负重托，继续谱写坚持和发展中国特色社会主义这篇大文章，并作出了一系列新的论述，必将为实现中华民族伟大复兴的中国梦开辟更加广阔的道路。

（作者为中共中央文献研究室副主任）

（原载《求是》2013 年第 24 期）

一脉相承的伟大探索

刘建武

胡锦涛同志在庆祝中国共产党成立 90 周年大会的讲话中指出：毛泽东思想不仅“系统回答了在一个半殖民地半封建的东方大国，如何实现新民主主义革命和社会主义革命的问题”，而且“对建设什么样的社会主义、怎样建设社会主义进行了艰辛探索，以创造性的内容为马克思主义宝库增添了新的财富”，并强调中国特色社会主义理论体系“是对毛泽东思想的继承和发展”。这一论断科学地阐述了马克思主义中国化两大理论成果的相互关系，对我们正确认识中国特色社会主义理论体系与毛泽东思想特别是毛泽东社会主义建设思想的继承和发展关系具有十分重要的意义。

中国特色社会主义理论体系是在毛泽东带领人民建立社会主义基本制度的基础上孕育和发展起来的

在毛泽东领导下所建立的社会主义基本政治制度、基本经济制度和与之相适应的意识形态，构成了我国社会主义社会的基本制度体系。从政治上看，人民民主专政的国体、人民代表大会制度的政体、共产党领导的多党合作和政治协商的政党制度以及民族区域自治制度，构成了我国社会主义的基本政治制度。这一基本政治制度实现了共产党的领导和人民当家作主的有机统一，初步确立了适合我国基本国情的社会主义政治文明的基本框架。这个基本框架既与资本主义的政治制度模式有着本质的区别，又超越了苏联的制度模式，奠定了中国特色社会主义民主政治发展的坚实基础和发展方向。从经济上看，通过对农业、手工业、资本主义工商业的社会主义改造而建立起来的以全民所有制经济和集体所有制经济为主体的社会主义基本经济制度，从根本上为解放和发展生产力开辟了道路，奠定了全面开展社会主义建设的经济基础。从文化上看，形成了以马克思主义、毛泽东思想为核心内容的社会主义国家意识形态，并确立了其在文化领域的指导地位。

毛泽东领导我国人民所确立的社会主义政治制度、经济制度和意识形态，体现了我国社会主义制度的根本优势和显著特点。中国特色社会主义理论体系就是在坚持、完善和发展这些基本制度的基础上孕育和产生的，离开了这些基本制度，中国特色社会主义理论体系就会成为无源之水、无本之木。

中国特色社会主义理论体系是在坚持毛泽东探索社会主义建设规律的立场、观点、方法的基础上孕育和发展起来的

如何在中国这样一个经济文化落后的大国建设、巩固和发展社会主义是一个崭新的课题，毛泽东在我国社会主义制度刚建立的时候就及时地提出了进行“第二次结合”的历史使命，其出发点就是要把科学社会主义的基本要求同中国的实际结合起来，走出一条适合中国国情的社会主义建设道路。其后的探索虽然发生了不少波折，但探索的主题始终是围绕“什么是社会主义、怎样建设社会主义”这一基本问题进行的，探索的立足点始终是为了最广大人民的根本利益和幸福生活，探索的方向始终是为了解放和发展生产力，探索的思想路线始终是解放思想、实事求是、群众路线和独立自主，探索的目标始终是为了又快又好地建设社会主义并为最终实现共产主义创造条件。毛泽东探索社会主义建设规律，所秉持的这些基本立场、原则、观点和方法是我们的宝贵财富，具有长远的指导意义。新时期我们的探索都是在坚持这些基本立场、观点的基础上进行的，这充分体现了毛泽东的探索与中国特色社会主义理论体系一脉相承的内在统一性。

中国特色社会主义理论体系是在毛泽东探索社会主义建设规律所形成的一系列重要理论成果的基础上孕育和发展起来的

在探索社会主义建设道路的过程中，毛泽东提出了许多关于社会主义建设的重要观点，涉及经济、政治、文化、国防、外交等各个领域和各个方面。比如，关于社会主义社会基本矛盾的思想，关于正确认识和处理人民内部矛盾的思想，关于实现民族平等和宗教信仰自由的思想，关于社会主义发展阶段的思想，关于社会主义商品生产的思想，关于实现共同富裕的思想，关于统筹兼顾的思想，关于“二为”方向和“双百”方针的思想，关于实现祖国和平统一的思想，关于加强国防和军队建设的思想，关于防止“和平演变”的思想，关于坚持独立自主和平外交政策的思想，关于“三个世界”划分的思想，关于加强执政党建设的思想，等等。这些具有长远战略意义的理论成果和思想主张，对于认识、坚持和发展社会主义有着重要的意义。从理论渊源上说，这些探索成果是中国特色社会主义理论体系形成的重要思想先导和理论生长点。

中国特色社会主义理论体系是在科学总结毛泽东探索失误所积累的深刻经验中孕育和发展起来的

以毛泽东为代表的中国共产党人对社会主义建设规律的探索，走过了一条充满曲折的艰辛之路，既取得了巨大的成就，积累了宝贵的经验，也走过了一些弯路，尤其是发生了像“文化大革命”那样全局性的失误，留下了深刻的教训。探索中所积累的一切积极的思想理论成果，为中国特色社会主义理论体系的创立提供了正面的历史准备；而探索中发生的一系列失误所积累的深刻教训，则为这一理论体系的创立提供了反面的历史准备。从一定意义上说，中国特色社会主义理论体系的创立，在很大程度上是中国共产党人郑重对待毛泽东探索社会主义建设规律的失误，尤其是“文化大革命”的失误，并从失误中学习借鉴和科学总结的结果。我们正是在科学总结和郑重对待毛泽东探索过程中所发生的包括“文化大革命”在内的一系列失误的基础上，开创了中国特色社会主义发展的新道路。

毛泽东对社会主义建设规律的探索已经载入中国社会主义发展的史册，他的名字、他的思想、他的精神，将永远激励着人们把中国特色社会主义的伟大事业推向前进。

（作者为原湖南科技大学党委副书记、副校长，现任湖南省社会科学院院长、党组书记）

（原载《光明日报》2012 年 1 月 28 日）

文章大家毛泽东

梁　衡

今年是毛泽东同志诞辰120周年。他离开这个世界将近37年，对他的功过已有评说，但对作为文章家的他还研究不够，这笔财富有待挖掘。毛泽东说，革命夺权靠枪杆子和笔杆子，但他自己却从没拿过枪杆子，笔杆子倒是须臾不离手，毛笔、钢笔、铅笔，笔走龙蛇惊风雨，白纸黑字写春秋。那种风格、那种语言、那种气派，是浸到骨子里，溢于字表、穿透纸背的，只有他才会有。中国是个文章的国度，青史不绝，佳作迭出。向来说文章有汉司马、唐韩柳、宋东坡、清康梁，群峰逶迤，比肩竞秀。毛泽东算一个，是历史群山中一座巍峨的高峰。

思想与气势

毛文的特点首在磅礴凌厉的气势。

陆游说："汝果欲学诗，功夫在诗外。"文章之势，是文章之外的功夫，是作者的胸中之气、行事之势。势是不能强造假为的，得有大思想、真见识。古今文章家大致可分为两种，一是纯文人，一是政治家。纯文人之文情胜于理，政治家之文理胜于情。理者，思想也。写文章，说到底是在拼思想。只有政治家才能总结社会规律，借历史交替、风云际会、群雄逐鹿之势，纳雷霆于文字，排山倒海，摧枯拉朽，宣扬自己的政见。毛文属这一类。这种文字不是用笔写出来的，而是作者全身心社会实践的结晶。劳其心，履其险，砺其志，成其业，然后发而为文。文章只是他事业的一部分，如冰山之一角，是虎之须、凤之尾。我们可以随便举出一些段落来看毛文的气势：

我们中华民族原有伟大的能力！压迫愈深，反动愈大，蓄之既久，其发必速，我敢说一句怪话，他日中华民族的改革，将较任何民族为彻底。中华民族的社会，将较任何民族为光明。中华民族的大联合，将比任何地域任何民族而先告成功。诸君！诸君！我们总要努力！我们总要拼命的向前！我们黄金的世界，光华灿烂的世界，就在前面！（《民众的大联合》）

这还是他在“五四”时期的文章，真是鸿鹄一飞，便有千里之志。可以明显看出，这里有梁启超《少年中国说》的影子。文章的气势来源于对时代的把握。毛泽东在新中国成立前的整个民主主义革命时期都能高瞻远瞩，甚至力排众议，发出振聋发聩之声。当党内外对农民运动颇有微词时，他大声说：“革命不是请客吃饭，不是做文章，不是绘画绣花，不能那样雅致，那样从容不迫，文质彬彬，那样温良恭俭让。革命是暴动，是一个阶级推翻一个阶级的暴烈的行动。”（《湖南农民运动考察报告》）当井冈山时期革命处于低潮时，他却用诗一样的浪漫语言预言革命高潮的到来：“它是站在海岸遥望海中已经看得见桅杆尖头了的一只航船，它是立于高山之巅远看东方已见光芒四射喷薄欲出的一轮朝日，它是躁动于母腹中的快要成熟了的一个婴儿。”（《星星之火，可以燎原》）当抗日战争处在最艰苦的相持阶段，许多人苦闷、动摇时，他发表了著名的《论持久战》，指出“武器是战争的重要的因素，但不是决定的因素，决定的因素是人不是物。力量对比不但是军力和经济力的对比，而且是人力和人心的对比”。“抗日战争是持久战，最后胜利是中国的——这就是我们的结论。”

再看解放战争中他为新华社写的新闻稿：

英勇的人民解放军二十一日已有大约三十万人渡过长江。渡江战斗于二十日午夜开始，地点在芜湖、安庆之间，国民党反动派经营了三个半月的长江防线，遇着人民解放军好似摧枯拉朽，军无斗志，纷纷溃退。长江风平浪静，我军万船齐发，直取对岸，不到二十四小时，三十万人民解放军即已突破敌阵，占领南岸广大地区，现正向繁昌、铜陵、青阳、荻港、鲁港诸城进击中。人民解放军正以自己的英雄式的战斗，坚决地执行毛主席朱总司令的命令。（《我三十万大军胜利南渡长江》）

我军摧枯拉朽，敌军纷纷溃退，长江风平浪静。你看这气势，是不是有《过秦论》中描述秦王震四海、制六合的味道？

再看他在 1949 年第一届政协会议上的致词：

> 诸位代表先生们：我们有一个共同的感觉，这就是我们的工作将写在人类的历史上，它将表明：占人类总数四分之一的中国人从此站立起来了……让那些内外反动派在我们面前发抖罢，让他们去说我们这也不行那也不行罢，中国人民的不屈不挠的努力必将稳步地达到自己的目的。

这是一个胜利者的口吻，时代巨人的口吻。新中国成立后美国搞核讹诈，他说："一切反动派都是纸老虎。"古今哪一个文章家有这样的气势！

为文要有丹田之气，不可装腔作势。古人论文，讲气贯长虹、力透纸背。唐朝韩愈搞古文运动，就是要恢复汉朝文章的质朴之气。他每为文前要先读一些司马迁的文章，为的是借一口气。以后，人们又推崇韩文，再后又推崇苏东坡文，认为韩文苏文都有雄浑、汪洋之势。苏东坡说："吾文如万斛泉涌，不择地皆可出。在平地，滔滔汩汩，虽一日千里无难。及其与山石曲折，随物赋形，而不可知也。"他们的文章为什么有气势？是因为有思想，有个性化的思想。毛泽东的文章也有思想，而且是时代的思想，是一个先进的政党、一支战无不胜的队伍的思想。他也论文，但不以泉比，而是以黄河比："文章须蓄势。河出龙门，一泻至潼关。东屈，又一泻到铜瓦。再东北屈，一泻斯入海。行文亦然。"他在《讲堂录》中说："才不胜今人，不足以为才；学不胜古人，不足以为学。"无论才学，他都是立志要超过古人的，也的确超过了古人。如果说苏文如泉之涌，他的文章就是如海之波涛了。

说理与用典

毛文的第二个特点是知识渊博、用典丰富。

我国传统的治学方法重在继承，小孩子从入私塾那一天起就背书，先背一车经典，宝贝入库，以后用时再一件一件拿出来。毛泽东青少年时正当五四前后、新旧之交，是受过这种训练的。他自述其学问，从孔夫子、梁启超到拿破仑，什么都读。作为党的领袖，他的使命是从外国借来马克思主义领导中国人民推翻旧中国。要让广大民众和党员干部懂得自己的思想，就需要用中国人熟悉的旧知识和人民的新实践去注解，这就是他常说的马克思主义中国化。这是一种真本事、大本事，需要革命理论、传统知识和革命实践三样皆通，缺一不可。特别需要对中国的典籍烂熟于心，还能结合当前实际翻新改造。在毛泽东的书中，几乎随处可见他恰到好处的用典。这有三种情况。

一是从典籍中找根据，证目前之理，比如在《为人民服务》中引司马迁的话：

> 中国古时候有个文学家叫做司马迁的说过："人固有一死，或重于泰山，或轻于鸿毛。"为人民利益而死，就比泰山还重；替法西斯卖力，替剥削人民和压迫人民的人去死，就比鸿毛还轻。

这是在一个战士追悼会上的讲话，作为领袖，除表示哀悼之外，还要阐明当时为民族大业牺牲的意义。他一下子拉回两千年前，解释我们这个民族怎样看待生死。你看，司马公有言，自古如此，一下子增加了文章的厚重感。司马迁的这句话也因他的引用有了新的含义，更广为流传。

忠、孝、仁、义，是中国传统的道德观。毛泽东对它们给予新的解释：

> 要特别忠于大多数人民，孝于大多数人民，而不是忠孝于少数人。对大多数人有益处的，叫做仁；对大多数人利益有关的事情处理得当，叫义。对农民的土地问题、工人的吃饭问题处理得当，就是真正的行仁义。（《关于国民精神总动员的号召》）

这就是政治领袖和文章大家的功力，能借力发力，翻新经典为己所用，既弘扬了民族文化，又普及了经典知识。

二是到经典中找方法，以之来作比喻阐述一种道理。毛泽东的文章大部分是论说文，是写给中国的老百姓或党的中基层干部看的。所以，搬出中国人熟悉的故事，以典证理，成了他常用的方法。这个典不一定客观存在，但它的故事家喻户晓，蕴含的道理颠扑不破。如七大闭幕词这样重要的文章，不但简短得只有千余字，而且讲了一个《愚公移山》的寓言故事，真是一典扛千斤。他将《水浒传》、《西游记》、《三国演义》这些文学故事当哲学、军事教材来用，深入浅出，生动活泼。在《中国革命战争的战略问题》中，他这样来阐述战争中的战略战术：

> 谁人不知，两个拳师放对，聪明的拳师往往退让一步，而蠢人则气势汹汹，劈头就使出全副本领，结果却往往被退让者打倒。《水浒传》上的洪教头，在柴进家中要打林冲，连唤几个“来”“来”“来”，结果是退让的林冲看出洪教头的破绽，一脚踢翻了洪教头。

孙悟空在他笔下，一会儿比作智慧化身，钻入铁扇公主的肚子里；一会儿比作敌人，跑不出人民这个如来佛的手心。1938 年 4 月在抗大的一次讲话中，他还从唐僧的坚定、八戒的吃苦、孙悟空的灵活概括出八路军、新四军的“三大作风”。这样重要的命题，这样大的方针，他都能从典故中顺手拈来，从容化出。所以，他的报告总是听者云集，欢声笑语，毫无枯涩感。他是真正把古典融进了现实，把实践融进了理论。

三是为了增加文章的渲染效果，随手拿来一典，妙趣横生。在《别了，司徒雷登》中，他这样来写美国对华政策的破产：“总之是没有人去理他，使得他‘茕茕孑立，形影相吊’，没有什么事做了，只好挟起皮包走路。”这里用了中国古典散文名篇《陈情表》里的句子。司徒雷登那个孤立、无奈、可怜的样子，永远定格在中国人的记忆中。

毛泽东的用典是出于行文之必需，绝不卖弄，不故作高深地掉书袋。他是认真研究并消化了经典的，甚至认真到了考据癖的程度。如 1958 年刘少奇同志谈到贺知章的诗《回乡偶书》“少小离家老大回，乡音无改鬓毛衰。儿童相见不相识，笑问客从何处来”，以此来说明唐人在外为官不带家眷。他为此翻了《旧唐书》、《全唐诗话》，然后给刘写信说：

> 唐朝未闻官吏禁带眷属事，整个历史也未闻此事。所以不可以“少小离家”一诗便作为断定古代官吏禁带眷属的充分证明。自从听了那次你谈到此事以后，总觉不甚妥当。请你再考一考，可能你是对的，我的想法不对。睡不着觉，偶触及此事，故写了这些，以供参考。

这里引出一个问题：领袖应当首先是一个读书人，一个读了很多书的人，一个熟悉自己民族典籍的人。他应该是一个博学的杂家，只是一方面的专家不行；只读自然科学不行，要读社会科学，读历史，读哲学。因为领导一个集团、一场斗争、一个时代，靠的是战略思维、历史案例、斗争魄力和人格魅力。这些只有到历史典籍中去找，在数理化中和单一学科中是找不到的。

讽刺与幽默

毛文的第三个特点是充满辛辣的讽刺和轻松的幽默。

人一当官就易假，就爱端个架子，这是官场通病。越是大官，架子越大，越不会说话。毛泽东是在党政军都当过一把手的，却仍然嬉笑怒骂，这不容易。当然他的身份让他有权这样，但一些人就是洒脱不起来。权力不等于才华。毛泽东的文章虽然大都是严肃重要的指示、讲话、决定、社论等，又大都是在残酷的战争环境中生成的，却并不死板，并不压抑。透过硝烟，我们随处可见文章中对敌辛辣的讽刺和对自己人轻松的幽默。讽刺和幽默都是轻松的表现，是一种举重若轻的动作。我可以用十二分的力打倒你，但我不用，我只用一根银针轻刺你的穴道，你就酸痛难忍，哭笑不得，仆身倒地，这是讽刺；我可以长篇大论地阐述一个问题，但我不用，我只用一个笑话就妙解其理，让你在轻松愉快中茅塞顿开，这是幽默。总之，是四两拨千斤。这是一个领袖对自己的事业、力量和韬略有充分信心的表现。

先看他的讽刺。

对国民党不敢发动群众抗战，他说：

> 可是国民党先生们啊，这些大好河山，并不是你们的，它是中国人民生于斯、长于斯、聚族处于斯的可爱的家乡。你们国民党人把人民手足紧紧捆住，敌人来了，不让人民自己起来保卫，而你们却总是“虚晃一枪，回马便走”。（《一切政治的关键在民众》）

辽沈战役敌军大败，他这样为新华社写消息：

> 从十五日至二十五日十一天内，蒋介石三至沈阳，救锦州，救长春，救廖兵团，并且决定了所谓“总退却”，自己住在北平，每天睁起眼睛向东北看着。他看着失锦州，他看着失长春，现在他又看着廖兵团覆灭。总之一条规则，蒋介石到什么地方，就是他的可耻事业的灭亡。（《东北解放军正举行全线进攻》）

他讽刺党八股像“懒婆娘的裹脚，又长又臭”，“只有死板板的几条筋，像瘪三一样，瘦得难看，不像一个健康的人”。真是个漫画高手！

再看他的幽默。

他一生担军国之重任，不知经历了多少危急关头、艰难局面，但在他的笔下常常是付之一笑，用太极推手轻松化开。长征是人类史上少有的苦难历程，他却乐观地说：“长征是宣言书，长征是宣传队，长征是播种机。自从盘古开天地，三皇五帝到于今，历史上曾经有过我们这样的长征吗?”在延安文艺座谈会上，讲到文化的重要性时他说：我们有两支军队，一支是朱（德）总司令的，一支是鲁（迅）总司令的（正式发表时改为“拿枪的军队”和“文化的军队”）。

关于社会主义经济这样大的理论问题，他说：

> 搞社会主义不能使羊肉不好吃，也不能使南京板鸭、云南火腿不好吃，不能使物质的花样少了，布匹少了，羊肉不一定照马克思主义做，在社会主义社会里，羊肉、鸭子应该更好吃，更进步，这才体现出社会主义比资本主义进步，否则我们在羊肉面前就没有威信了。社会主义一定要比资本主义还要好，还要进步。（1956 年在知识分子会议上的讲话）

1939 年 7 月 7 日，他对即将上前线的华北联合大学师生讲话，以《封神演义》故事作比：“当年姜子牙下昆仑山，元始天尊赠了他杏黄旗、四不象、打神鞭三样法宝。现在你们出发上前线，我也赠给你们三样法宝，这就是统一战线、武装斗争、党的建设。”这是比兴手法，只借“三样法宝”的字面同一性。1957 年他在莫斯科共产党和党代表会议上说“现在的世界形势是东风压倒西风”。这是借《红楼梦》里林黛玉的话，与原意无关，只借“东风、西风”这两个字意。文章有意荡开去，显得开阔、轻松，好似从远处往眼前要说的这个问题上搭了一座引桥。

尖锐的讽刺，见棱见角，说明他眼光不凡，总是能看到要害；轻松的幽默，不慌不忙，说明他有肚量和睿智，肚子里有货。新中国成立后，全国人大拟决议给毛泽东授大元帅衔，他说："我穿上你那个元帅服怎么下基层，免了吧。"这是一种多么拿得起、放得下的潇洒和幽默！

通俗与典雅

毛文的第四个特点是通俗与典雅完美地结合。

毛泽东是乡间成长起来的知识分子，又是战火中锻炼出来的领袖。他在学生时期就受过严格的古文训练，后来在长期的斗争生涯中，一方面和工农兵在一起，学习他们的语言；一方面又手不释卷，和各种书包括文学书籍，小说、诗词、曲赋、笔记缠裹在一起，须臾不离。他写诗、写词、写赋、作对、写新闻稿和各种报告、电稿。如果抛开他的军事、政治活动不说，他完全够得上一个文人，就像中共的早期领袖李大钊、陈独秀、瞿秋白一样。毛泽东与他们的不同是多了与工农更密切的接触。所以，他的文章典雅与通俗共存、朴实与浪漫互见，时常既有乡间农民的口语，又能见到唐诗、宋词里的句子；忽如老者炕头说古、娓娓道来，又如诗人江边行吟、感天动地。

请看一段他早期的文字。这是他 1916 年在游学的路上写给友人的信：

> 今朝九钟抵岸，行七十里，宿银田市……一路景色，弥望青碧，池水清涟，田苗秀蔚，日隐烟斜之际，清露下洒，暖气上蒸，岚采舒发，云霞掩映，极目遐迩，有如画图。今夕书此，明日发邮……欲以取一笑为快，少慰关垂也。(《致萧子升信》)

这封手书与王维的《山中与裴迪秀才书》、徐霞客的《三峡》相比如何？其文字清秀，不分伯仲。再看他在抗日时期的《祭黄帝陵》：

> 赫赫始祖，吾华肇造；胄衍祀绵，岳峨河浩。聪明睿智，光被遐荒；建此伟业，雄立东方。世变沧桑，中更蹉跌；越数千年，强邻蔑

德。琉台不守，三韩为墟；辽海燕冀，汉奸何多。以地事敌，敌欲岂足；人执笞绳，我为奴辱。懿维我祖，命世之英；涿鹿奋战，区宇以宁。岂其苗裔，不武如斯；泱泱大国，让其沦胥。东等不才，剑屦俱奋；万里崎岖，为国效命。频年苦斗，备历险夷；匈奴未灭，何以家为。各党各界，团结坚固；不论军民，不分贫富。民族阵线，救国良方；四万万众，坚决抵抗。民主共和，改革内政；亿兆一心，战则必胜。还我河山，卫我国权；此物此志，永矢勿谖。经武整军，昭告列祖；实鉴临之，皇天后土。尚飨！

从中可以看出他深厚的古文根底。他在延安接受斯诺采访时说，他学习韩愈文章是下过苦功的，如果需要他还可以写出一手好古文。由此可见，他早期的文字何等典雅。但是为了斗争的需要、时代的需要，他放弃了自己熟悉的文体，学会了使用最通俗的文字。他说，讲话要让人懂，反对使用“霓裳”之类的生僻词。请看这一段：

我们都是来自五湖四海，为了一个共同的革命目标，走到一起来了。我们还要和全国大多数人民走这一条路。我们今天已经领导着有九千一百万人口的根据地，但是还不够，还要更大些，才能取得全民族的解放。（《为人民服务》）

再看这一段：

此间首长们指示地方各界切勿惊慌，只要大家事前有充分准备，就有办法避开其破坏，诱敌深入，聚而歼之。今春敌扰河间，因我方事前毫无准备，受到部分损失，敌部亦被其逃去。此次务须全体动员对敌，不使敢于冒险的敌人有一兵一卒跑回其老巢。（新华社消息《华北各首长号召保石沿线人民准备迎击蒋傅军进扰》）

你看“走到一起”、“但是还不够”、“切勿惊慌”、“就有办法”等，完全是老百姓的语言，是一种面对面的告诫、谈心。虽是大会讲话、新闻电稿，却通俗到明白如话。但典雅并没有丢掉，他也有许多文字端庄严谨、气贯长虹的文章。如：

> 夺取全国胜利，这只是万里长征走完了第一步。如果这一步也值得骄傲，那是比较渺小的，更值得骄傲的还在后头。在过了几十年之后来看中国人民民主革命的胜利，就会使人们感觉那好像只是一出长剧的一个短小的序幕。剧是必须从序幕开始的，但序幕还不是高潮。中国的革命是伟大的，但革命以后的路程更长，工作更伟大，更艰苦……我们不但善于破坏一个旧世界，我们还将善于建设一个新世界。中国人民不但可以不要向帝国主义者讨乞也能活下去，而且还将活得比帝国主义国家要好些。（《在七届二中全会上的报告》）

而更多的时候却是“既上得厅堂，又下得厨房”，亦庄亦谐，轻松自如。如：

> 若说：何以对付敌人的庞大机构呢？那就有孙行者对付铁扇公主为例。铁扇公主虽然是一个厉害的妖精，孙行者却化为一个小虫钻进铁扇公主的心脏里去把她战败了。柳宗元曾经描写过的“黔驴之技”，也是一个很好的教训。一个庞然大物的驴子跑进贵州去了，贵州的小老虎见了很有些害怕。但到后来，大驴子还是被小老虎吃掉了。我们八路军新四军是孙行者和小老虎，是很有办法对付这个日本妖精或日本驴子的。目前我们须得变一变，把我们的身体变得小些，但是变得更加扎实些，我们就会变成无敌的了。（《一个极其重要的政策》）

“文章五诀”形、事、情、理、典，毛文是典范。不管论文、讲话、电稿等何种文体，他都能随手抓来一个形象，借典说理或借事言情，深入浅出。毛文开创了政论文从未有的生动局面。毛泽东是有大志的人，他永远有追求不完的目标。其中一个目标就是放下身段，当一个行吟诗人，当一个作家。他多次说过要学徐霞客，顺着长江、黄河把祖国大地丈量一遍。他又是一个好斗争的人，他有一句名言：“与天斗，其乐无穷；与地斗，其乐无穷；与人斗，其乐无穷。”其实，除了天、地、人，他的革命生涯中还有一个斗争对象，就是文风。他对群众语言、古典语言是那样热爱，对教条主义的语言、官僚主义的语言是那样憎恨。延安“整风运动”中，他把文风与学风、党风并提，讨伐“党八股”，给它列了八大罪状，说它是对五四运动的反动，是不良党风的最后一个“防空洞”。新中国成立之初《人民日报》发表长篇社论，号召正确使用祖国语言，他在改稿时特别加了一句：“我们的同志中，我们的党政军组织和人民团体的工作人员中，我们的文学家教育家和新闻记者中，有许多是精通语法、会写文章、会写报告的人。这些人既然能够做到这一步，为什么我们大家不能做到呢？当然是能够的。”（《人民日报》1951 年 6 月 6 日）后来，我们渐渐机关化了，文章中假、大、空的语言多了。他对此极为反感，甚至是愤怒，严厉要求领导干部亲自写文章，不要秘书代劳。他批评那些空洞的官样文字：“讲了一万次了依然纹风不动，灵台如花岗之岩，笔下若玄冰之冻。哪一年稍稍动一点，使读者感觉有些春意，因而免于早上天堂，略为延长一年、两年寿命呢?”（1958 年 9 月 2 日的一封信）他是一辈子都在与“党八股”的坏文风作斗争的。

文章是一门独立的艺术。细读毛泽东的文章，特别是他独特的语言风格，足可自立为一门一派。在大力倡导改文风的今天，我们有必要静下心来研究一下他的文章。这至少有两个用处：一是专门搞写作的人可以从中汲取营养，特别是补充一些文章外的功夫，好直起文章的腰杆；二是领导干部可以向他学一点写作，这也是工作的一部分，能增加领导的魅力。须知：打天下要靠笔杆子，治天下更要靠笔杆子。

（作者为《人民日报》副总编辑）

（原载《人民日报》2013 年 2 月 28 日）

毛泽东的气质

唐双宁

气质，语出宋代张载《语录钞》“为学大益，在自求变化气质”。现代西方心理学的气质是指人的心理素质、内在修养的外在行为的总和，一般是指人的个性特点、风格气度。人的气质是先天与后天的统一、内在与外在的统一、率真与理智的统一。

作为中国人民的伟大领袖和伟大的思想家、政治家、军事家，毛泽东的天资特别是他经过长期革命实践的磨炼，在领导中国革命的同时形成了自己特有的气质，对指导中国革命的胜利起到了特殊作用，也影响和感染了几代中国人。

对毛泽东的气质可以作如下的探讨：

英雄气质

毛泽东的英雄气质可以说是他特征最为鲜明的气质。

无论是广大人民群众、毛泽东的战友抑或是他的敌人，都不能不承认毛泽东身上存在的这样一种与生俱来的气质。毛泽东的英雄气质可以用英姿焕发、雄才大略、雄视天下等词语来表达。还在毛泽东十三岁就读东山学堂时，一首“独坐池塘如虎踞，绿杨树下养精神。春来我不先开口，哪个虫儿敢作声”，就呈现出一种少年豪气。他在重庆谈判期间发表的《沁园春·雪》，“江山如此多娇，引无数英雄竞折腰”，不知令多少人折服。据李银桥《走下神坛的毛泽东》回忆，毛泽东转战陕北期间，当他率领300人同百倍于己的国民党部队在陕北捉迷藏时，竟敢于冒险同追捕他的国民党部队相向而行，大有十万军中探囊取物的气概。抗战后期，美国向日本投放了两颗原子弹，一时间全世界“谈原子弹色变”，延安的《解放日报》也在头版报道了这一消息。毛泽东得知后，立即将《解放日报》负责人叫到窑洞进行严厉的批评。他知道原子弹的厉害，他更知道信心的重要。此后，他多次谈到“一切反动派都是纸老虎”，“原子弹也是纸老虎”。1947 年 6 月他转战城南庄，国民党飞机投下炸弹，在尚未爆炸一些人连拖带拽拉他进防空洞时，他偏要指着丝丝冒烟的炸弹说“还可以打两把菜刀嘛”。这就是充溢着英雄气质的毛泽东，泰山崩于前而色不变，麋鹿兴于左而目不瞬。三大战役后，卫士给他梳头，发现他头上生出一根白发，他幽默地说：“打了三大战役，害得我白了一根头发。”毛泽东的英雄气质，坚定了中国人民革命和建设的信心，成为中国共产党和中华民族的精神柱石。

天下气质

天下气质就是胸怀天下，忧乐天下，以天下为己任。

如果说英雄气质反映的是一种豪气，天下气质则是在英雄气质基础上又平添了一种境界、一种责任。项羽是英雄，但他的境界定格在“不能锦衣夜行”上；梁山好汉是英雄，但他们的境界定格在大碗喝酒、大块吃肉、大秤分金银上；唐宗宋祖是英雄，但他们的境界定格在“普天之下莫非王土”上；毛泽东的境界，是追求中华民族自立于世界民族之林，是追求社会主义、共产主义理想。青年毛泽东辞别父母留下的“孩儿立志出乡关，学不成名誓不还”的诗，充分反映了毛泽东从小志存高远、胸怀天下的抱负。还在长沙第一师范读书时，他就发出“天下者我们的天下，国家者我们的国家，社会者我们的社会，我们不说谁说？我们不干谁干？”的呼声。此后，从上海建党到安源罢工，从农运讲习所到挥师井冈山，从反围剿到长征，从抗战胜利到解放全中国……这一切，原动力都是毛泽东的“天下气质”。天下气质的背后是担当、是境界、是责任、是胸襟，也是对大势的把握和驾驭。毛泽东的这种以天下为己任的气质同他的革命实践相结合，领导中国人民取得了新民主主义革命、社会主义革命和社会主义建设一个又一个的伟大胜利。

求真气质

“求真”就是追求事物的本源，就是在科学理论与方法的指导下不断地认识事物的本质，把握事物的规律。

求真气质是毛泽东从小养成并在求学和以后的革命实践中日益鲜明的气质。学生时代，在保守主义、自由主义、激进主义等各个主义的选择中，他认定了中国革命的出路，选择了马克思主义。苏联十月革命通过城市暴动取得胜利，实践证明是成功的。中国共产党的早期领袖照搬苏联经验，实践证明是不成功的。无数次失败的教训，促使毛泽东不断思考和探索，寻求中国革命成功的道路。秋收起义的目标本来是打长沙，这是上级的指示、中央的决定。但在如此敌众我寡的形势下，打长沙无异于以卵击石。“求真气质”促使毛泽东进行新的思考，寻找新的目标，建立了井冈山革命根据地，继之开辟了中央苏区，并探索出“农村包围城市、武装夺取政权”的道路。长征中，面对“左”倾错误路线指挥下红军遭受的挫折，“求真气质”促使毛泽东在担架上，在通道会议、黎平会议、猴场会议直至遵义会议上不断力争，使中国革命重新走上正确轨道。抗战中，面对“亡国论”“速胜论”等思潮，“求真气质”促使毛泽东冷静分析中日力量对比，从战术到战略，从军力到人心，从国内到国际，最后以一篇《论持久战》奠定了抗战胜利的理论基础。“求真气质”贯穿了毛泽东的一生，甚至包括他后来的失误。失误，也是他在“求真”，是他“求真”的代价。

善事气质

善事包括善学、善思、善谋、善断、善处（处理实际问题）等多个方面，它反映的是一种智慧，一种能力，一种超越于“自发”的“大自觉”。

善学，毛泽东一生手不释卷，从政治、历史、文学、哲学到自然科学、军事，无所不包。“善学”不仅指“学”，更包括“善”。毛泽东的“善学”就是善于从各类书籍中吸取他人的智慧。他从《水浒传》、《三国演义》中启发出军事斗争的灵感，从《资治通鉴》中学习到治国的经验，从马克思、恩格斯、列宁的著作中学习到立场、观点、方法。这些是读有字书。他还善于读无字书。还在湖南一师的时候，他就多次和同学好友结伴“游学”，从现实生活中增长知识和智慧。在以后的革命斗争中，他把书本知识和实际相结合，不拘泥、不刻板、不教条，学用结合，学用相长，真正是学到了家、学到了真谛。善思，他思维开阔，或纵情于天地万物之间，或驾驭于古今风云之上，忽天马行空，忽独辟蹊径，常常能想别人所不能想，思别人所不能思。他的思维大到政治上把地球“裁为三截”，小到从科学上认定“基本粒子”还可再分。1977 年，在夏威夷召开的第七届世界粒子物理学讨论会上，美国著名微粒子物理学家、诺贝尔物理学奖获得者格拉肖提议，把科学家新发现的构成“夸克”和“层子”的更基本的粒子命名为毛粒子（Maons），以纪念毛泽东。这一提议被大会通过。这个提议的起因是，1955 年，毛泽东同钱三强等人曾有过一段对话。毛泽东问：“原子核是由中子和质子组成的吗?”钱三强回答：“是这样。”毛泽东又问：“质子、中子又是什么东西组成的呢?”这一问把这位科学家问住了，因为当时世界上认为，质子、中子是最小的基本粒子。停了一会儿，钱三强说：“根据现在科学研究的最新成果，质子、中子是构成原子的基本粒子。基本粒子也是最小的，不可分的。”毛泽东微笑着说：“从哲学的观点来说，物质是无限可分的，原子、中子也应该是可分的。一分为二，对立统一嘛！你们信不信?”“你们不信，反正我信。”后来，毛泽东当着于光远和周培源的面又提起这件事，并引用了庄子《天下》篇中“一尺之棰，日取其半，万世不竭”的说法。在国际科学界，有用科学家的名字命名科学概念的，也有用发现者的名字命名新的科学发现的，但几乎没有用政治家的名字命名的。毛泽东是一个例外。善谋，毛泽东的善谋表现在对复杂矛盾的判断上，表现在跳出局部范畴的大视野大思路上。在军阀割据中，他认为军阀与军阀之间的“几不管地带”，正是给中国革命发展留出的空间，并借此谋划开辟了农村革命根据地。在风云变幻的世界格局中，他思考新的世界划分方式，改变了传统利益格局中东西两大阵营的划分，谋划出“三个世界”的理论，彻底打破了原有世界格局。善断，是基于对复杂事务的深刻判断而表现出来的一种胆略，一种魄力。毛泽东的善断表现在每当革命处于危亡时刻，在他人无法找到出路的时候，他总能及时提出自己独到的主张并大胆决断。遵义会议后，面对敌人的四面围堵，毛泽东以出其不意、攻其不备的决断，指挥红军四渡赤水，甩开了敌人的围追堵截。“毛主席用兵真如神”，这是当时红军指战员的心声，也是对毛泽东“善断”的由衷感佩。善处，即与人共事的能力。毛泽东一生面临各种复杂情况，国际怎么处，国内怎么处，与敌人怎么处，与朋友怎么处，与自己的同志怎么处，顺利时怎么处，不顺时怎么处，处于多数的时候怎么处，处于少数的时候怎么处，他都有一套自己的办法。他的一句名言是：什么是政治，政治就是把自己的人搞得多多的，把敌人搞得少少的。这不啻于是对“善处”的最好诠释。

党内有“善学”者，但由于种种原因，学成了教条主义；有善学善思善谋者，但由于种种原因，缺少善断的魄力和善处的能力。由于“五善”兼具，使得毛泽东成为全党公认的领袖。这不是偶然，而是全党在革命斗争选择中的一种“必然”。

自信气质

自信是一种健康向上的心理状态，一种坚定的自我价值体现。

毛泽东自信气质贯穿一生。他曾多次引用少年时期的诗作“自信人生二百年，会当水击三千里”，用以描述自己的志向，表达自己的自信。如果说青年毛泽东的自信是一种志向和责任，那么参加革命后，实践斗争的锤炼又使他增加了一份能力和智慧。因为他找到了施展抱负的舞台，就是农村根据地；找到了在这个舞台上演出大剧的功夫，就是武装斗争；找到了这出大剧的脚本，就是农村包围城市最后夺取城市。1945 年，在风云莫测、险象环生的背景下，毛泽东毅然应老对手蒋介石之邀到重庆谈判，坦然赴之，从容应对，平安归来。试问，此举非大智大勇者焉能处之，非充分自信者焉能为之？毛泽东的自信气质表现在革命实践和日常生活的各个方面。政治上，他坚信“我们不但善于破坏一个旧世界，我们还将善于建设一个新世界”；生活上，他畅游长江吟出“不管风吹浪打，胜似闲庭信步”。毛泽东的自信不是自我的盲目乐观，而是源于他对人类历史发展根本规律与最终归宿的洞察，源于他对社会矛盾的深入了解和精确判断，源于他为了崇高理想置生死于度外的大智大勇。他的那句“当着天空出现乌云的时候，我们就指出，这不过是暂时的现象，黑暗即将过去，曙光就在前头”，至今还在影响着我们。

率性气质

“率性”是一种“真性情”，是一种自我情感的天然流露。

毛泽东是一个本真的人，处处表现出敢爱、敢恨、敢为、毫不做作的率性。毛泽东喜欢游泳。赫鲁晓夫来访，本来是一场十分正规的外事活动，毛泽东却拉着赫鲁晓夫套上救生圈去游泳池里“会谈”。尼克松来访，本来这是惊动世界的大事，毛泽东却要和尼克松谈哲学问题，告诉他“正事”“同总理谈”。毛泽东的率性气质更多地反映在生活上。据警卫员回忆，1958年，毛泽东在上海看《白蛇传》看得入迷，他看到法海阻挠白娘子、许仙成婚时，在剧场当场站起来指责。当时由于他肚子大看演出时松开了皮带，以至于裤子掉了下来，害得警卫员急忙帮他提裤子。演出结束同演员握手时，毛泽东用两只手同“青蛇”握手，用一只手同“许仙”和“白蛇”握手，却没有理睬“法海”。毛泽东的“率性”很难用“好”和“不好”、“对”和“不对”来解释。毛泽东就是毛泽东——只能这样理解。

幽默气质

幽默是一种寓含着“哲学思考”的乐观人生态度，是严肃话题的诙谐轻松表达。

毛泽东可以说是语言表达大师，通过他的幽默气质，常常把复杂、紧张、刻板的问题简单化、趣味化，妙趣横生，令人忍俊不禁。1929年他为红四军制定《教授法》时曾特别提出“说话要有趣味”。在谈到和朱德的关系时，他风趣地说：“你是‘朱’，我是‘毛’，我是你身上的一根毛，没有朱，哪有毛?”一句幽默的笑谈道出了两人的深情厚谊。1939年7月7日，华北联大举行开学典礼，校长成仿吾请毛泽东做报告。毛泽东在演讲中说：“当年姜子牙下昆仑山，元始天尊赠了他杏黄旗、四不像和打神鞭三样法宝。现在你们出发（当时联大将迁到抗日根据地去）上前线，我也赠给你们三样法宝，这就是统一战线、武装斗争、党的建设。”在这里，毛泽东引用《封神演义》中姜子牙的神话故事，借题发挥，十分精练地将中国革命取得成功的根本经验概括成“三件法宝”，给人留下十分深刻的印象。1945年国共和谈期间，重庆各界邀请毛泽东演讲，突然有人提出：“假如此次和谈失败，国共再度开战，毛先生有无信心战胜蒋先生?”毛泽东机智巧妙地回答：“至于我和蒋先生嘛！蒋先生的‘蒋’字，乃是将军的‘将’字头上加了一棵草，他不过是一位草头将军而已。我这个‘毛’字，可不是毛手毛脚的毛，而是一个反‘手’，反手即反掌。意思就是代表大多数中国民众意愿和利益的共产党，要战胜代表少数人利益的国民党，易如反掌。”此言一出，掌声雷动。毛泽东就是这样经常不经意间运用“幽默气质”的“四两”拨开压顶的“千斤”。

倔强气质

倔强就是性格的刚强不屈。

它展示的是一种执着，一种坚韧，一种毅力。在革命事业上，毛泽东一生克服了许多困难，从参加建党到秋收起义、到井冈山、到长征、到陕北直至“北京赶考”夺取全国胜利，经历了许多的曲折和危险，但他始终矢志不渝，从来没有在困难面前低头。从已知的文字记载和毛泽东大量诗词文章中都可见到他的刚强，也可透过刚强看到他的倔强。论资历，毛泽东是党的“一大”代表，早期曾经做过党内事实上的二号人物，但后来又多次降职，甚至被误传“开除党籍”。毛泽东几度沉浮，但都不曾灰心丧气。可以说毛泽东身上的巨大能量和对理想目标追求的意志力是常人难以比拟的。革命期间，有的人害怕了，有的人逃跑了，有的人叛变了，而毛泽东却始终思考着、坚持着、战斗着，这当然主要是毛泽东的历史责任感，是他的革命理想和信心的支撑，同时也是他的倔强气质使他能做到不妥协、不屈服。毛泽东革命斗争中如此，生活上也是如此。也许是一方水土养一方人，毛泽东从小就越摧越坚，越压越硬。13 岁时，因为同父亲发生争执，父亲要他下跪，他就威胁要跳池塘，最终以“一膝下跪”达成妥协。毛泽东喜欢挑战别人没有做或者不敢做的事情，他不听劝阻游长江、游湘江、游珠江，他还要游黄河，还要从头至尾考察黄河，甚至还要到密西西比河游泳。这些都反映了他敢于挑战一切的刚强和刚强中透出的倔强。

风雅气质

毛泽东一生饱读，成就了他的风雅。

毛泽东手不释卷、信手拈来，他的风雅不是矫揉造作，不是附庸风雅，而是真本性、纯天然的风雅，是大气度、雄万端的风雅。毛泽东一生创作诗词百余首，既有“我失骄杨君失柳”的柔肠，又有“为有牺牲多壮志”的豪情；既有“坐地日行八万里”的浪漫，又有“引无数英雄竞折腰”的慨叹。每一段柔肠、每一段豪情无不透出他的风雅。人们最为叫绝的词作《沁园春·雪》，以其撼动山河、摇曳历史的气势，不但打赢了国共两党的文坛政治大战，而且成为中华诗词宝库中前无古人、后启来者的千古绝唱。据回忆，毛泽东早年在湖南安化拜访一位老先生时，老先生写了一副上联摆在桌上：“绿杨枝上鸟声声，春到也，春去也。”毛泽东随即写出下联：“清水池中蛙句句，为公乎？为私乎？”其语中的内涵让老先生顿然亲近有加。在井冈山革命处于低潮时，当行军打仗人困马乏，吃不上喝不上，许多人悲观失望时，毛泽东坚信“星星之火可以燎原”，并用诗一样的浪漫语言预言革命高潮的到来：“它是站在海岸遥望海中已经看得见桅杆尖头了的一只航船，它是立于高山之巅远看东方已见光芒四射喷薄欲出的一轮朝日，它是躁动于母腹中的快要成熟了的一个婴儿。”毛泽东一生不但创作了大量诗词，而且留下了许多墨宝，成为近现代攀上狂草高峰第一人。1999 年新世纪来临之际，《中国书法》杂志和几家媒体举行了一次评选百年十大书法家的活动。通过专家评选和无记名投票，毛泽东被列为第五，列吴昌硕、林散之、康有为、于右任之后，与沈尹默并驾，排在沙孟海、谢无量、齐白石、李叔同之前。郭沫若诗赞毛泽东“泰山北斗，诗词余事”。诗词是毛泽东的余事，书法对于毛泽东就是余事的余事了。

毛泽东的风雅来自于他的浪漫情怀和高度自信，来自于他的文学功底和人生驾驭，这种风雅是黑暗岁月里民众看到的天边朝霞，是枪林弹雨中人们嗅到的战地黄花。

平民气质

毛泽东生于农村，长于农村，一生保持平民本色。

还在毛泽东幼年的时候，他就同情弱者，乐于助人。一次毛泽东的父亲买猪，并付了定金。等毛泽东去赶猪的时候，猪价上涨，毛泽东感到心里不安，自作主张退还定金，觉得不应“赚心灵不安的钱”。工作中，毛泽东也许是平民气质使然，他一生倡导没有调查就没有发言权，经常深入群众向群众学习，向下级学习，先当学生后当先生。这种平民气质使他能体察下情，了解实际，写出了《湖南农民运动考察报告》、《反对本本主义》、《兴国调查》等大量著作，指导中国革命取得胜利。毛泽东的平民气质表现在生活上，他喜欢自由自在、无拘无束，反感戒备森严、警卫重重，把自己和群众隔离；他更反对走形式，讲排场，比如众所周知的他最爱吃的就是“红烧肉”，最爱穿的就是“布鞋便装”。他生活上不讲究，衣服破了可以补一补再穿，走路累了捡一根树枝可以当拐杖。毛泽东平民气质的本质是他始终把自己当作人民的一分子，和广大的劳动者打成一片，尊重他们的生活习俗，体会他们的温饱冷暖。他的每一次握手、每一次交谈、每一个玩笑，平民气质都使他赢得人民更多的尊敬和爱戴。今天，在纪念毛泽东诞辰120周年的时候，我们从一个特定的角度研究毛泽东的气质。作为中华民族优秀分子的代表，毛泽东的气质可以说既有一般性，又有特殊性。从一般性讲，毛泽东的气质凝聚着中华民族的优秀品质与传统美德；从特殊性讲，毛泽东的气质展示了个人的独特魅力和人格风采。毛泽东特有的气质同他的革命理想、革命理论、革命实践相结合，领导中国革命取得成功，使其成为中国人民的伟大领袖。任何事物都是一分为二的，不可否认，毛泽东后来的失误，除了其他原因以外，同他的个人气质也有一定关系，但孰重孰轻，毋庸置疑。如果不怀有偏见，都应当承认毛泽东的气质是指导中国革命取得胜利的一个“特殊法宝”。毛泽东是人不是神，但他是一位20世纪的伟人。随着时间的推移，他的伟人定位越来越将被历史所证明。而毛泽东的气质，在一定意义上成就了这位伟人。

（作者为中国光大集团总公司党委书记、董事长）

（原载《光明日报》2013年12月2日）

著作评介

湖南历史图典

田伏隆　主编

湖南美术出版社 2012 年 5 月

本书首次以历史图片加文字说明的形式系统反映湖南数千年的历史概貌。全书通过两千余幅照片、图表及相应的说明文字，较全面地反映了湖湘大地自原始社会至 1949 年湖南和平解放各个历史时期政治、经济、军事、文化、教育、科技、民族、宗教、社会生活、人物等方面的基本内容。

长沙通史

谭仲池　主编

湖南教育出版社 2013 年 6 月

全书共三卷。古代卷，从夏商周开始，分章记述从奴隶社会至封建社会长沙的历史演进过程。近代卷，记述从鸦片战争爆发至 1919 年五四运动的长沙历史，详细地记述长沙传统社会向现代社会转型的演变，并阐释了长沙城市现代化的历史进程。现代卷，记述从 1919 年五四运动至 1949 年长沙和平解放的长沙历史及现代化变迁。

湖南社会史

周秋光、张少利、许德雅、王猛　著

湖南人民出版社 2013 年 7 月

全书通过对有史以来湖南的社会构成、社会生活、社会功能的探索分析，全面系统地叙述了湖南社会的发展历程，探究了湖南社会的运行规律，总结了湖南社会的个性特征。本书按社会史的知识结构体系论述从远古至民国时期湖南社会史的演变轨迹，突显其发展脉络，并观照不同时期社会构成、社会生活、社会功能的现状，分析人们的生存环境，观察人们的生活方式，比较相应的社会制度，揭示湖南社会发展各个方面的典型性特征。

湖南经济通史

王晓天、刘云波、王国宇　主编

湖南人民出版社 2013 年 8 月

全书共三卷。古代卷，共分九章，分别论述湖南远古至清朝前期的经济。各章主要介绍湖南人口与民族情况，论述农业、手工业、交通运输、商业及城市的发展等，揭示湖南古代经济的发展历程、遵循经济发展的自身规律。近代卷，阐述了近代湖南的经济形态、财政、金融、贸易、工商业、路矿业、农业等发展状况及政策变化，概述了列强对近代湖南的经济掠夺，并分析了各时期主要阶层及其代表人物的经济思想和经济主张等。现代卷，论述了 1919 年至 1949 年湖南的经济发展变化状况。主要阐述了湖南金融业、财税、轻纺工业、交通邮政业、贸易与市场发展状况，农业、封建生产关系与农村商品经济、财税、商贸业、矿业、机器制造与电气业、轻工业、交通运输业的发展情况，湖南新民主主义经济的萌芽，湖南的战时及战后经济体制、沿海工业内迁、工矿业和农业的发展等情况。

湖南农业史

符少辉、刘纯阳　主编

湖南人民出版社 2012 年 3 月

全书起于远古，止于 1949 年中华人民共和国成立前夕，研究湖南农业生产起源、发展及其历史进程。内容主要集中在农业人口、农业工具与技术、土地利用与农田水利、主要农作物的生产及农业政策、农业税赋等方面，展现了湖南农业发展的历史脉络，总结了湖南农业发展的历史规律。

湖南近现代工业史

郭　钦　编著

湖南人民出版社 2013 年 1 月

本书叙述了湖南 1840 年至 1949 年间的工业发展状况。注重研究湖南近现代工业史发生发展的历史轨迹。全书主要内容包括：湖南近现代工业迟发性的原因，湖南早期近现代工业的输入性特征，湖南近现代工业的迟发性与微弱性的关系，湖南近现代工业结构、工业布局变化情况及其原因等。在此基础上探讨了湖南近现代工业历史发展的规律，总结了各个历史时期湖南工业发展的经验教训和历史启示。

湖南地震史

湖南省地震局　编著

湖南科学技术出版社 2013 年 7 月

本书从近 300 种湖南地方志、报章杂志以及其他史料文献中，辑录出 1100 多条湖南地震相关资料和数据，确定了 200 多项地震事件，反映了自公元 557 年至 1972 年湖南地震发生、发展的情况。

湖南近现代法律制度

周正云、周　炜　编著

湖南人民出版社 2012 年 10 月

本书记述了湖南省在近现代各个时期的立法和司法中的法律制度，这些法律制度，或直接适用当时国家法律，或结合本省实际制定地方法律、法规及章程，或参用判例、习俗所形成，涉及宪法、议会、行政、自治、职官、民政、学校、财税、经济、交通、贸易、民事、刑事、司法等各个方面。

湖南书院史稿

邓洪波　著

湖南教育出版社 2013 年 7 月

全书分三编，上编为《湖南书院发

展史略》，阐述湖南自唐到清一千二百年来书院产生、发展及其演变的过程；中编为《湖南书院名录》，叙述湖南各府州县五百二十二个书院历史；下编为《湖南书院规程辑录》，汇集了书院制度演变、内部规程等资料。

岳麓书院史

朱汉民、邓洪波 著

湖南教育出版社 2013 年 7 月

全书纵览岳麓书院发展的辉煌历程，展示这所千年学府，如何从简陋的书院萌芽，发展成为闻名天下的书院；如何由一所古代书院，一次又一次地再创辉煌，发展成为今天的湖南大学。本书以图文并茂的形式，全面而系统地阐述了岳麓书院创办历经宋、元、明、清办学至今的历史，及其学术源流、人物风貌、书院建筑等，以向读者展示这个独具魅力的精神家园与文化圣殿。书中的附录简要介绍了岳麓书院的文物古迹。

湖南刻书史略

寻 霖、刘志盛 著

岳麓书社 2013 年 1 月

本书从公私刻书、书坊刻书、地方志刻书、族谱刻书、书院刻书、寺观刻书等方面，系统论述了湖南宋、元、明、清至民国时期的刻书。其中对清代湖南刻书的研究尤为详尽，是一部比较完善的湖南刻书史。作者认为宋、元、明三代湖南刻书不多，但每种皆弥足珍贵。

近代湖南报刊史略

黄 林 著

湖南师范大学出版社 2013 年 7 月

本书全面论述了近代湖南报刊的发展状况。本书概述了近代湖南报业与期刊业的发展，对重要的报纸、期刊进行了分析，对近代湖南报刊人物、报刊团体及报刊经营监管，报刊的编辑、印刷、发行等进行了全面的介绍。本书还论述了近代湖南报刊对政治改良、教育发展、新文化运动等方面的重要影响。

湖南城市史

郑佳明、陈 宏 主编

湖南人民出版社 2013 年 5 月

全书分为八章，论述了自远古以来到 1949 年，湖南各个历史时期城市的起源、发展、变迁过程，分析了各个时期湖南城市发展与经济、社会、政治、文化的关系，介绍了重要城市的设施、管理、功能等情况，揭示了湖南城市发展演变的规律性特征。本书认为，从远古到秦汉，是湖南城市的萌芽和形成时期；从魏晋南北朝到清代前中期，是湖南城市成熟时期，也是缓慢发展的时期；从鸦片战争到1949年，是湖南城市近代化嬗变与曲折发展时期。

湖南戏曲志

湖南省文化厅　编

湖南文艺出版社 2013 年 5 月

本书为湖南戏曲发展简史。从剧种、剧目、音乐、表演、舞台美术、机构、演出场所、演出习惯、文物古迹、报刊专著、历史资料、轶闻、行话、人物小传等方面，论述了从宋、元、明、清至民国时期的湖南戏曲活动。

经典湖湘系列丛书·湘石

李渔村　编著

湖南科学技术出版社 2012 年 11 月

本书内容宏富、图文并茂、通俗易懂，从大文化的视角，撷取潇湘大地具有湖湘文化特质的湘石，向世人展示了湖南鲜明的地域特色、久远的历史沉积、厚重的文化内涵和灿烂的发展前景，是湖南政治、经济、社会、历史、文化的缩影，是以史育人、以文化人的良好载体，也是激发爱国爱乡情感的生动教材。

湘烟花：品读烟花艺术

宋燧文　编著

湖南科学技术出版社 2012 年 11 月

全书共九章，记述了花炮起源、历史回眸、人间巧艺的来龙去脉，介绍了科技创新的成果和燃放欣赏的知识，并用大量篇幅全面解读花炮文化及其艺术，阐述花炮与民俗、花炮与礼仪、花炮与文学之间的渊源，等等。该书尽量使读者对花炮的历史和现状及其文化有一个较为直观和整体的了解，为读者提供一部脉络清晰、文笔流畅、理论性和可读性都比较强而且雅俗共赏的著作。

非物质文化遗产的传播研究——以女书为例

何华湘　编著

中国书籍出版社 2013 年 3 月

本书从传播学的角度对非物质文化遗产进行研究，以非物质文化遗产的传播为研究对象，以流传在湖南江永、道县一带的女书为参照，综合运用民俗学、传播学、文化学等学科研究方法，对非物质文化遗产及其传播进行了整体剖析，明晰了非物质文化遗产与传播的关系，勾勒出我国非物质文化遗产的传播特点与规律，对非物质文化遗产的传播环境、传播伦理、传播效果等做了专门的探讨，对当前存在的非物质文化遗产传播问题进行了理论上的探索与阐释，并进一步根据非物质文化遗产保护的要求设计了符合我国国情的传播策略。

左宗棠研究著作述要

梁小进 著

湖南大学出版社 2012 年 10 月

本书首先叙述了左宗棠一生的事功和思想，接着介绍了左宗棠著作的出版与流传，包括左宗棠奏稿、书牍、批札、诗文、联语等，自清末以来的刊刻出版及流传情况；分析了研究左宗棠的各类专著和论文，并介绍了我国台湾、香港地区及国外关于左宗棠研究的情况。全书对自清末以来至 2011 年期间对左宗棠的记述、评价及研究概况作了综合整理研究。

曾国藩研究著作述要

刘志靖、王继平 著

湖南大学出版社 2013 年 7 月

本书介绍了曾国藩的生平及曾国藩著作的整理与出版情况，概述了曾国藩研究的状况及主要成果。该书介绍了曾国藩研究专著及论文，展示了这些研究成果对曾国藩的学术思想、政治思想、经济思想、军事思想、洋务思想、文学思想、幕府、家教思想及家庭伦理、文化思想等的论述。

湖南文艺 60 年

湖南省音乐家协会 编著

湖南人民出版社 2013 年 11 月

全书共 17 卷 19 册，包括省文联卷、文学卷（上、下册）、戏剧卷、电影卷、电视卷、音乐卷、舞蹈卷、美术卷、书法卷、摄影卷、民间文艺卷、曲艺卷、杂技卷、设计艺术卷、文艺评论卷（上、下册）、省企（事）业文联卷、省画院卷。全套丛书内容丰富、史料扎实、图文并茂、编印精美，较全面地描绘了省文联和各文艺家协会的发展历程，收录（或介绍）了 60 年来全省各文艺门类的经典之作，展现了湖湘文艺界的壮美风景。

湖南楚墓与楚文化

高至喜 著

岳麓书社 2012 年 8 月

本书以考古学的视角全面介绍了湖南楚墓与楚文化。全书共六章，介绍湖南楚墓的发现与研究概况，梳理了民国以来湖南楚墓的发掘考古与研究成果；概述湖南楚墓的等级和楚人的生活、丧葬、信巫好祀等习俗；从湖南出土楚墓的葬制、器物等特点，论述了湖南楚墓的区域特征；从随葬器物分析楚人先进的冶炼术、青铜器铸造业、商业、文化艺术，等等；通过文献记载和出土文物，分析了南楚文化与中原文化、巴蜀文化、越文化等的关系；阐释湖南出土楚墓中的文化因素，揭示南楚文化对秦、汉文化的影响。

汉代长沙国考古发现与研究

何旭红　著

岳麓书社 2013 年 8 月

本书对长沙国辖郡、疆域、职官、城市四个方面进行了研究。通过《汉书·地理志》所载汉水、九嶷山等处自然地理间的郡级政区历史沿革，考察了吴氏长沙国、刘氏长沙国的辖郡情形。还根据湖北省江陵、荆州出土的考古资料补充和调整了长沙国的部分疆域。全书通过梳理汉中央职官和其他诸侯国职官结合出土或传世的玺印封泥、简版、历史文献等资料，分析了长沙国的部分职官，并厘清了长沙国城址的演变，认识了其功能的变化。

马王堆汉墓研究

陈建明　主编

岳麓书社 2013 年 7 月

本书是对马王堆汉墓研究的综述和总结。对马王堆汉墓的墓葬形制，墓主与年代，女尸研究与保护，纺织品和服饰漆器、木俑、乐器、陶器、竹木器、金属器、印章与封泥及其他文物，动植物标本，帛画和绘画艺术，帛书简牍等的研究成果进行了系统的归纳和整理。

湖南旧石器时代文化与玉蟾岩遗址

袁家荣　著

岳麓书社 2013 年 7 月

全书对湖南旧石器时代文化和玉蟾岩遗址进行了研究。本书以大量的第一手考古资料，探讨了湖南的远古人类以及湖南旧石器时代的自然环境、文化面貌，叙述了玉蟾岩遗址的发现发掘、玉蟾岩遗址的水稻遗存、陶制容器和动物遗存等，总结归纳玉蟾岩文化遗存的诸多方面。本书将玉蟾岩遗址置于世界旧石器时代文化演变发展历程的大背景下，探讨湖南旧石器时代文化的基本面貌，分析其在中国乃至世界旧石器时代文化发展史上的地位和意义。

湘西史前遗存与中国古史传说

贺　刚　著

岳麓书社 2013 年 7 月

全书把湘西作为一个文化区域进行研究，重点突出高庙遗址，将湘西史前遗存与传说时代的中国古史结合起来。本书首先介绍了湘西的自然地貌、早期历史、远古传说与田野考古探索，介绍了高庙遗址，论述了高庙文化的分布范围、区域类型、来源与演变、先民的初创与发明及其对外传播，分析了湘西史前文化的谱系结构和文化特征及其与周邻文化的关系，最后论述了高庙文化、大溪文化与中国古史传说。作者认为，高庙遗址的史学价值可与殷墟甲骨文和两周金文相提并论。

湖南出土帛画研究

陈建明　主编

岳麓书社 2013 年 7 月

本书在充分运用考古资料的基础上，研究湖南出土帛画，诠释帛画的丧葬意义。湖南是全国发现楚汉帛书最多的地方，长沙子弹库楚帛画和马王堆西汉墓帛画享有世界声誉。全书分为战国楚墓帛画和马王堆汉墓帛画两篇。作者将战国楚墓帛画作为丧葬帛画类型进行研究，将马王堆汉墓帛画按照帛画出土位置的特殊性进行研究。对马王堆汉墓内棺覆盖帛画、棺室悬挂帛画和藏于漆奁内的帛画分别进行研究。该书还对湖南出土帛画研究的各家学术观点进行了评介，并提出了自己的学术见解。

湖南商周青铜器研究

熊建华　著

岳麓书社 2013 年 7 月

全书以考古资料为基础，对出土于湖南的商、西周、春秋中期以前的青铜器进行了研究，探讨了湖南商周青铜器的考古学文化背景及所在长江流域的时空关系，分析了湖南商周青铜器的器物类别与器型特征，对其来源与发展轨迹、纹饰特色与传统精神轨迹等进行了探究。本书概述了湖南商周青铜器的发现、发掘与研究状况，介绍了湖南商周时期的各种类型的青铜器。论述了湖南商周青铜器的纹饰，解读其几何类、动物类、文化符号类纹饰和特殊纹饰结构。本书还分析了商周青铜礼乐制在湖南的表现方式，并论述了湖南青铜器的冶炼技术等。

湖南楚汉漆木器研究

聂　菲　著

岳麓书社 2013 年 7 月

本书对湖南出土楚汉漆木器进行了系统的研究。一是对湖南区域楚墓所出土的漆器进行了全面梳理和分区分期探索，结合楚国对湖南征服的进程，从文化发展的深层面揭示漆器风格的区域性特点，勾勒其大致的演变历程。二是以湖南西汉贵族墓出土的土漆器为代表，结合漆器工艺史、地方史，揭示湖南汉代漆器的功能与工艺发展的传承、变异及其原因。三是对湖南楚汉时期漆器的生产、管理等问题进行了探讨。四是通过对漆器的制作工艺和铭文的分析，解析汉代的制漆工序。第五章主要探讨湖南楚汉漆器的发展演变轨迹和脉络。本书最后揭示湖南楚汉漆器手工业的发展历史与社会背景，阐述湖南楚汉漆器在考古发掘上的意义和在中国艺术史上的地位。

湖湘出土玉器研究

喻燕娇　著

岳麓书社 2013 年 7 月

全书选用了湖南历年出土的玉器图片 300 多幅，用以研究湖湘出土玉器。这些出土玉器主要是魏晋之前的，其中以战国、汉代的最多；在出土区域上，以湘江流域出土最多，并以长沙地区占绝大多数。本书首先介绍了新石器时代彭头山、大溪、屈家岭、石家河等文化遗址出土的玉器及其种类、用途、来源、特点、造型与工艺。本书还分别介绍了夏商西周、春秋战国、秦汉、三国两晋南北朝至清代的玉器考古发现、相关资料，分析了各个时期玉器的种类、用途、特点、产地、器物形制、制作工艺与文化内涵等。

湖南古代交通遗存

蒋响元　著

湖南美术出版社 2013 年 7 月

本书是对湖南交通文化遗存的全面总结。第一章为绪论，概述了湖南古代交通的发展历史，分析了湖南古代交通遗存的种类和特点。第二章“古道路”，介绍了湘粤湘桂驿道、湘川湘黔古道、湘赣古道、府州县间的驿道和大道，还介绍了其他古道，如营道、苗道、湘赣苏区交通道、华容古道、古栈道、古纤道等，还对汉族地区的祁阳古道和苗族地区的凤凰古道做了介绍。第三章“古桥梁”，介绍了湖南历代的石拱桥、石梁桥、廊桥和风雨桥以及其他类型的古桥梁。第四章“其他古代交通遗存”，介绍了古路亭、古运河、古渡口、古堤台、古码头等交通设施以及古代车船等交通工具。第五章“古代交通文化”，辑录了大量与交通相关的文学作品，包括联、诗词、赋、散文、歌谣等。本书还利用了大量交通文化遗存的普查勘测数据成果，为进一步研究湖南交通文化提供了资料。

湖南方言

彭泽润、彭建国　著

湖南教育出版社 2013 年 2 月

全书按照湖南现行行政区划，对湖南省全部县级行政单位的方言进行了全面的调查、描写和分析。本书首先从整体上介绍了湖南的地理和政区，介绍了湖南汉语方言的分区及各大方言形成的历史、研究状况；然后介绍了湖南省 14 个地级市州的方言分布状况，叙述了每个行政单位的城区方言的语音系统、特色词语及其例句与短小篇章。全书的语音标注采用国际音标，全部用汉字记录，便于读者从中了解自己的家乡方言，感受母语方言的文化魅力。

湖南宗教志

湖南省地方志编纂委员会　编

湖南人民出版社 2012 年 10 月

本书概述了湖南佛教、道教、伊斯兰教、天主教、基督教的情况，佛教于西晋武帝年间进入湖南，道教于东晋时传入湖南，伊斯兰教于明洪武年间进入湖南，天主教和基督教于鸦片战争后进入湖南。本书对佛教、道教、伊斯兰教、天主教、基督教在湖南的发端与沿革进行了梳理，叙述了各宗教的事务管理。

湖湘民间生产生活用具

陈　剑、焦成根　著

湖南美术出版社 2012 年 5 月

全书对湖湘民间生产生活用具的发展、变迁等情况进行了研究。第一部分，概述了湖湘古代生产生活用具，按石器时代、青铜器时代、铁器时代三个阶段，叙述各种用具材质的变迁。第二部分，概述了湖湘民间生产工具，按湖湘民间传统生产的不同门类，分为农耕种植工具、渔猎养殖工具、副业营生工具三类进行研究。第三部分，概述了湖湘民间生活用具，按衣、食、住、行进行分类研究，还对其他生活用具如文化、娱乐、医疗、礼仪、祭祀等高级或特殊生活用具做了叙述。全书突出了湖湘大地以传统社会生活耕织为本的基本特征。

湖湘建筑（一）

柳　肃　主编

湖南教育出版社 2013 年 2 月

本书主要介绍湖湘大地存留的传统建筑及其艺术风格。书中介绍了湖南各地各种类型的建筑，包括城镇和城防建筑、文教建筑、宗教建筑、风景园林、祠堂、会馆、民居和村落、塔、桥、牌坊、墓葬等十多种建筑类型。本书所概述的建筑，是同类建筑中最重要、最具有代表性和典型性的建筑，反映了湖南古代地域建筑发展的基本概况和文化特征。

湖湘建筑（二）

胡彬彬　著

湖南教育出版社 2013 年 2 月

全书对存留湖湘大地的各类传统建筑文化形态进行了研究。全书分四章。第一章为湖湘传统建筑主要类型的大致分别与历史文化背景，介绍了湘西南与湘西北地区干栏式建筑、湘中湘南地区府第式建筑、祠堂建筑与家族文化。第二章为湖湘建筑装饰的主要类型与艺术手法，叙述了木雕、石雕、堆塑、绘饰。第三章为湖湘建筑装饰艺术的题材内容及其艺术价值，分龙凤瑞兽、神明佛道、山水楼台、戏曲人物、博古书法、花卉虫鸟六类介绍。第四章为湖湘建筑艺术图类，分局部装饰、木雕、石雕、堆塑、壁画五个艺术图类。该书认为，湖湘传统建筑艺术融合了汉族和少数民族的文化，具有浓郁的湘楚风格，彰显了湖湘建筑文化的情怀和鲜明的地域特色。

湖湘图腾与图符

左汉中　编著

湖南美术出版社 2012 年 4 月

本书叙述和解说了湖湘地区的图腾崇拜现象。作者将湖湘图腾崇拜分为神祖崇拜、自然崇拜、民族崇拜三个方面。其中，神祖崇拜包括传说与先祖崇拜，自然崇拜包括山川万物、天象、动植物等崇拜，民族崇拜则包括湖南土家族、苗族、瑶族、侗族等少数民族流传至今的图腾崇拜。全书对图腾、图符、符号进行了较为详细的解说，反映了湖湘文化的某些特征。

湖湘简牍书法选集

张春龙、宋少华、郑曙斌　主编

湖南美术出版社 2012 年 9 月

本书主要介绍了湖南地区战国楚简、龙山里耶秦简、长沙走马楼西汉简牍、马王堆汉墓竹木简牍、沅陵虎溪山汉简、长沙东牌楼东汉简牍、长沙走马楼三国吴简、郴州苏仙桥三国吴简、郴州苏仙桥西晋简牍的书法。全书以图片为主，辅以少量的文字说明，展示了战国、秦、汉、魏晋各历史时期不同的书风，也反映了中国书法从篆书到隶书再到楷书的一些演变轨迹。

湖湘历代书法选集·综合卷

邓　刚　编著

湖南美术出版社 2012 年 5 月

本书对先秦、秦汉、魏晋南北朝、隋唐五代、宋元、明清、近现代湖南地区的书法艺术进行了介绍。其中主要以图文并茂的方式介绍了著名的碑刻如岣嵝碑、麓山寺碑、朝阳崖石刻、长沙楚简、里耶秦简、走马楼吴简等书法艺术。还介绍了欧阳询、怀素、何绍基、李东阳、钱沣、谭延闿、齐白石、毛泽东等的书法特点及其代表作。

湖湘历代名画·综合卷

邓　刚　编著

湖南美术出版社 2013 年 5 月

本书分五章介绍了湖南历代绘画艺术和成就：湖南出土的楚汉帛画、湖南历代漆画和陶瓷画、宋元明清以潇湘诸景为题材的绘画名作、湖南历代著名画家及其作品、湖南滩头木版年画。全书以画作图片和文字叙述相结合，展现了湖湘绘画艺术的风韵。

湖湘学案

陈代湘　主编

湖南人民出版社 2013 年 7 月

本书介绍了先秦至中华人民共和国

成立之前的湖南地区人文社会科学人物一百二十人的生平、主要思想观点、师友弟子、主要著作。收录的人物有较高的学术地位，对湖南思想文化和社会发展产生过重要影响。

湖南清代货币

李炳震、曲尉坪　著

中南大学出版社 2013 年 7 月

本书在清代全国货币的背景下，考证湖南清代货币的制造、发行、流通、购买力等。作者还研究了湖南清代造币的管理、造币总量、铸币原料、铸币利润盈亏以及湖南铸币与同时期各省货币的比较，探索其中的规律和利弊得失，对湖南清代货币全貌进行了整体考究和勾勒。

湖湘文化述要

湖南省文史委研究馆　编

湖南人民出版社 2013 年 8 月

全书对湖湘文化发展的自然地理、历史发展轨迹、文化精神的渊源及内涵实质进行了论述。本书上篇论述了各个历史时期湖南的文学、学术、教育、科技、哲学、宗教、民俗文化等领域及各方面的杰出人物。下篇介绍了湖南的书院文化、人才文化、山水文化、戏曲文化、音乐文化、岁时节令习俗、名胜古迹及民间工艺品。

城头山遗址与洞庭湖区新石器时代文化

郭伟民　著

岳麓书社 2012 年 8 月

城头山遗址是湖南省文物考古研究所经过 12 年不间断的田野考古发掘工作，所发现的一处属于新石器时代文化的村落遗址，考古发掘所揭示出的房屋、墓葬、壕沟、稻田等遗迹生动地记载了当时人类活动的基本情况。本书从考古学的证据出发，希望通过对考古资料的梳理，建立起一个以考古学文化为主线的洞庭湖地区新石器时代文化时空框架，并将这个框架置于长江中游乃至中国新石器时代的历史背景之下讨论相关问题，这个框架的核心是澧阳平原，澧阳平原的核心是城头山遗址。

长沙重大考古发现

夏建平　主编

岳麓书社 2013 年 1 月

该书所展示的长沙几个历史阶段的考古发现，是长沙古代辉煌灿烂的文化长河中凸显的几个重要节点。这些节点具有厚重的历史印记、鲜明的地域风格与承上启下的文化特质。这些重大考古发现促进并形成了诸如商周方国青铜文化、汉代长沙国王陵、马王堆汉墓、三国吴简、唐代长沙窑等多个关于文化遗产保护、研究与利用的文化热潮。

寻找民间灵性之光：湖湘非物质文化遗产之旅

湖南省文物考古研究所、三湘都市报　主编

湖南科学技术出版社 2012 年 3 月

本书按照湖南非物质文化遗产名录的顺序，以优美的文字、写实的图片，介绍了大戊梁歌会、通道侗文化长廊、蓝印花布、湘西苗族服饰、常德丝弦等湖南非物质文化遗产，同时附有关键词、解说词等栏目，对这些非物质文化遗产进行了多方位的介绍。

根与源：历史文化名人湖湘之旅

湖南省文物考古研究所、三湘都市报　编

湖南科学技术出版社 2013 年 3 月

在中华文明的宏大格局中，湖湘文化有着自己独特的风貌与风骨。随着人们对三湘大地和它养育的独特生命群体的新探索、新发现，湖湘文化越来越为世人所知。也正是在这一次又一次发现与审视中，湖湘之地焕发出自己独有的精神文化光芒。本书以对湖南的古代文明和文化传统进行了全方位、多角度的深入挖掘和描述，全面呈现了湖南物质和非物质的文化遗产，凸显了历史文化名人在湖南历史发展脉络中的独特作用，更描述了其现实境况以及其对这种境况的深沉思考，呈现了湖湘文化的前世今生。

湖湘文化读本

文选德、田伏隆　主编

湖南教育出版社 2013 年 8 月

本书是反映学术界长期以来对湖湘文化研究成果的、雅俗共赏的书，从纵的方面和横的方面对湖湘文化的主要内容、发展脉络、基本特点等作出比较准确、简明的介绍。它不是学术理论的研究著作，但要具有思想性、学术性、知识性、创新性，所介绍的是已经作了结论的，或大多数人认同的观点。湖湘文化的核心是它的精神特质，全书用发展的观点，以这一核心内容为主线，贯穿始终。该书既有历史的知识性，又有现实的针对性，总结历史，面向未来，鼓舞人心，为湖南经济社会发展服务，为建设湖南文化强省服务。

陶澍的经世思想与实践

薛其林　著

湖南大学出版社 2012 年 12 月

本书介绍了陶澍的生平，论述了陶澍经世思想的源流、内容、影响、特色。叙述了陶澍在任江南巡抚和两江总督期间，通过改革漕政、倡行海运、整顿盐政、整理财政、整饬吏治、赈灾救荒、兴修水利等，践行其经世思想，取得卓越成绩。陶澍的经世思想对林则徐、魏源等人的经世变革思想产生了重要的影响，是中国由封闭走向开放的里程碑式人物，是杰出的政治家、改革家。

曾国藩和他的湘军

韩洪泉、张　云　著

辽宁教育出版社 2012 年 4 月

本书讲述了曾国藩是中国历史上最有影响的人物之一。他因势在家乡拉起了一支特别的民团湘军，历尽艰辛为清王朝平定了天下，被封为一等勇毅侯，成为清代以文人而封武侯的第一人，后历任两江总督、直隶总督，官居一品，死后被谥“文正”。清王朝由乾嘉盛世转而为没落、衰败，内忧外患接踵而来的动荡年代，由于曾国藩等人的力挽狂澜，一度出现“同治中兴”的局面，在政治、军事、文化、经济等各个方面产生了令人瞩目的影响。

胡林翼军事思想研究

薛学共、吴晓斌　著

湖南大学出版社 2013 年 3 月

本书系统地研究了晚清“中兴三名臣”之一胡林翼的军事思想，叙述了晚清以来对胡林翼的研究概况及其生平。本书重点论述了胡林翼的军事思想：论述了胡林翼经世务实的军事伦理思想与军事辩证法思想、严明仁爱的治军思想、以主待客与奇正结合的战术思想、“用兵不如用民”的团练思想、“筹饷以供军需”的军事经济思想。本书还阐述了胡林翼军事思想的影响与意义，指出胡林翼的军事思想促进了中国军事理论的近代转型，是近代湖湘文化的重要组成部分。

曾纪泽的外交活动与思想研究

黄小用　著

湖南大学出版社 2013 年 7 月

本书论述了晚清著名的外交家曾纪泽的外交活动与外交思想。本书第一章介绍了曾纪泽的家世家训及其学习西方语言和国际法的情况。第二章论述了曾纪泽在中俄伊犁谈判、中法越南交涉、中英鸦片加税免厘交涉、中朝交涉、中缅交涉等外交事件中的表现。第三章论述了曾纪泽主张的主权至上、实力外交、平等外交、诚信外交、和戎外交、公法外交、设领护侨等外交思想。第四章评价了曾纪泽的外交活动和外交思想，认为曾纪泽的外交思想体现了浓厚的爱国主义精神，丰富了湖湘文化内涵。第五章对曾纪泽外交思想与同时代人物外交思想进行了比较，是近代中国驻外使领中承前启后的重要外交家。

陈宝箴和湖南新政

刘梦溪　著

故宫出版社 2012 年 7 月

本书论述了戊戌变法前后，湖南巡

抚陈宝箴在湖南推出的一系列革新措施，引领全国变法潮流的史实，还着重剖析了陈宝箴的死亡原因与变法失败的关系。该书强调陈宝箴、陈三立所主张之变革为稳健渐进之变革，而非激进式变革。戊戌变法“遭遇政变之悲剧，乃操持过切之激进变革之悲剧，为乃祖乃父亦为寅老本人深所不取也”，梦溪先生为此书撰述自序中，即一语点明了陈宝箴、陈三立所主持之湖南新政，与康有为、梁启超领衔之戊戌变法二者之异同，虽同为变革旧法旧制，然前者施行稳妥温和、渐进适路，若非湖南当地保守势力之阻挠作梗，或可指日功成、遍及国中。

谭嗣同唐才常与维新运动

陈宇翔　著

湖南大学出版社 2012 年 4 月

本书叙述了“浏阳双杰”谭嗣同、唐才常献身维新事业的事迹和贡献。首先叙述了谭嗣同与唐才常的青少年时代及其交情，记述了两人在推动湖南维新变法中，兴办或参与“浏阳算学社”、《湘学报》、《湘报》、时务学堂、南学会等活动的贡献和影响。本书分章叙述了谭嗣同参与百日维新、慷慨就义的精神，叙述了唐才常领导和发动自立军起源的壮举，最后论述了谭嗣同、唐才常的维新思想。

王先谦的经学成就与经学思想

龚抗云　著

湖南大学出版社 2013 年 7 月

本书通过探讨王先谦对《尚书》、《诗经》的解读，揭示王先谦的经学成就和经学思想。本书概述了王先谦学术思想的社会、学术背景，探讨了王先谦《尚书孔传参正》一书的编纂体例及其对前人学术成果的汇辑，研究了王先谦《诗三家义集疏》的成就和不足，分析了王先谦的经学观及其治学风格、特征与态度。

湘籍近现代文化名人·戏剧家卷

邹世毅　主编

湖南师范大学出版社 2012 年 1 月

本书述评了 1840 年至 1949 年间在中国戏剧电影领域著名湘籍艺术家：戏曲作家、理论家杨恩寿，著名戏剧家欧阳予倩，戏曲史家黄芝冈，新戏剧运动的杰出先驱田汉，戏剧家周贻白，湘剧表演艺术家吴绍芝和徐绍清，开创现代戏剧史论新领域的戏剧家张庚，话剧家和著名电影艺术家金山，享誉国际的电影演员和戏剧家王人美，深受观众欢迎的演员白杨。全书述评了这些艺术家的主要生平事迹、重要活动、重要著作、主要业绩及其影响。

湖南历代科学家传略

许　康、许　峥　编著

湖南大学出版社 2012 年 4 月

全书分两部，第一部《汉代至清代人物》，记述了蔡伦、丁易东至清末黄传祁、曾广钧等 23 人的科技业绩和著述成就。第二部《中华民国及跨代人物》，为工学、农学、理学、医学四类湘籍科学家 256 人立传。这些科学家，都在其所属科学领域有杰出的贡献。

湖南近现代外交人物传略

李育民　主编

湖南人民出版社 2012 年 7 月

本书为晚清至民国期间共 21 位湘籍外交人物立传。一是职业外交官，有晚清的郭嵩焘、曾纪泽、瞿鸿禨、王之春、曾广铨，民国时期的胡瑛、陈介、唐有壬、王芃生、蒋廷黻、何凤山、李铁铮。二是非职业外交人物，有曾国藩、左宗棠、刘坤一、袁树勋、黄兴、宋教仁。三是外交理论家，有魏源、周鲠生、刘彦。全书主要阐述这些外交人物的外交思想、外交成就，揭示他们为维护国家权益和中国外交近代化作出的重要贡献，对中国外交格局的深远影响。

皮锡瑞的经学成就与经学思想

吴仰湘　著

湖南大学出版社 2013 年 7 月

对皮锡瑞《尚书》学、《春秋》学、郑学、礼学的重要著述作了专题评析，对其经学思想加以总结，对《师伏堂经说》、《师伏堂经学杂稿》、《师伏堂日记》等未刊稿本中的资料有所挖掘，有利于改变以往研究仅据《经学历史》、《经学通论》和《今文尚书考证》等寥寥数书来评判皮氏经学的局面。皮锡瑞作为晚清今文经学的集大成者之一，是全面梳理和正确评估清代今文经学的一位关键人物，该书对皮氏经学的研究，可为学术界探究晚清今文经学提供一则典型的案例，借以推进清代今文学的整体研究。

湖南历代文化世家·湘乡曾氏卷

胡卫平等　著

湖南人民出版社 2012 年 1 月

全书系统地介绍了曾国藩家族在文化上的渊源、事功及其传承关系，阐述曾氏家族的文化活动及其对社会、文化发展的重要影响和贡献。全书分八章，分别叙述曾氏家族的家世和曾国藩兄弟军功，曾氏家族耕读孝友的家风及其历代人才，曾国藩所信仰的程朱理学，曾氏历代办学的事功活动，曾国藩兄弟的刻书、藏书活动，曾国藩及其家庭成员，曾国藩的书法活动、书法艺术等。

湖南历代文化世家·新化邹氏卷

杨亦农　著

湖南人民出版社 2012 年 7 月

新化邹氏先后产生数十位舆地学者，是蜚声中外的舆地世家。全书叙述了邹氏世家的源起、发展、兴盛、流转、衰微等，介绍了各个时期邹氏家族代表人物的活动经历和学术贡献，并概述了邹氏家族的学术传统和爱国情怀。

红墙里的领袖们　刘少奇实录

于俊道　主编

中国工人出版社 2012 年 1 月

本书讲述共和国领袖们的家世、童年、为人处世、个人情趣、衣食住行、情感生活等方方面面。作品使用了一些鲜为人知的史料，叙事性强，纪实味浓，生动可读，有阅读和收藏价值。

刘少奇的峥嵘岁月

曾成贵　编

湖北人民出版社 2012 年 1 月

本书全面记述了刘少奇作为毛泽东接班人的历史过程，刘少奇与毛泽东的相识、相交、共同经历革命战争洗礼，他们的友谊、政治观点、群众路线、斗争策略，以及工作中的矛盾与分歧等。对刘少奇同志光明磊落的一生作了全面、实事求是的描述和评价。

胡耀邦在中国科学院

中国科学院　编

科学出版社 2012 年 4 月

本书描写了胡耀邦面对当时充满惊涛骇浪的政治生活，以及奄奄一息的经济和科技，进行思想整顿、拨乱反正，整顿领导班子、平反冤假错案、落实干部和知识分子政策、恢复科研工作秩序、组织编写《汇报提纲》、制定科技规划、解决群众困难问题、端正党的科技政策和知识分子政策的思想。胡耀邦批判“四人帮”反革命路线，把科学院重新纳入“以科研为中心”的正确轨道，其中所蕴含的思想、精神，以及从中可以汲取的经验，仍有现实意义和长远的影响。

毛泽东研究报告 2012 年

刘建武、吴怀友　主编

湘潭大学出版社 2013 年 8 月

本书分 13 个版块全面综述了学术界 2012 年毛泽东研究的主要成果、最新动态和发展趋势，包括毛泽东生平事迹研究，哲学思想、政治思想、教育思想、党建思想、经济社会思想研究，诗词书法研究等各方面研究动态和成果，是毛泽东研究领域重要的参考资料。

毛泽东研究 2012 年卷

李佑新　主编

湘潭大学出版社 2013 年 1 月

本书是关于毛泽东思想研究的学术论文集，为毛泽东研究领域内最具影响力的一批作者的最新研究成果，内容主要涉及毛泽东党建思想研究、马克思主义中国化研究、毛泽东与湖湘文化研究以及一些相关的研究述评等，提出了许多独创性新观点，具有较高的学术价值和影响力。

中共选择了毛泽东

曹　英　编著

华文出版社 2013 年 6 月

该书是一部反映毛泽东在时代风云和党内斗争傲世崛起的力作。本书对近年从苏联、共产国际及国内解密的档案条分缕析，以中共中央常委级别的权力人物的沉浮起落为主线，细致记录他们如何上台、在台上如何作为、如何下台及下台后的政治与人生命运，直面功过是非，使鲜为人知、人所错知误见的历史事件与人物客观铺陈在读者面前，令人触目惊心。

毛泽东十三次战事总结

龚　平、莽　宇　编著

中国文史出版社 2013 年 4 月

该书总结了毛泽东的十三场战事，包括：秋收起义、井冈山战事、赣南战事、第一次反“围剿”、第二次反“围剿”、大柏地战事、会昌战事、娄山关战事、腊子口战事、长征、吴起镇战事、蟠龙镇战事、渡江战役。

毛泽东评述中国历史名人名著

邸延生　著

人民出版社 2013 年 1 月

毛泽东酷爱读书，无论中国的、外国的、古典的、现代的，只要有机会、有条件，他都拿来读；可以毫不夸张地说，毛泽东一生读书逾万卷，尤其喜好阅读中国的古典文学和人物传记，从中汲取知识和力量。本书以毛泽东评述中国历史上的名人名著为内容，以使人们更全面、更详细地了解毛泽东对不同时期中国历史人物及名著的诸多看法。

毛泽东是怎样读二十四史的

徐中远　编

中央文献出版社 2012 年 8 月

本书根据为毛泽东做图书服务工作的所做所记、所见所闻，真实地介绍毛泽东是怎样读二十四史的，都做了哪些批注，宣传了毛泽东在疾病缠身的晚年岁月中勤奋读书、刻苦学习的精神。

毛泽东的阅读史

陈　晋　著

生活·读书·新知三联书店2013年12月

本书从毛泽东所阅读的书籍入手，以时代为序，以代表性书籍为线索，勾勒出毛泽东一生的阅读历史，同时也从一个极为重要的层面揭示和印证了一代伟人的精神成长史、认识发展史、思想升华史、知识愉悦和情感表达史。该书既有毛泽东阅读状况的整体概览，也有对具体书籍的细部描述，有助于读者全面了解毛泽东的阅读生活。

毛泽东书法

良　石、王会军、武焕平　编著

台海出版社2012年5月

此书共包含七章和一个书法小知识的附录，收集了毛泽东在少年、青年、中年、晚年不同时期的大部分的书法作品。此书首先对毛泽东的书法艺术进行了一个总结性的概括分析，其次精选了毛泽东不同类型的书法精品的手迹，对每幅作品都附有诗词的出处和它最初发表的时间和出版单位，并介绍了每首诗词的时代背景和主要内容赏析，同时对毛泽东书法有精确、到位的评析。

毛泽东评述诸子百家

邸延生　著

人民出版社2013年1月

毛泽东酷爱读书，无论中国的、外国的、古典的、现代的，只要有机会、有条件，他都拿来读；可以毫不夸张地说，毛泽东一生读书逾万卷，尤其喜好阅读中国的古典文学和人物传记，从中汲取知识和力量。本书以毛泽东评述中国诸子百家为内容，以使人们更全面、更详细地了解毛泽东不同时期对诸子百家的诸多看法，毛泽东以他渊博的历史文化知识和对中华民族五千年发展史所涵盖内容的深刻认识和理解，对中国诸子百家进行具体评述，或褒或贬，不一而足。关于所有这些，在本书的书稿中尽可能详细地进行了介绍和讲述。

历史学者毛泽东

王子今　著

西苑出版社2013年1月

本书介绍了中国正统文化观之所谓历史，主要是指政治史，因而史学知识的积累被作为中国传统政治学的主要基础。毛泽东的历史观对传统史说多有推翻与破除，但是在这一点，可以说表现出一脉相传的继承关系。毛泽东政治的成功，有他超绝千古的史识作为条件。而毛泽东政治的失误，有些原因也可以最终追寻到历史观的局限。毛泽东可能是中国最后一位具有深厚的史学素养、予史学以特殊重视的政治家了。毛泽东终于成为历史人物，可能也标志着附庸于政治、服务于政治的传统史学形态的终结。政治脱离史学的基础，可能会影响远见的萌生，导致短视贻误决策；而史学不再附丽于政治，则更可能发现和总结历史的真实。

毛泽东与共和国非常岁月

高中华、尹传政　著

人民出版社 2013 年 1 月

作者引用了许多珍贵的历史资料，再现了一代伟人毛泽东在共和国不同历史时期，在各个重大历史转折关头，面对国际国内政治风云的急剧变幻，力挽狂澜，指点江山，在革命和建设中发挥的重大作用。全书以时间为经，以大事为纬，通过细致勾勒共和国时期毛泽东处理国内外大事的经过，完整再现一代伟人的治国大略，书稿内容涉及政治、经济、文化、军事诸多方面。

毛泽东对新中国的历史贡献

李　捷　著

社会科学文献出版社 2013 年 5 月

本书从毛泽东与中国共产党的三件大事破题，着重从创建中华人民共和国、确立社会主义基本制度、总结苏联社会主义建设经验教训、对科学社会主义的理论贡献、在纠正错误中继续探索五个方面，论述了毛泽东同志为新中国作出的历史贡献，阐明毛泽东同志在新中国发展中的历史地位。

毛泽东思想与儒学

姚春鹏　编

山东大学出版社 2012 年 3 月

本书探讨了儒学等优秀中国传统文化对青年毛泽东人格精神形成的影响，分析了毛泽东思想产生的历史文化背景及儒学对马克思主义中国化的资源意义。

毛泽东思想述评

姜连起　著

中国书籍出版社 2012 年 6 月

本书主要论述了毛泽东思想的形成与发展、毛泽东思想形成和发展的基本条件、毛泽东新民主主义革命理论、中国革命新道路理论等。

毛泽东与马克思主义中国化

李崇富　著

社会科学文献出版社 2012 年 12 月

本书重点阐明毛泽东和毛泽东思想对中国特色社会主义道路所进行的

先行探索的经验教训，为以毛泽东同志为核心的第一代中央领导集体带领党和人民在新时期继续推进马克思主义中国化、开创中国特色社会主义奠定了制度基础，并提供了政治前提、宝贵经验、理论准备、物质基础。作者认为，在新世纪新阶段，我们党高举中国特色社会主义伟大旗帜，同世世代代高举毛泽东思想伟大旗帜是完全一致的，前者是对后者的继承、发展和弘扬。

毛泽东执政思想研究

熊　辉、王孔容　著

湘潭大学出版社 2012 年 3 月

本书主要内容包括：毛泽东执政思想的主要渊源、中国共产党执政是历史和人民的选择、坚持全心全意为人民服务的执政宗旨、依靠广大人民群众执政等。

毛泽东延安时期教育实践与教育思想概论

孙海林、葛意诚、钟佩君等　主编

湘潭大学出版社 2012 年 4 月

本书是湖南省第一师范毛泽东思想研究所继《毛泽东早期教育实践与教育思想概论》和《毛泽东中央苏区教育实践与教育思想概论》之后的又一研究成果，专就毛泽东延安时期教育实践与教育思想进行探索和研究。

毛泽东在新中国成立后的国际战略思想及其实践效应

李久林　编

中国社会科学出版社 2012 年 12 月

本书对毛泽东在新中国建立后的国际战略思想及实践进行了深入研究，全面揭示了毛泽东国际战略思想对新中国巩固独立政权、逐步走向强国之路的指导价值。作者特别对毛泽东“抗美援朝”、“一边倒”、中印边界反击战、“一条线、一大片”、联美抗苏、珍宝岛反击战等国际战略决策作了重点探讨，揭示了在不同时期毛泽东实施这些国际战略的必然性、必要性和它的实践效应。这些探讨纠正了近年来学术界一些人“天真”的想法，或对毛泽东国际战略思想的歪曲攻击，对正确理解和学习毛泽东国际战略思想具有重要价值。

听毛泽东谈哲学

孙宝义、刘春增、邹桂兰　著

人民出版社 2012 年 4 月

哲学绝不是书斋里的东西，而是同我们生活息息相关的。哲学是从实际生活中来的，实际生活中就有最生动、最丰富的道理。毛泽东常用标新立异和幽默诙谐的语言，去阐述生活中所蕴含着的丰富的哲学思想，许多生活小事，经他一点拨，可以让人悟出其中许多新鲜的哲理。本书精心挑选了毛泽东灵活运用哲学的 100 余则经典哲理故事，如“吃饭是收支平衡”、“打麻将与‘搬砖头’”、“保健不等于保命”、“辣椒的军事譬喻”等。

毛泽东思想通论

沙健孙 著

人民出版社 2013 年 10 月

全书对毛泽东思想在中国民主革命、社会主义革命、社会主义建设各个历史时期的理论贡献，做了条分缕析的梳理。第一编着重讲毛泽东思想产生的国情和社会条件，及其形成、发展历程和历史地位。余下的四编，分别讲毛泽东思想关于新民主主义革命的理论，关于社会主义改造的理论，关于社会主义建设的理论，涵盖了毛泽东思想的方方面面。该书以专章阐明“毛泽东思想是马克思列宁主义和中国实际相结合的产物”，以凸显毛泽东思想形成发展的基本脉络，对推而广之地理解中国特色社会主义理论体系的创立与发展有启示作用。

向毛泽东学习

谢春涛 主编

中共中央党校出版社 2013 年 9 月

毛泽东同志作为一代伟人，作为伟大的无产阶级革命家、战略家和理论家，身上有许多值得我们学习之处。全书以丰富的史实、生动的笔触，阐述了今天的领导干部应该向毛泽东同志学习什么、如何向毛泽东同志学习的问题。该书通过梳理毛泽东同志的思想和言行，提出了今天的领导干部应该向毛泽东同志学习的地方，包括战略思想、哲学头脑、世界眼光、政策策略、工作方法、统战艺术、军事才能、调查研究、知人善任、廉洁奉公、百姓情怀、人格魅力、读书学习、写诗作文等方面，并结合新形势下做好领导工作、推进改革发展的实际需要，对如何向毛泽东同志学习进行了比较系统和深刻的阐述。应该说，这些概括和阐述现实针对性很强，对于今天的领导干部从毛泽东同志这位历史伟人身上汲取智慧，提高思想政治素质、提高执政能力和领导水平，具有重要借鉴意义。

毛泽东、邓小平比较研究——龚育之的视野

胡杰华 著

中共党史出版社 2013 年 1 月

本书在全面占有龚育之论著的基础上，结合龚育之的生平和风范，分别论述了龚育之在毛泽东思想和邓小平理论研究中的一些重要观点；着重对龚育之在毛泽东思想和邓小平理论之间进行了比较研究，得出了两者“一脉相承、两个阶段”的结论。

实录毛泽东（1893—1976）（4卷）

李　捷、于俊道　编著

长征出版社2013年10月

本书精选了毛泽东的老师、同学、战友、身边工作人员、亲属以及外国领导人、驻华大使等273人的回忆，全面、客观、翔实地记录了毛泽东的一生。本书对各个时期的重大历史事件都有详细深刻的记录，从历史背景、内中原委、事实真相，以及当事人的亲身感受等方面作了客观生动的写照，细节回忆，寓意深远。第1卷，由周恩来、李立三、蔡和森、陈潭秋、萧三、毛宇居、杨昌济、李维汉、罗章龙等人讲述1893—1927年毛泽东在求学、参军、创办新民学会、推行湖南自治、参与建党、领导工人运动、在国民党中任职、研究农民运动、经历大革命失败等事件。第2卷，由谭震林、徐海东、胡乔木、埃德加·斯诺、杨成武、习仲勋、程子华、何长工讲述1927—1945年毛泽东领导秋收起义、首创农村根据地、指挥反“围剿”、从兵权被夺到重掌兵权、引领长征、延安休养整风等事件。第3卷，由刘伯承、徐向前、聂荣臻、粟裕、陈赓、杨尚昆、薄一波、伍修权、李银桥、师哲等人讲述1945—1956年毛泽东到重庆谈判、统筹解放战争、建立新中国、出访苏联、调整工商业、发起“三反”“五反”、发起农业改革等事件。第4卷，由陈云、彭德怀、李锐、张玉凤、赫鲁晓夫、米丘诺维奇等人讲述1956—1976年毛泽东开展整风、反右、发动“大跃进”、召开庐山会议、与苏联决裂、重提阶级斗争、发动“文革”、与尼克松握手、重病的日子等事件。

红色档案　毛泽东与中共早期领导人（上、下）

黄允升、唐宝林、沈学明、陈铭康　著

西苑出版社2012年4月

全书记叙了毛泽东与陈独秀、瞿秋白、李立三、王明等早期中共领导人在寻求救国救民的革命历程中所走过的不同道路，真实形象地提示了“毛泽东是历史的选择”这一中国革命史重大客观规律。全书通过大量翔实的权威史料，配合海量的图片，全面再现了中国共产党早期领袖们的风采，同时对他们的功过是非进行深刻的剖析和客观的点评。

毛泽东年谱（1949—1976）

中共中央文献研究室　编撰

中央文献出版社2013年12月

全书共6卷，近300万字，是一部记述毛泽东同志从中华人民共和国成立到他逝世27年间的生平、业绩的编年体著作，比较全面地反映了他的思想、理论、决策、工作方法和各种活动，反映了他领导建立和建设新中国的历程。从这部年谱的记述中，还可以了解毛泽东同志在27年间是怎样工作和生活的。这部年谱以中央档案馆保存的档案资料为主要依据，发表了大量未编入毛泽东著作集中的讲话和谈话，同时又使用了其他文献资料和访问材料，内容非常丰富。该年谱对于研究新中国成立以来毛泽东同志的思想理论与工作实践，研究党领导社会主义革命和建设的成就、经验和艰辛探索，研究中国特色社会主义理论体系的由来和形成基础，有着重要意义。

毛泽东传

[美] 丽贝卡·卡尔　著

湖南出版社 2013年12月

书中融合中外各种观点，结合世界时代大背景以及当前毛泽东研究最新成果，阐述和揭示了一位20世纪伟人与中国百多年来历史变革与转型的深层内在逻辑关系。在对历史的回溯与对未来的展望中，以全球的国际视野，阐述毛泽东对中国革命和国家建设，以及世界民族解放事业与社会主义运动所作的重大贡献，深刻揭示“毛泽东和毛泽东主义”构成了“中国乃至全球社会主义历史的核心，也是上个世纪社会改革以及现代化历史的核心”的崇高地位。

论文摘要

湘学的源流与学统

朱汉民 著

《湖南大学学报（社会科学版）》2013 年第 1 期

湘学指湘人或产生于湘地的、有学理意义的学术思想。湘学史经历了产生、成形、发展的过程，在此历史过程之中形成了湘学学统。本文主要讨论湘学的源流与学统问题，首先探讨湘学史的演变发展过程，在此基础上考察湘学学统的历史建构，并以此开始展开对湘学的综合性研究与思考。

和、中和理性：千年一叹的湖湘文化——以宋代湖南理学研究为中心

曾 哲 著

《福建江夏学院学报》2012 年第 3 期

宋代理学中“和与中和”的理性念想和愿景，是湖湘文化中理学思想的核心基础，“仁”所意涵的去“人欲”，存“天理”，无不透示着宋代理学之湖湘学人早已祈愿的人类和平、平等、互爱、和善、和美、和谐的生存与发展的理学图景。但近年来，对湖湘文化学派的研究中，在重新探求和认识宋明程朱理学以及湖湘文化学派代表人的法哲学、法思想和法文化价值，特别是其对中国传统法哲学平等思想及提倡尊重人格尊严权的贡献等方面，都未能引起学界足够的重视，尚有广大的研究空间。

湖湘文化的三大核心精神

刘云波 著

《新湘评论》2012 年第 17 期

湖湘文化的核心精神，是指渗透于湖湘血液之中，具有突出性、恒定性，特别是具有普遍性的精神特质。可以概括为三个方面：舍我其谁的自信品质、救亡图存的爱国情怀、百折不挠的奋斗精神。舍我其谁的自信品质、心系天下的爱国情怀以及百折不挠的奋斗精神，不仅成就了湖湘文化的辉煌，更成就了湖南人在近百年中国历史上无人能及的辉煌事功。这也是湖湘文化中最值得当代湖南人大力继承和弘扬的优良传统。

谈湖南文化精神

周秋光 著

《书屋》2013 年第 3 期

湖南历史文化有三大个性特征：一是湖湘文化的历史源远流长，绵延传承，有一种明显的连续性，文化中的政治意识极为强烈；二是湖湘文化中的爱国主义传统尤为突出，激励一代又一代三湘儿女奋发图强，报效祖国；三是湖湘文化中蕴藏着一种博采众家的开放精神与敢为天下先的独立奋斗与创新精神。有四大历史缺陷：严重存在着经济上极冷、政治上极热的两极化倾向；经世致用的学风在某种程度上造成了湖南人忽视理论的建构；湖南人易走极端，保守与激进并存；湖湘文化中的“楚材晋用”现象较为突出。值得发掘弘扬的湖南优良历史文化传统主要有三个方面：爱国主义的传统，经世致用、注重实干、勇于任事、自强不息、勤勉朴实的传统，兼收并蓄、开拓创新与对外开放的传统。

湖湘本土文化的多维探源

朱汉民　著

《湖南大学学报（社会科学版）》2012 年第 3 期

湖湘文化是本土文化和外来文化的双重渊源而形成的交互文化。湖湘“本土文化”并非独立产生、存在的文化，而是由本土和外来多种区域文化之间交流互动的结果。从这个意义上说，并没有一个离开交互文化而独立存在的本土文化。因此，湖湘文化探源就是要从地域文化的交流互动中，多维地探讨湖湘文化的渊源。

试论近代湖湘文化的开端

戴雪蕾、罗　素　著

《理论观察》2012 年第 4 期

关于湖湘文化近代转型的开端，学术界传统的观点认为，应当以 1840 年鸦片战争爆发为起点；事实上，只有当中西文化彼此产生冲突与融会，原来的文化发生了变异，朝着新型的资本主义文化发展，才能真正意味着近代文化的开始。据此理论，以 1895 年的甲午战争失败及湖南维新运动的兴起为开端，更能揭示出湖湘文化近代化转型的特质。

湖南先秦文化时空结构及成因探析

向桃初　著

《湖南大学学报（社会科学版）》2012 年第 3 期

本文通过对湖南先秦时期考古学文化发展过程及空间布局的研究，基本复原了先秦时期湖湘地域文化的时空结构体系，并对其形成的主要原因进行了分析探索。文章认为，“湖湘文化”理所当然是一个广义的概念，泛指今湖南境内（以洞庭湖和湘江流域为代表）自古至今存在过的人群所创造的包括物质层面、精神层面和制度层面的一切成就。在这种含义之下，湖南地区先秦时期的文化不仅是湖湘文化的早期阶段，也是湖湘文化作为一种地域文化其本土性特征最突显的阶段。

论湖湘文化的精神品格和历史局限

许顺富　著

《衡阳师范学院学报》2012 年第 4 期

湖湘文化是湖南历代士人用独特的睿智、深邃的思维、理性的思考、生花的妙笔堆砌而成的文化宝塔，在它的文化潜质里到处流淌着湖南士人的文化气息和价值追求。使得湖湘文化既具有忧国忧民的强烈情感，崇尚实学、经世致用的优良学风，“气化日新”、自强不息的奋斗精神，抵御外侮、卓砺敢死的优良品格；又具有重政治，轻经济，重经世致用，轻人文关怀，重程朱理学、个人气节，轻大局意识、和谐观念，重“夷夏之辨”，轻海纳百川的不利文化因素。这种优劣互存的文化品性，使得忧国忧民、追求进步、卓砺敢死的湖南人在民族危亡的关键时刻，往往挺身而出，勇于献身，成为挽救民族危亡的领头羊，而在和平时期，湖南人则往往默默无闻；湖南社会也常常呈现出保守与激进、落后与进步交相辉映的奇特局面。

湖湘之水与湖湘文化

蒋　伟　著

《湖南城市学院学报》2012 年第 6 期

湖南水系众多，三湘四水不但是湖南的生命之源，也是精神之源，不但养育了我们形体，也培育了湖湘文化独特之根性。通过选取湖湘文化中较具代表性的文学、理学、政治学三个方面有代表性的人物，来探讨湖湘文化与湖湘之水的关联。从中发现，湖湘文化的形成过程与水有无法割裂的联系。这对弘扬与传承湖湘文化拓展了新的视野，也为开创湖湘文化的未来开辟了新的研究领域。

晚唐湖湘四家在文学史上的贡献

黄仁生　著

《武陵学刊》2013 年第 4 期

晚唐时期，湖湘本土作家逐渐成长崛起，曾持续参与过湖南文学史的谱写，其中尤以李群玉、刘蜕、胡曾、齐己四家居功至伟。从现存作品来看，他们当时是以积极、主动、执着的心态投入文学创作的，而且形成了各自的创作特色，既分别在中国文学史上赢得一席之地，也合起来以接力方式持续推动了湖南文学的发展进程。

书院、祠堂与湘学学统

朱汉民　著

《大学教育科学》2013 年第 4 期

湘学是一个学统相继、旨趣相似的地域性知识传统。蓬勃发展的湖南书院教育及其学者祠堂祭祀，为湘学学统的建立、湘学学术旨趣的延续作出了重大贡献，是湘学的学统、旨趣等形成、延续的最重要社会条件。

石鼓书院传扬宋明理学史略

凌飞飞　著

《教育评论》2012 年第 1 期

石鼓书院于宋朝力倡程朱理学，于明朝高扬王湛心学，这表明湖南书院首开湖湘文化传道济民之新风，也印证了理学与书院一体化的历史盛况和双赢格局。以石鼓书院为例纵观书院与宋明理学交融轨迹，不难发现北宋期间，书院与理学之关系停留在自发的初始阶段，联系不甚紧密。时至南宋，书院与理学呈现相互倚重、水乳交融、互为条件、不可或缺的一体化关系。

湖湘经世致用的理学传统

王静琦　著

《湖南师范大学学报（社会科学版）》2012 年第 6 期

湖湘经世致用思想可以追溯到先秦两汉时期，从南宋开始，又跟理学结下不解之缘。它继承和发扬了理学的优秀文化传统，如讲入世，重躬行，通变化，讲“修齐治平”，主张经邦济国，以天下为己任，而不单纯舞文弄墨。在湖湘学子中不乏著名的理学家，如理学的开创者周敦颐、理学的集大成者王船山和理学的实践者曾国藩。此外还有洋务运动的代表陶澍、魏源、左宗棠等，可以说湖湘经世致用有深厚的理学传统。

清嘉道间湖湘经世学考论

张瑞龙　著

《船山学刊》2013 年第 1 期

嘉道间湖湘经世群体的形成及其倡导的经世学风，是清代学术史上特别值得关注的现象。与江浙及京师等地盛行汉学考据不同，湖湘地区仍延续程朱理学之风，随着时局的推移，这种崇尚理学的风尚与明末清初顾炎武等人的经世思想相结合，形成一种关注现实、注重时务和讲求实效的经世之学。嘉道间湖湘经世学，大致可分为注重行政实效和崇尚程朱理学两个流派。前者以严如熤为先驱，以陶澍、贺长龄、魏源等为中坚，他们或出任疆臣，或就职幕府，具有实际的行政经验，讲求时务，注重实效；后者以唐鉴为先导，有曾国藩、罗泽南两个中心人物，在京师、湖南两地互通声气，本程朱理学淑身济世之旨，讲求经世济民。两派之间尽管存在这样的差别，但就其学术底蕴而言，则同为程朱理学。

湖湘传统史学及其近代转型

陈先初　著

《湖南大学学报（社会科学版）》2013 年第 1 期

湖湘文化中有着一以贯之的治史传统。近代以降，湖湘学人分别参与了西方“新史学”理论以及马克思主义唯物史观的引进和传播，从而促成了传统史学的近代转型。转型后的中国史学，取得了十分丰硕的成果，这其中便包括湘籍历史学人的突出贡献。

舜文化与湖湘文化建构

朱汉民　著

《湖南社会科学》2012 年第 5 期

起源于黄河流域的舜文化，到了湖湘地区产生了多元性文化意义，即包括政统、道统、文统、神统的多重文化意义。多重意义的舜文化一直参与着湖湘文化的建构过程，对湖湘地区各个层面的文化均产生了很大的影响。

追寻湖南精神：舜文化及其当代价值

曾长秋　著

《湖南科技学院学报》2012 年第 5 期

湖南精神可以用“心忧天下，敢为人先，经世致用，自强不息”来概括，挖掘湖南精神的内涵，可以从舜文化找到源头。文章指出，对舜文化内涵的认识，人们局限于“舜孝感动天”的故事，而对其他事迹知之较少。其实，舜文化包含了中华传统道德的各个方面，包括家庭道德、职业道德、政治道德等。舜帝精神是自强创新的进取精神和天下为公的忧患意识的融合。其中，自强创新的进取精神就是湖南人的“经世致用”、“自强不息”品格；天下为公的忧患意识就是湖南人的“心忧天下”、“敢为人先”品格。

文学视野里的湖湘文化与蜀文化比较——以湘、蜀两地作家创作为例

贾剑秋　著

《湖南大学学报（社会科学版）》2013 年第 1 期

湖湘文化与蜀文化发育、生长于相类的文化生态中，文化结构形态、艺术传统和文化精神有较大的共性。又因环境条件和历史传承的具体情况不同而存在明显的差异性。湘、蜀两地作家的创作充分反映了这种文化影响的异同性。共性：言志抒情的创作价值取向、浪漫主义的文学精神、作品文化内涵的二元结构形态。差异：“大湖”与“盆地”的创作意识，理性思辨与感性抒写的创作思维，清新、明丽、阳刚与沉滞、冷峭、阴郁的风格色彩。

益阳民歌的湖湘文化底蕴探究

余　雯　著

《四川戏剧》2013 年第 3 期

益阳民歌是湖湘文化中重要的组成部分，文章分别以益阳的号子、山歌、小调等民歌的几种形式为研究对象，挖掘民歌与当地地理环境、民俗等方面的关系，探究益阳民歌的艺术特点。湖湘文化是益阳民歌风格的重要特点，也是当地历史文化沉淀的艺术表现。兼收并蓄、沉稳平和与旷达浪漫是湖湘文化的主题。益阳民歌丰富多彩、色彩斑斓，它深深地植根于湖湘文化沃土之中，

是珍贵的文化遗产。益阳民歌不但孕育了当地灿烂的民间文化，也催生了具有益阳地方特色歌曲的创作。

论湖湘文化的品质与湘商的塑造

刘厚见　著

《民族论坛》2012 年第 24 期

湖湘文化所蕴含的优良品质对于塑造湘商具有重要的借鉴价值："心怀天下、忧国忧民"是湘商应有的爱国精神；"坚韧执着、百折不挠"是湘商应有的进取精神；"革故鼎新、敢为人先"是湘商应有的创新精神；"格物致知、经世致用"是湘商应有的实干精神；"兼收并蓄、博采众长"是湘商应有的开放精神。

湘西地域文化与现当代湖南文学的发展

刘中项　著

《吉首大学学报》2012 年第 1 期

湖南为古楚国的一部分，在湖湘地域文化的形成与发展中，位于洞庭之南的湖湘大地更近南方，故形成了与湖北荆楚文化区别明显的湘楚文化，古湘楚文化正是现代湖南的地域文化之源。湖南自中古以来又因中原学术之南渐与本土文化之交汇，形成了中古乃至近现代个性鲜明的湖湘文化。二者遂成为湖南地域文化的两股主要潮流。从文化分布上说，我们认为，如果说湘中、湘北及湘东的近代湖湘文化特征较为突出，则湘西、湘南的古湘楚文化色彩更鲜明；如果说湘中、湘北及湘东汉文化的特点明显，则湘西、湘南的少数民族文化色彩艳丽，而湘西的古湘楚文化及少数民族文化底蕴尤其厚重。湘西的湘楚文化不仅深刻地影响了现当代湖南文学的发展，对文学湘军的形成都具有不可低估的特殊意义。

茶陵派非"派"

何宗美　著

《文学遗产》2012 年第 6 期

今所谓茶陵派并不是明代文学史上实际存在的茶陵派的原生态。茶陵派经历了自明中期以来特别是明末清初文学思潮背景下文派之争的不断层累和重塑。从成化至天启、崇祯的一百多年间，明代文坛的主流一直不以流派看待李东阳及其文学群体，到明末程嘉燧才开始使"西涯之诗，复开生面"，这是明清之际抬升李东阳文学地位、塑造茶陵派文学影响的开始。以《列朝诗集》为凭借，钱谦益开始了以其文学观念为支配的明代诗歌史的全面梳理，在他所主观构建的明诗体系中，李东阳成为支撑"钱氏明诗史"的关键，由此所谓"茶陵派"在文学史上才被他和盘托出。其说先后被清代官书《四库全书总目》

和陈田《明诗纪事》等借鉴和宣扬，成为后来文学史普遍接受的“常识”，结果原本占主导的“无与宗派”说即茶陵派非“派”的观点长期湮没无闻。出于门户之见而构建和夸大“茶陵派”，带来了李东阳与茶陵派研究的困扰，同时也是成化至弘治几十年文学长期被遮蔽的重要原因。

从湖湘文化视角看民歌湘军的崛起

宁珏婧、詹桥玲　著

《船山学刊》2013 年第 1 期

民歌湘军的崛起，是音乐界的“湖南现象”，是湖南人才群体现象的又一突出表现。民歌湘军的崛起与发展，离不开湖湘文化的推动与促进。本文在阐述湖湘文化基本内涵与核心精神的基础上，论述了湖湘文化影响下湘军精神与湘军现象，介绍了民歌湘军的崛起及其代表人物，从多个方面剖析了湖湘文化对民歌湘军崛起并走向辉煌的深刻影响。湘籍民歌人才辈出，民歌湘军独领风骚，正是得益于湖湘文化的深厚底蕴。湖湘文化以其独特的精神内涵和博大精深的文化底蕴，对民歌湘军的崛起与发展产生了极为深远的影响。民歌湘军只有坚持发扬敢为人先、执着拼搏、博采众长、团结互助的湖湘精神，才能在竞争激烈的民族歌坛越走越远，取得更为辉煌的成绩。

湘乡方言词语中的民俗体育文化

李丽颖、陈庚仁　著

《语文建设》2013 年第 9 期

湘乡民俗体育文化是湖湘文化的重要组成部分，方言词语是民俗体育文化的重要载体，湘乡方言词语中包含着丰富的民俗体育内涵，其内容包括节日庆典类、农耕生产类、游戏娱乐类等方面。湘乡的民俗体育活动应民众的需要而产生和发展，受湘乡生态环境与自然条件的制约与影响，具有对自然现象与规律的“模拟”、顺自然生态环境之“势”等生态特征。

清代湖南杂剧传奇研究

伍光辉　著

华中师范大学博士论文 2013 年 3 月

目前所知，清代湖南杂剧传奇作家有 17 人，杂剧作品有 18 种，传奇作品有 21 种。文章在全面勾稽清代湖南杂剧传奇作家作品的基础上，对清代湖南杂剧传奇作家作品及其文化生态进行系统全面的研究，探讨了湖南杂剧传奇作家作品的历时性分布与地域分布，湖南杂剧传奇的思想、艺术特性及其相关文化因素；分析了清代湖南杂剧传奇的时空分布特点及其成因，探讨清代湖南杂剧传奇与剧坛主流的关系，清代湖南杂剧传奇的主题建构、艺术特性及其与湖湘文化的关系，清代湖南杂剧传奇与湖南地方戏曲的关系。

文化视角下的湖南湘剧与祁剧比较研究

毛莉杰、陈　瑾　著

《大舞台》2012 年第 11 期

2006—2008 年湘剧和祁剧先后被列入中国非物质文化遗产名录，二者作为湖南主要的地方戏曲成为湖湘文化的著名标签。在祁剧与湘剧形成和发展的几百年间它们在各自的流传区域逐渐壮大，唱腔、曲牌吸收了其他戏曲和当地民歌、小调的因素，日益成熟和丰富。作为两种不同的戏曲形式，它们也有着自身的艺术特点，了解湖南两曲大戏——湘剧和祁剧的异同，对于我们认识这两大戏曲艺术有着很重要的价值。

论清代湖湘散曲

邓庆华　著

湖南师范大学硕士研究生毕业论文 2012 年 5 月

清代湖湘散曲作品数量虽不多，却有其独特的思想内涵。叹世归隐的思想内涵在元明两代的散曲中均有表现。清代湖湘散曲作家通过对景物的描述来表达自己对美好景物和宁静生活的向往。清代湖湘散曲的标题模式是因袭历代以来散曲的标题模式来进行创作，从前人对清代湖湘散曲的评价和清代湖湘散曲作家对散曲之观点以及清代湖湘散曲作品上看，清代湖湘散曲的语言总体上是趋于典雅的。但清代湖湘散曲也有方言、口语词汇的汇入，还使用了具有湖南地方特色的方言。清代湖湘散曲题材多为题咏，但却有自己的特色，选取一些具有时代和地域特色的题材来进行创作，其题咏的对象有着浓郁的湖南地域特色。

衡阳船山书院兴废考

凌飞飞　著

《教育评论》2013 年第 4 期

船山书院先后经历了创建、发展、改制三个历史阶段，是清末民初研究和传播船山学的大本营，彰显了湖湘文化经世致用、爱国主义之内在精神及重政治伦理之事功特色，造就了一批经学经世英才，对我国近代社会的发展产生了积极影响。

长沙窑陶瓷釉下彩装饰艺术研究

罗湛英　著

《陶瓷科学与艺术》2013 年第 1 期

长沙窑是中国陶瓷釉下彩的发源地，它在我国陶瓷发展历史中的价值主要体现在其装饰艺术的创新。特别是高温釉下彩绘的创烧成功，为唐代的陶瓷艺术注入了绚丽的色彩。古老的长沙窑，虽然已经逝去，但我们能从它民间名窑画风洒脱、俊逸、空灵的釉下彩装饰艺术中感受到湖湘文化精神气质，从它的美学特征中认识其装饰造型的独特风格，也为后人研究中国陶瓷史以及现代陶瓷装饰留下丰富而翔实的考证和借鉴。

湘籍开国将领群体性崛起的原因考量

张　旺　著

《湖南行政学院学报》2012 年第 6 期

湘籍开国将领群体性崛起，有着诸如湖湘文化的影响、良好的军事教育氛围、湖南工农运动的蓬勃发展，以及湖南人联袂而起的团结精神等深刻历史渊源和客观因素。解读湖湘籍开国将领群体性崛起的原因，能够更加清晰地了解当时的历史状况，深入思考分析具体的特点和规律，对于立足区域文化和地域特性等角度，系统阐述其对军事人才培养的影响，具有重要历史与现实意义。

文化强省建设中的精神塑造研究——以湖南为例

李辉华　著

《中国集体经济》2013 年第 15 期

湖南建设文化强省应该把塑造当代湖南精神作为一项长期的战略任务。塑造湖南精神是推进社会主义核心价值体系建设的需要，是文化强省建设的内在要求，是湖南加快富民强省建设的需要。当代湖南精神的发展方向是传承优秀湖湘文化，以文化强省战略目标为导向，通过文化创新，推进湖南经济社会发展。塑造湖南精神要加强理论研究，丰富和深化湖南精神内涵；发挥湖南精神引擎力作用，驱动湖南经济社会发展；大力加强区域文化建设，着力提升区域内在精神气质；加强湖南精神传播，增强湖南精神影响力。

湘潭红色文化特色及价值

梅　柳　著

《湖南科技学院学报》2012 年第 3 期

湘潭红色文化底蕴深厚，内涵丰富，流传广远，具有影响大、伟业多、品质高、资源广、底蕴深的鲜明特色，在实践中铸就了坚定信念、百折不挠、敢为人先、勇于创新、服务群众、一心为民、艰苦奋斗、廉洁自律的核心价值。

长株潭红色文化的精神内核

熊春林　著

《湖南科技学院学报》2012 年第 2 期

长株潭红色文化很好地继承和发展了湖湘文化，赋予湖湘文化以新的时代内涵和先进思想理论，形成了心忧天下的爱国情怀、经世致用的价值取向、兼容并包的开明风格、敢为人先的革新精神等独特的精神内核。

湖南历史文化村镇空间形态研究

汤　毅　著

湖南师范大学硕士论文 2012 年 5 月

随着历史文化村镇的概念深入人心，历史文化村镇的保护与发展成为人们十分关注的问题。研究历史文化村镇空间形态有利于历史文化村镇的保护与发展。湖南历史文化村镇承载了湖湘儿女多元的生活方式、行为习惯、宗教礼仪、风土人情等众多文化信息，研究其空间形态是湖南现代人认识传统的重要手段，也能从根本上改善当代历史文化村镇在保护和开发中出现过多人为干预的巨大缺陷，以延续湖湘儿女对湖湘文化传统的精神需求。文章以湖南历史文化村镇金山村、靖港古镇和张谷英村为代表，在分析湖南历史文化村镇的现状、相关史料及相关规划文本的基础上，了解湖南历史文化村镇的空间形态变化。

湘籍“为新中国成立作出突出贡献的英雄模范人物”的精神品质

夏　辉、刘凤健　著

《湖南行政学院学报》2012 年第 4 期

文章通过对湘籍“奉献中国”人物生平事迹综合分析，以及将 17 位湘籍“奉献中国”人物与其他 76 位非湘籍个体“奉献中国”人物比较分析，认为忧国忧民的爱国精神是湘籍“奉献中国”人物精神品质的超然境界；不怕牺牲的奉献精神是湘籍“奉献中国”人物精神品质的崇高风范；百折不挠的求是精神是湘籍“奉献中国”人物精神品质的价值归依。在实现中华民族伟大民族复兴征程中，必须继承和发扬湘籍“奉献中国”人物的精神品质，将其化作报国之志、效国之力、强国之策。

《鬻子》引论

张京华　著

《长沙理工大学学报（社会科学版）》2012 年第 5 期

本文在前人著录、评论、研究的基础上重新审定了《鬻子》学术价值。在学术渊源流派上，肯定《鬻子》为道家著作；在文献学上，肯定《鬻子》内容可信；在地缘关系上，认为《鬻子》为楚学、湘学的重要源头之一。

屈原文化：湖湘文化的图腾

锺兴永、鲁　涛　著

《长沙大学学报》2012 年第 6 期

湖湘文化的理论根基是儒家的担当和忧乐文化，而屈原文化是其重要源头。屈原的代表作《楚辞》，就是对湘楚民间文化的发现和总结。湖湘文化的文源、文脉，是随着屈原文化信息的走向而清晰、而丰富、而完善和扩展的。研究由屈原文化传承下来的湖湘文化价值，就是为了满足广大人民的精神需要。

屈原诗学的人文地理意义

杨　义　著

《北方论丛》2012 年第 4 期

以屈原为主要诗人的楚辞，是长江文明的产物。在诗学领域，屈原把长江文明引入中华文明发展的总进程。排除有关传说中的巫术成分而观其内核，不难发现，中国民间将屈原看作“水之魂”或“长江之精魂”。屈原把诗性文明的开拓伸展到当时还处在原始洪荒的江南湖湘之地，既把中原文明的历史理性精神渗透到南方神话巫风的想象之中，又从南方神奇多情的想象里拓展了中原典雅节制的诗学世界，从而为中国诗性文明的博大和辉煌提供了一个与《诗经》同等重要的源头。

略论周敦颐圣学观的内在逻辑和思想特色

李丕洋　著

《井冈山大学学报（社会科学版）》2012 年第 1 期

北宋思想家周敦颐的圣学观，在其思想体系中占有重要的地位。他以“诚”为圣人之本，以“无欲”为学圣之要，坚持“中正仁义而主静”的价值观，开创了宋明理学“学以至圣人之道”的修道理路。其圣学观简明扼要，兼取释、道思想精华，具有促使儒学发展模式转向的历史作用。

周敦颐的“通”与“复”探析

孙功进　著

《孔子研究》2012 年第 6 期

《易传》中的“通”与“复”在《通书》中成为重要的哲学概念，“通”指“诚”体之展发、流行与通达，“复”则强调“诚”体的回归、凝显与主宰。在周敦颐那里，“通”与“复”源于太极之动静，是太极动静的变现形式。基于太极通复之道，周敦颐从三个方面阐述了通复之用，即价值论、修养论和事功论。通过修养论和事功论，价值论得以最后完成，并由此而达致“乐”、“中”、“圣”、“和”的通复之境。

论周敦颐《太极图说》的道家学脉关系——兼论濂溪的道家生活情趣

陈鼓应　著

《哲学研究》2012 年第 2 期

周敦颐继承了隋唐五代以来儒释道三教融合的开阔学风。从他的人生历程来看，他既有儒家入仕传统的一面，也有由庄子所开启的文人传统的一面。周敦颐在学术思想上，以《太极图说》为例，其世界观源自老子宇宙生成论的范式，体现出老子智性的哲学思维；在生活情趣上，则展现出“光风霁月”的艺术境界，流露出魏晋庄子式的文人风格。周敦颐之所以能够改造道教的《太极图》，建构出老学思维模式的宇宙演化体系，正与他人生历程中展现出的道家文人风格相互印证。

试论周敦颐与程颢、程颐微妙关系

张泽槐 著

《湖南科技学院学报》2012 年第 3 期

程颢、程颐是宋明理学鼻祖周敦颐的弟子，这是学术界的共识，也为诸多史料所证实。然而，二程终其一生，均不尊周敦颐为师；周敦颐一生，也从不提及收二程为弟子。为什么会出现这种情况？这是因为在周敦颐与二程之间存在着三大鸿沟，即政治上的鸿沟、道德上的鸿沟、学术上的鸿沟。本文就周敦颐与二程之间是否存在师生关系，以及为何出现三大鸿沟进行探究。

周敦颐的历史记忆与文化诠释

朱汉民 著

《求索》2012 年第 6 期

湖湘文化的建构过程，与湖南人对周敦颐的历史记忆、文化诠释是密切关联的。本文通过湖湘学人对周敦颐的历史记忆、文化诠释的探讨，以阐发湖湘文化的建构过程、内涵及其特点。湖湘士大夫不仅强调濂溪之学作为儒学正统的普遍性意义，更强调其地域性意义，他们对濂溪学意义的双重强调，具有地域文化建构的目的。

周敦颐“诚体”思想研究

崔治忠 著

《船山学刊》2012 年第 1 期

周敦颐继承《周易》的宇宙创生论和《中庸》的“诚”范畴，并融合佛、道思想，构建了一个以“诚”为本体的思想体系。其中，“诚”是一个核心范畴，起着贯通宇宙和人生的作用，它使天道伦理化和伦理天道化得以可能，从而在人伦次序方面达到形上本体和形下践履的统一。这一理论成就不仅使先秦儒学体系化，而且为宋明新儒学的理论建构开创了思维路径。但是，作为宋明儒学第一个系统化的理论体系，“诚体”思想内含不可克服的逻辑矛盾，从而使其缺乏逻辑严密性和说服力。

论周敦颐《通书》的师道观

邓武蓉 著

《湖南师范大学教育科学学报》2013 年第 2 期

《通书》是理学奠基人周敦颐的重要著作之一。在《通书》中，周敦颐阐述了多方面的哲学思想，其中关于“师道”的内容尤其丰富。周敦颐赋予了师道多重内涵，提出了为师的标准，明确了为师的职责，揭示了为师的根本。他对师道的实施尤其重视：第一，重在高度的责任感；第二，贵在“务实”而远名；第三，还需“重思”。明确提出了“师”能“为天下善”的观点。

湖湘学的奠基者——胡寅和胡宏

张立文　著

《船山学刊》2012 年第 1 期

本文主要就湖湘学派的奠基者胡寅和胡宏二者的思想进行梳理和阐释。胡寅从道学家道统论立论而辟佛以崇正；胡宏以道为其哲学逻辑结构中的至高范畴，提出道性本体学，把时代理论思潮的核心话题疏解为天—性—心的逻辑结构，并从道性合一的理论思维方法来审察道与物、心与理、善与恶、道与性、心与性的关系。而针对理论上的冲突，朱熹特撰《胡子知言疑义》，质疑胡宏的论点。

论胡宏的性善恶论及其理欲观

陈代湘　著

《哲学研究》2012 年第 5 期

胡宏（五峰）是南宋初期最有名的理学家，胡宏开创的“湖湘之学统”在南宋盛极一时。尽管元代以后湖湘学派湮没无闻，但自近人牟宗三表彰“五峰—蕺山”一系为宋明理学正宗圆教模型，人们又开始重新认识胡宏，胡宏在理学史上的地位也逐渐升高。胡宏在《知言》一书中反复论述了“性”这一范畴，提出以“性”为宇宙本体，故而被称为“性本论”的代表。胡宏“性”这一范畴的宇宙本体论特性，已在学术界获得普遍认同，但关于“性”是善是恶，却是一个聚讼不已的问题。本文从“‘性立天下之有’与性无善恶”、“天命与未发之性”、“已发与心之善恶”、“胡宏理欲观的特色”四个方面对胡宏性善恶论进行新的阐述。

论胡宏性本位宇宙论的建构

张　琴　著

《哲学研究》2012 年第 6 期

宋代理学的整体建构，旨在以先秦儒学去解构佛教的教义系统并重建原始儒学。在以儒学为本位的思想重建之中，理学家汲取并融入佛教的义理系统，以拓展儒学所固有的意义限阈，便为题中应有之义。心性之学成为理学话语系统中最为重要的话题之一，实与理学的这一根本旨趣密切相连。经过北宋五子，到两宋之交，儒学已经在某种新颖的诠释理念与诠释框架之下获得长足发展，出现了具有学派性质与特征的不同的思想形态。胡宏挺立北宋五子之学，熔铸佛学的心性学义理系统，融摄心性论、宇宙论、价值论为一体，从而开创了“湖湘学派”。在胡宏的思想体系之中，宇宙论是其心性论与知识论、价值论的理论铺垫与先导。在他看来，只有完整地揭示宇宙万物之生成、发展、变化的本原性根源，才能从根本上解决天人如何可能一体以及如何实现一体的问题。

李东阳评价

尹选波　著

《云南师范大学学报》2013 年第 1 期

李东阳是明朝中期内阁首辅，既是诗人，更是政治人物，但政治上颇具争议。其虽也有一些作为，但没有砥柱中流的本领，不是救时的宰相，只能依附强力人物，与时浮沉。虽其品德清廉，守住了为人、为官的底线，不是助纣为虐的奸臣，更没有主动害人、乱政，虽与刘瑾等同流却没有合污，但其对正德年间朝纲紊乱却负有主要责任。因此他不是一个合格的内阁首辅。

湖湘知识群体的船山诠释与文化建构

朱汉民、刘觅知　著

《中国哲学史》2012 年第 3 期

王船山以毕生精力从事学术研究，留给后人的是一个既有深厚中国文化传统，又有超前时代意义的思想文化体系。湖湘知识群体通过对船山思想的多元性诠释而实现自身文化体系的重新建构，船山思想也为不断演变发展的湖湘文化提供了丰富的文化资源。

易学“变通”思维与王船山史论探析

汤　城　著

《船山学刊》2012 年第 1 期

王船山易学上的成就和特色造就了他史学上的突出地位和显著特点。正是在易学“变通”思维的照耀下，船山对历史盛衰、制度沿革、得失成败等方面经验教训的总结，始终贯穿着通变的历史见识。可以说易学变通思维是船山历史通变思想的基础，而对历史通变之理的总结则反映其对易学变通思维的运用和印证，二者相互交融，共同构成了船山通变的史识。他的历史通变思想是中国古代史学理论上的重要遗产，对于今天的史学研究仍有一定的借鉴意义，值得认真总结。

论王船山之“道”的历史性特征

邓　辉　著

《船山学刊》2012 年第 2 期

王船山的思想体系是以道为核心的，船山之道绝非一个抽象孤绝、高高在上而超然物外如上帝之类的实体，而是一历史性的活动。此一历史性活动是由两个因素决定的，即道以阴质阳神相协的特殊结构构成的器物为载体在空间中开展自己，又与时间性结合为一在时间中开展自己。道之开展的两因素论表明，道之历史性是对器物生成所表现的生命性与时间性的统一。道之开展的可能就在于道之历史性的实现。历史性正是船山之道的灵魂所在。

王船山卦变说释义

鲁鹏一　著

《周易研究》2012 年第 3 期

本文分析明儒王船山的卦变说，主要参考了《周易内传发例》第十节论卦变的文本，以及《周易内传》相关的注文。首先，讨论船山卦变说的三个体例，说明船山确实讲卦变，不是义理式地泛论卦变。其次，讨论船山如何理解“变”，理清船山为什么反对朱子变占图。再次，把船山卦变说与虞翻、朱子的卦变说做比较，寻求各家论卦变背后的思想背景，从而界定船山卦变的易理基础，以及其不足之处。

以内丹术为功于天地——儒宗王船山与道士闵一得

严寿澄　著

《中华文史论丛》2012 年第 3 期

儒家本以学做人为教；学做人，必当治心。身心相连，心气相使，唯心气兼治，始能变化气质，堂堂做人。宋、明儒有取于内丹家调息之术者，以此。内丹家旨在性命双修，炼神还虚，即悟元子刘一明所谓“修天赋之性，以化气质之性；修道气之命，以转天数之命”。若所欲化所欲转之性与命，不限于一己之小我，而推扩及于人间世，乃至全宇宙，即王船山所谓相天，闵一得所谓医世也。船山为儒宗，一得乃道士，时间相距百余年，而皆主以内丹术为功于天地，其所祈向所经验者，颇有类于基督教传统中之冥契主义（mysticism）。然二人虽同有冥契经验，其内容终究殊异。船山之终极关怀，不在一己之得救，而在人类全体之福祉，此其所以为儒宗也。

王船山道德观论略

肖剑平、陈元桂　著

《湘潭大学学报（哲学社会科学版）》2012 年第 2 期

王船山的道德观具有丰富的内涵和鲜明的特点，体现在关于道德之本体、道德之工夫、道德之批评、道德之理想等层面。船山认为，道德的本原在天，落脚点为人；他提出了一系列道德修养方法，强调正心，主张“达情养性”与道德践履；并从历史、现实与学理等不同的视角对当时的社会风气与道德沦丧现象进行了猛烈的抨击；船山的道德理想模式是“内圣外王”，圣贤治国。

试论王船山的实践哲学

冯　琳　著

《社会科学战线》2012 年第 8 期

中国哲学特别关注现实问题，使传统哲学形成注重人生实践的品格。孔子曾明确提出过知行的关系，认为行是学习知识的目的，主张学以致用。在宋明理学时期，二程与朱熹“知先行后”的思想成为那个时代的主导性观念，王船山在批判程、朱的基础上，建立了以“行”为基础的知行相资统一观，突出了实践的优先地位。文章以船山的知行观为中心考察船山哲学观中实践优先性的思想以及其实践哲学的道德指向和社会指向，以便更好地理解中国哲学的实践品格。

王船山的道统、治统与学统

朱汉民　著

《北京大学学报（哲学社会科学版）》2013 年第 1 期

王船山的学术旨趣中，道、治、学是三个最重要的目标；由这三个目标形成三统合一的最高理想，即道统、治统、学统的合一。他的学术旨趣形成，既有中国传统学术旨趣的历史根源，又有湘学的区域学统的原因。

王船山论传统文化的核心价值

郭齐勇　著

《船山学刊》2013 年第 1 期

王船山以他独特的体用观来解读仁与礼的关系、仁义礼智四本德与智仁勇三达德的关系，提出“立人极”的观念，肯定五常、四德乃人之所以为人的核心价值，而“仁义”乃核心的核心。船山的人文价值观有“诚”作为超越的背景。在人禽、君子小人之辨中，船山反对蹈虚空谈，重视修身守礼，又重视社会政治实践，把核心价值与日用伦常、现实生活紧密地联系起来了。这对建构当下的核心价值观具有借鉴意义。

王船山《黄书》与近代尊黄思潮的兴起

王兴国　著

《船山学刊》2013 年第 1 期

王船山的《黄书》既歌颂了黄帝的事功，又称颂了黄帝的美德，其中所包含之深厚的民族主义思想，对于辛亥革命前出现的尊黄思潮起了酵母作用。近代尊黄思潮的兴起，又极大地促进了民族主义思想的高涨，为辛亥革命的成功奠定了牢固的思想基础。近代的尊黄与西汉时期的尊黄，为中国历史上两次重要的尊黄思潮，它们有力地促进了中国境内各民族在“炎黄子孙”

的伟大旗帜下的融合。

王船山的军事思想及其对近代湖南历史人物的影响

罗玉明、刘建辉 著

《衡阳师范学院学报》2013 年第 2 期

近代湖南文人从军参战肇始于王船山，到以曾国藩为代表的湘军集团崛起和湖南党史人物群体的形成而趋于大盛。王船山不仅亲自参加和领导了抗清农民起义，而且通过总结历朝历代的经验教训，提出了一系列军事思想，所有这些，对近代湖南投笔从戎社会风气的形成及湖南近代人物群体军事思想的提出和形成产生了重要影响。

王船山的“践形”思想研究

冯 琳 著

《江汉论坛》2013 年第 5 期

先秦时期的儒家常常从人的身体出发来思考人的道德修养问题。饱受佛学浸淫的宋明理学将中国传统哲学的身体维度弃如敝屣。王船山在批判理学超验主义思想的基础上，回归中国哲学的原典和原道，其思想具有即身践道的特质。船山多次提及“践形”，认为通过具体的道德实践，道德意识得以扩充和转化，人的身体就可以转化为凝聚着道德光辉的精神化了的身体。尊礼、学礼和践礼，是船山“践形”观在个人道德修养上的具体表现。

论王夫之明诗批评的内在问题

徐 楠 著

《北方论丛》2012 年第 6 期

王夫之的明诗批评在犀利之余，尚存在诸多不容忽视的内在问题。它们暴露出王夫之批评价值尺度的偏狭、逻辑论证的随意、诠释视野的单调，限制了他对明诗高下的准确评判、对明诗特殊困境的合理把握。从这些情况来看，王夫之仍处于明代诗学余波中，未必是严格意义上的清代诗学开启者。

王船山天人合一思想何以规约为人与自然之间的和谐

陈力祥、余佳润 著

《船山学刊》2012 年第 2 期

将天人合一规约为人与自然之间的和谐，是当代社会基于人与自然之间的内在紧张而提出的、旨在解决人与自然之间的矛盾与冲突的哲学话语。将天人合一简单地规约为人与自然之间的和谐，学术界表现出怀疑论、独断论的倾向。王船山从哲学本体论的视角，提出了太和乃万物和谐之始，太和氤氲以致万物之和，并创造性地提出了宇宙万物之和的动力因在于天命之和。从本体论层面来说，人世间本应该是和谐的，但人由于智能之“巧”导致了人与自然之间的不和谐。因之，船山提出以仁爱精神礼待自然，方能实现人与自然之间的和谐。船山消解了传统关于天人合一规约为人与自然和谐的独断论、怀疑论论断，从哲学层面解答了天人合一即是人与自然之间和谐的问题。

“湘学复兴导师”邓显鹤研究述评

黄彦弘　著

《云梦学刊》2013 年第 1 期

邓显鹤，号湘皋，晚号南村老人，清代文学家、诗人、文献学家，宝庆府新化县人。嘉庆九年，邓显鹤中乡举，官宁乡县训导，晚年应聘主讲邵阳濂溪书院，著有《南村草堂诗钞》、《南村草堂文钞》；搜集校刊王夫之遗书；考订明代周圣楷《楚宝》一书，匡谬拾遗，成《〈楚宝〉增辑考异》五十四卷；编纂有《沅湘耆旧集》二百卷、《资江耆旧集》六十四卷、《宝庆府志》一百五十七卷、《武冈州志》三十四卷等。梁启超称之为“湘学复兴之导师”。一个半世纪以来，学界对邓氏的研究来看，集中体现在三个方面：其一，充分肯定邓氏对湖湘文献的整理所作出的杰出贡献；其二，对邓氏交游行迹的考证；其三，对其诗文的相关研究。近年来，随着湖湘经济的发展，湖湘文化的复兴也随着悄然兴起，学界对“湘学复兴之导师”邓显鹤的关注也日渐升温。虽说目前还没有研究邓显鹤的相关专著，但近二十年来还是取得了长足的进展，不仅发表了三十余篇论文，而且，研究的范围也涉及文献、年谱、交游、诗文、音韵等方面。

陶澍外交观初探

马　美　著

《船山学刊》2012 年第 3 期

陶澍是鸦片战争前夕我国杰出的政治人物，他抱有以天朝大国为中心，奉行怀柔远人政策的外交思想，同时主张加强海防建设，积极防范外夷入侵；主张正当的商业往来，坚决反对鸦片贸易，虽然存在着一定的时代局限，但仍然是走在同时代前列的政治家。

读陈蒲清《陶澍传》——兼谈陶澍传记研究及其发展与展望

陶用舒　著

《湖南城市学院学报》2012 年第 3 期

陈蒲清的《陶澍传》是陶澍传记研究中出现的一部新作，它准确地评价了陶澍的历史地位，具有鲜明的特色。陶澍传记研究的奠基人是魏源。在沉静了一个半世纪之后，20 世纪的最后 20 年，先后产生了

《陶澍在江南》、《陶澍评传》、《陶澍与嘉道经世思想研究》等著作。2010年《陶澍全集》的出版，为开展陶澍传记研究创造了有利的条件。

基于近代海洋意识觉醒视角的魏源“海国”理念探究

李强华 著

《上海海洋大学学报》2012年第5期

19世纪中叶以后，西方的科学技术以“坚船利炮”的方式一度显示了西方海洋文明的强势。在鸦片战争之前，中国统治者一直将海洋当作对外防御的天然“长城”。海洋从来没有被纳入中国国家安全的考虑范围。鸦片战争后，如何面对来自海洋的威胁，执行什么样的海洋战略成为中国不得不面对的问题。作为经历了鸦片战争之变的近代思想家，魏源在中国近代史上最早提出放眼世界、向西方学习的主张，并力图从不同的方面更深入地了解西方海洋文明强盛的根源。魏源吹响了“师夷长技以制夷”的号角，主张改漕运为海运、发展海商、巩固海防、建立新式海军、掌握海权，期望中国通过发展海洋文明而成为一个能够足以“制夷”的“海国”。魏源的“海运—海商—海防—海军—海权”的“海国”理念标志着中国近代海洋意识的觉醒。随着西方海权理论在近代中国的传播，近代国人的海洋意识逐渐从增强“海上力量”过渡到争取“海洋权利”。

鸦片战争时期魏源资政的睿智与尴尬

赵书刚 著

《江苏师范大学学报（哲学社会科学版）》2013年第2期

鸦片战争时期，自视为“天朝上国”的清朝，却败于所谓“蛮夷”之邦的英国军队，签订丧权辱国的条约，在半殖民地半封建的泥潭里愈陷愈深。魏源从治国理政的角度，向国人尤其是向执政当局提出“师夷长技以制夷”的主张。这种主张，可谓高屋建瓴、切中时弊，充满了睿智。遗憾的是，他的睿智尽管拓展了国人的视野，启发后人进行改革，但在当时并没有造成轰动效应，未能被朝廷当局所采纳。令人惊叹的是，魏源的资政思路却诱发了日本向外国学习的决心，成为日本文治武德所遵奉的经典，从而走上了明治维新之路。

魏源公文风格初探——以《淮北票盐志略》为例

李凌洁 著

《邵阳学院学报（社会科学版）》2013年第1期

《淮北票盐志略》辑录了清道光年间以陶澍为首的一批官员在淮北创行票盐有关的奏疏、详禀、批示、章程、条规、告示等资料，是我国近代收录公文种类最全、影响最大、最具有代表性的公文文集之一。此书虽署名童濂总修，魏源、许乔林纂辑，但实际上是以魏源为主编辑而成的，其中大部分文稿均为魏源所撰。《淮北票盐志略》中，魏源以其独特而精妙的公文风格，不仅将陶澍的吏治行政理念和要旨表达得非常精准，而且将自己经世济用的韬略和匡国济世的思想融贯于具体的行政活动之中，从而使《淮北票盐志略》不仅成为陶澍政绩的一座碑记，也成就了魏源对近代文书学的重大贡献。

魏源诗学思想与湖湘地域文化——以《诗古微》、《诗比兴笺》为论述中心

吴怀东、马　玉　著

《安徽农业大学学报（社会科学版）》2013 年第 1 期

魏源是晚清经世致用学术思想的有力提倡者和实践者，是来自湖湘的有识之士。《诗古微》和《诗比兴笺》是魏源的两部重要学术著作，前者是一部经学研究著作，后者是一部特色鲜明、具有诗论性质的诗选，却集中体现了魏源的诗学思想。这两部著作表明，魏源的诗学思想除受当时今文经学思潮影响之外，还深受湖湘地域文化传统的熏染，后者的影响作用主要表现在三个方面：对先秦屈骚的崇拜与追慕，对清初王夫之《诗广传》的大量引用，以及对近代湖湘经世学风的自觉传承。

从《海国图志》看“海国”与“中国”概念的生成——全球、海国和国际关系格局中的“中国”定位与新主体意识

王瑞成　著

《社会科学战线》2013 年第 2 期

魏源在鸦片战争后编撰的《海国图志》，在获取“海国”新知的同时，也开始反观自我。在来自西洋的天文和地理知识以及新的文明观基础上，开始改变天圆地方、中国中心的观念，将中国定位为宇宙地球和文明社会之一员；通过对海国尤其是西洋国家这一“他者”的全面了解，将“自我”认知从天朝开始转向与“海国”对应的“中国”。而海外强国自四面八方蚕食以往天朝之天下、迫近并打败中国的事实，不仅勾勒出中国的实际空间范围，且显现出其生存空间的危机。在新的“中国”自我定位和主体意识之上，魏源提出了学习海国的主张，形成国防建设和外交的初步方略，试图从内部勾画出作为近代国家的中国未来的方向。《海国图志》反映出鸦片战争后从天朝到中国转变过程中近代“国家”观念的发生以及不同于“中国与西方”的“中国与海国”概念的初步生成。这是晚清最重要的观念变化之一。

汤鹏的哲学思想简析——兼论嘉道年间的湖湘学风

荆世群 著

《湖南行政学院学报》2012 年第 2 期

清朝嘉道年间，面对内忧外患的局面，思想家汤鹏以今文经学为指导，将治学与时局相结合，同时主张则古尚变、学习西方，体现了积极面世的态度和经世致用的湖湘学风，引导了研究西学的时代文化新趋向。

私情与公意：晚清军费协济运作的实态——以曾国藩、胡林翼私函为中心的考察

刘增合 著

《学术研究》2012 年第 9 期

清代协饷制度在咸同时期主要是指军费协济和筹措。研究统兵大员督抚司道筹济军饷的实际运作，当事者的私人函札不可或缺，它可在相当程度上突破既有奏折类文献的局限。曾国藩、胡林翼大量的私函文献，揭示出户部与各战区省份疆臣之间的关系并非如协饷规制显示的那样和谐有序、中规中矩，而是互为戒备与彼此利用并存，关系非常复杂。军费筹济并未遵循协饷规制的一个突出例证是曾国藩对粤厘的筹策，主客关系是否融洽成为军费筹措的一个重要指标。私情与公意是否妥当平衡，既考验着咸同战时的当事人，也给今人如何认知协饷制度提供了必不可少的参照空间。

曾国藩与两淮盐政改革

倪玉平 著

《安徽史学》2012 年第 1 期

曾国藩是对晚清两淮盐政改革产生重大影响的关键性人物。在两江总督任上，他对两淮盐政开展全方位的改革：一是力图收复川盐济楚失地；二是在淮南推行保价整轮；三是在淮北实施改票轮售。曾国藩的改革，承前启后，是晚清盐政史上的重要环节，也成为梳理两淮盐政改革脉络的基石。

梅山文化与湖湘文化对曾国藩及湘军的影响

范大平、朱坤初、李传熹、曾国庆 著

《湖南人文科技学院学报》2012 年第 6 期

青少年时期的曾国藩深受梅山文化与湖湘文化的影响，曾国藩的文化品性中打下了这两种相互交汇的地域文化的深刻烙印。梅山文化与湖湘文化的影响在湘军文化中得到了充分的体现，无论是挑兵选将还是治军打仗，其思想文化理念无不烙上了这两种文化影响的印记。

曾国藩论命及知命

徐　雷　著

《湖南大学学报（社会科学版）》2013 年第 4 期

曾国藩是晚清理学的领军人物。出于治学和修身的考虑，曾国藩治理学对前人天命之说尤为重视。其论命及知命，既有对“命”的认识，又含对“知”的理解，还不乏拥有“知命”的体悟；既承袭前贤之论，又不拘泥于旧说，所识多由阅历而得。

左宗棠与湖湘文化

蔡建满　著

《湖南工业职业技术学院学报》2012 年第 2 期

左宗棠一生的为人与做事都与湖湘文化对他的影响密不可分，他一生的成败得失都与湖湘文化存在着或隐或显的联系。可以说湖湘文化哺育了左宗棠，左宗棠用他一生的行动和历史功绩诠释了湖湘文化的内涵，为湖湘文化的发扬光大作出了不可磨灭的贡献。

弘扬湖湘文化——论晚清名臣左宗棠的爱国主义思想和实践

刘　韧、朱家俊　著

《当代教育理论与实践》2012 年第 9 期

左宗棠作为近代中国救亡图存的实践者，有其自成体系的爱国主义思想。左宗棠爱国主义思想主要表现在以下三个方面：第一，抵御外敌，强硬而坚定的爱国主义，收复新疆；第二，求强求富，自强自救，学习西方；第三，继承发扬湖湘文化，忧国忧民，培育新才。

左宗棠入军机的台前幕后

姜　鸣　著

《近代史研究》2013 年第 4 期

光绪七年，左宗棠平定阿古柏叛乱后从新疆奉诏回京，出任军机大臣。本文运用清人日记、书信、诗歌等第一手记录，研究左宗棠入直军机处的境遇，同僚与他的交往和观感，其最终外放两江总督的内幕运作，各种派系对左宗棠的关注和利用，以及他的性格特点，弥补了正史记载的不足，也考证了野史笔记的真伪，从而展示了左宗棠生动而丰满的性格和形象，揭示了晚清官场错综复杂的人际关系。

漫议左宗棠的传奇人生路与湖湘文化

熊次江　著

《湖北经济学院学报（人文社会科学版）》2012 年第 12 期

本文从左宗棠传奇跌宕的一生立文，试论述左宗棠如何在湖湘文化“心忧天下”、“敢为人先”的精神指引下，在为传统知识分子所看重的

"立功"、"立德"层面实现人生价值的全过程。

胡林翼贵州苗区施政思想与行为研究

游建西　著

《贵州社会科学》2012 年第 3 期

胡林翼有志于做清官，在贵州为官八年，清廉一身，政声官声均好。他施政切入实际，深入了解地方基础经济情况和民族地区民情，他所写《论贵州境插花情形启》一文，可以看作是了解当时贵州基本土地情况，分析非常清晰的文章。他以一位清廷汉族官员的身份揭示苗族的苦难，揭示苗族在战败后所受官方、地方盗贼和客籍汉民的欺辱、盘剥，看了让人震惊，他为苗族说话，公平施政。与此同时，他制定了一些有利民族和谐、振兴地方民族经济的政策。政策针对性强，有民族地方特色，在他离开贵州三十多年后，当地政府还在引用他的施政思想。

危局下的利益调整——论胡林翼整顿湖北漕政

洪　均　著

《江海学刊》2012 年第 6 期

漕政与国家稳定休戚相关，历代统治者皆极为重视。进入晚清，在官、吏、绅组成的既得利益集团的把持下，漕政百弊丛生，不但漕粮征不及额，更严重的是，在漕粮浮收的重压下，底层百姓不堪忍受，屡屡酿成激烈的抗漕事件，严重威胁到清王朝的统治基础。太平天国起义后，财政更为窘迫，社会矛盾激化，危局下，清王朝被迫整顿各地漕政。面对积弊深重的湖北漕政，巡抚胡林翼以圆融老练的政治手腕，一方面广泛征求意见，制定切实可行的漕务章程，通过清丈等方法抑制官员、胥吏、缙绅藉浮收牟利的不法行为；另一方面，则一本雍正朝耗羡归公用为养廉之要旨，采取将州县陋规合法化等举措，调整、平衡各方的利益，营造出"自上而下"的让利态势，促使湖北各州县顺利裁革漕粮浮收，达到了"取中饱之资，归之上下"的效果，使湖北成为有漕各省整漕减赋的典范，其为政之道值得后世借鉴。

胡林翼与湖北新政

高二亚　著

《现代交际》2012 年第 2 期

湘军是晚清史上研究的一个重要课题，而胡林翼作为湘军中仅次于曾国藩的二号人物，在湘军与太平天国的战争中起了不可忽视的作用。作为湘军体系中首位拥有督抚之权的人，他坐镇湖北，使湖北由"糜烂众弃之鄂"变为"富强可宗之鄂"，成为湘军攻占太平天国的大本营，由此而言，湖北的整顿是湘军得以成功的重要物质保证，而胡林翼对此功不可没。

罗泽南理气观初探

张晨怡　著

《湖南社会科学》2012 年第 1 期

晚清理学的重要代表人物罗泽南不仅对理学的基本思想作了系统的阐发，且在理气论等重要的理论问题上提出了自己的独到见解，为理学在晚清的复兴作出了重要的贡献。比如在理气先后问题上，罗泽南虽然主要继承了程朱的理本论思想，但同时又借鉴吸收了张载、王夫之等人的气本论思想，并将二者结合起来，形成了兼采二者之长的理气观。在人的理气同异问题上，罗泽南持理同气异的观点，认为每个人所禀受的理是相同的，气是不同的，人与人之间的差别在于气禀的差异，这就等于为理学施行教化功能提供了更为广阔的空间。

论罗泽南诗歌的儒家文化精神

蒋正治、贯三强　著

《求索》2013 年第 7 期

晚清湘军重要将领罗泽南，以儒生领兵，对湘军的创建和发展起了十分重要的作用。他余事为诗，留下了近两百首诗歌，集中反映了他自强不息、积极进取的人生态度，孝亲忠君、恋土爱国的道德情操，忧国忧民、感时伤世的思想情怀。解析罗泽南诗歌的儒家文化精神，对于理解其文学思想，探寻其心路历程，把握其文学创作的内容、特色、成就及在文学史上的地位，了解罗泽南甚至晚晴湘军诗人集团其他士人的生活状况、思想状态，探索湘军成功的原因进而发掘近代湖南人精神和湘学精神，都有积极意义。

郭嵩焘外交性格及其实践的再思考——基于湖湘文化的视角

李开盛、宁　彧　著

《湘潭大学学报（哲学社会科学版）》2013 年第 2 期

作为中国首任驻外公使，郭嵩焘是晚清外交史上颇有争议的人物。要理解郭嵩焘的外交思想与实践，就必须了解其外交性格，而要了解其外交性格，就必须联系湖湘文化。作为晚清杰出湖湘人物中的一员，郭嵩焘重“势”讲“理”，形成了一种“霸蛮”与“灵泛”相杂合的外交性格。这种外交性格的形成，既与孕育了郭嵩焘的湖湘文化这一大背景相关，又是郭嵩焘本人独特生活经历的必然体现。秉持这一外交性格，郭嵩焘既取得了不少外交成就，也留下过一些失误或败笔。分析这种外交性格的形成及其实践，对于进一步理解郭嵩焘外交思想与实践的复杂性、深入研究晚清湖湘文化中积淀下来的外交思想、推动中国外交理论建设，都有着重要的学理价值与现实意义。

何绍基的书学创新及其文化影响

何云峰　著

《兰台世界》2012 年第 12 期

书学创新成为大多数书家追求的终极方向，这种创新是对传统的突破，归根结底是对自我的突破。何绍基熔铸百家，立异标新，开宗立派，自成一体，走出了一条书学创新之路，其书学创新对后世书学文化乃至湖湘文化产生了深远影响。

庚子前后王闿运的思想动态——《王湘绮年谱》辨误一则

戴海斌　著

《船山学刊》2012 年第 4 期

王代功所作《王湘绮年谱》谓，光绪二十六年正月梁启超在杭州有访王闿运事。其事不确。翻检梁、王两方面文献，均无能够支持二人会面一说的记录。梁于当年夏确曾短暂回国一行，目的却在联合孙中山等人乘机起事，后因自立军事败而未果。庚子事变时期，王闿运主“思不出位”，旨在宣传不问世事，苟且自乐，京城沦陷、两宫西逃后，又赞助“勤王”。其言行与梁启超相较，可谓南辕北辙，返回历史现场来看，新旧分野的趋势确实相当清晰。

王闿运京师之行、交游雅集及著述考述

程彦霞　著

《郑州大学学报（哲学社会科学版）》2013 年第 2 期

晚清名士王闿运曾先后四次至京城，其中两次在其日记中有明确记载，其他两次通过诗文集、年谱和他人日记可以考知。通过对王闿运四次京师之行、交游及宴集的考证和梳理，可以发现，每次北上的背景、缘由，在京师逗留期间的交游宴集对象及著述内容，都对王闿运的文学活动有一定作用和影响，这从一个侧面凸显“京城”对晚清士人的向心力和文化意蕴。

王先谦晚年完成外国史地著作缘由考

程天芹　著

《重庆与世界（学术版）》2012 年第 1 期

王先谦晚年身体状况极差，总是在和病魔作斗争，却完成了三部外国史地著作《日本源流考》、《外国通鉴》、《五洲地理志略》。其缘由主要有二：其一，王先谦认为，中国对于域外的研究，应有专书讨论，解释清楚模糊问题。其二，提倡学习日本，不支持盲目学习。这是一位忧国忧民的学者的人生夙愿，所以即使在他身体状况非常差的情况下，也要完成外国史地著作，这也

是王先谦由早年研究中国传统典籍到晚年撰写外国史地著作的学术转型的实践。

《五洲地理志略》的编纂及其思想

王青芝　著

《史学史研究》2012 年第 1 期

《五洲地理志略》是王先谦研究世界史地知识的代表作。就撰述形式而言，《五洲地理志略》属于“纂辑之史”，其内容和资料取舍反映了王先谦广搜博采、兼容并蓄的采撰思想，以及求新、求真的史料取舍标准。《五洲地理志略》的历史编纂综合各家之长，推动了传统史地著作编纂体裁的变化和发展。

叶德辉刻书活动探析

沈俊平　著

《中华文史论丛》2012 年第 1 期

叶德辉是清末民初的文献学家，其所致力包括藏书建设、藏书目录编制、读书题跋撰写、书史研究、藏书经验总结、前人书目考证纠正和订补等，并延伸到图书刊刻领域。叶德辉一生共刊刻超过百种图书。除刊刻内容严肃及与本人学术喜好相关的图书，还刊刻游艺、房中等流传甚少的书籍，其刻书几乎没有禁区。他不仅重视刊刻个人著述与家集，也重视刊刻海内外未经传刻或罕见之本，于保存文献、羽翼学术，居功至伟。叶德辉亦精于校勘之学，一些孤本文献赖其力得以保存。故叶德辉不愧为清末民初具有代表性的刻书家，其贡献应予肯定。

叶德辉致易培基未刊书札释读

马忠文　著

《社会科学研究》2013 年第 3 期

民初学者叶德辉与易培基的交往情况，因材料所限，学界历来关注甚少。从中国社会科学院近代史研究所图书馆藏叶氏致易培基的一批未刊书札看，二人不仅学术志趣相近，政治立场也大致相同；他们狂狷孤傲的鲜明个性和书生本色，也注定了人生悲惨结局的相似性。这批珍贵的原始文献，写于 1925 年叶德辉最后一次北京之行前后，提供了丰富的历史信息，对于研究民国初年的政局、文化、学术及叶德辉、易培基的生平史实都有特殊的价值，对于研究近代版本目录学也有一定的借鉴意义。

皮锡瑞经学研究综述

潘　斌　著

《古籍整理研究学刊》2012 年第 5 期

皮锡瑞治经历程之研究，对于深入地认识皮锡瑞经学有着重要意义。皮锡瑞的经学著作宏富，既有关于专经或专题的研究，也有对五经所作的通论，学界对皮氏经学著作和经学思想的研究，也主要是从专经、专题和通论几个方面展开的。关于皮锡瑞经学与变法主张之间关系的探讨，学界也有所关注。尽管皮锡瑞经学的研究取得了一定的成绩，然相关研究还很不充分。

一部不为人知的《左传》杜解补正力作——皮锡瑞《左传浅说》学术成就评析

吴仰湘　著

《中国哲学史》2012 年第 1 期

对杜预《春秋左氏经传集解》的批评与纠正，实与清代《春秋》左氏学史相始终，但学术界历来重视清代前期和中期的杜解补正著作，对晚清学人纠补杜解的成绩较少措意。晚清经学名家皮锡瑞的《左传浅说》，就是一部至今不为人知的杜解补正力作。本文从增加对杜解错误的纠正、改正清儒纠杜的失误、重视对孔疏错误的纠正、新解新说独具创见四个方面列举例证，具体分析《左传浅说》纠补杜解的学术成就。皮锡瑞在继承和批评前人杜解补正成果的基础上，对《春秋左传正义》的错误与缺失作了一次认真清理，使杜解补正更趋完善，今天研究清代《春秋》学史和从事《左传》校注，理应重视《左传浅说》。

皮锡瑞经学的特色

潘　斌　著

《吉林大学社会科学学报》2012 年第 2 期

皮锡瑞治经的汉学风格主要体现在他对汉人的经注经说做了大量的辑佚工作、采用疏证体以解经、重视文字训诂和名物制度的考证以及治经态度矜慎等方面。对于今古文经学、汉学宋学，皮氏皆持包容的态度。在孔教衰微的晚清时期，皮氏强调需要破除今古汉宋的门户之见而求学之会通。皮氏治经重家法，体现在他的郑学研究中，还体现在他对《尚书》、《礼记·王制》等所作的笺注上。皮氏治经讲求微言大义，体现在他为《春秋》、《尚书》、《诗经》等经典所作的解义上。皮氏治经重经世致用，他以是否经世致用作为评判治经优劣的标准。

皮锡瑞《王制》研究评析

吴仰湘　著

《湖南大学学报（社会科学版）》2013 年第 1 期

清儒尤其晚清今文学家重视《王制》研究，皮锡瑞承前人之绪，对《王制》的文字训诂与名物典制、《王制》郑注的是非得失、《王制》的成书时代及其性质、《王制》与《周礼》的异同优劣等问题作了反复探讨，最后撰成

《王制笺》一书，将清代的《王制》研究推进到一个新的高度。通过检视皮锡瑞的《王制》研究及其对待郑注的态度，可以相当清晰地看出他从专守古文到兼宗今古最后独尊今文的治经历程，这也是清代经学演进的一个缩影。

廖平和王闿运学术异同考

吴龙灿　著

《宜宾学院学报》2012 年第 11 期

近代湘学重要人物王闿运于 1878 年底入蜀，主持掌教成都尊经书院，前后长达 9 年，对近代蜀学各方面都产生了重要影响，尤其是对近代蜀学开创者廖平，在治学风格的熏陶和经学思想的导向上，都起到了关键的作用，王闿运入蜀因此可以被视为蜀学史上的一个重大事件和转折点。王闿运入蜀，不仅是王、廖师生之间的学术互动，也是近代湘学和蜀学的一次重要交流。

张舜徽日记中的石门大儒阎镇珩

傅宏星　著

《船山学刊》2012 年第 1 期

张舜徽（1911—1992），湖南沅江人，当代著名历史学家和文献学家。张舜徽对晚清石门学者阎镇珩的推崇与表彰，颇具有湘学传承的特殊意义。该文通过对《壮议轩日记》的文本解读，力图梳理这一层学术师承关系，从而彰显张舜徽先生早年苦心孤诣，以编辑《北岳全书》为己任的湖湘情怀。阎镇珩（1846—1910），字季蓉，号北岳山人，湖南石门县人。阎镇珩一生勤于治学，笔耕不辍，留下的著述不少。其史类论著计有《石门县志》六卷、《六典通考》二百卷、《读明史论》十卷，诗文集计有《北岳山房骈文》二卷、《北岳山房文集》十四卷、《北岳山房诗集》四卷、《越游日编》四卷、《北岳遗书》二十五卷、《惜唾编》二卷，以及《渔浦课艺》、《天门书院课艺》、《杭游日记》等十多卷。此外，阎氏于教学著述之暇，还在沅澧流域近代文献的整理与保存方面，做了一些力所能及的工作。

湘学的传统形态与近代转型——以谭嗣同及其浏阳之学为视角

朱汉民　著

《天津社会科学》2013 年第 4 期

谭嗣同是一位深受湘学传统影响的著名学者，其“学”、“政”、“教”结合的学术旨趣，正源于湘学学统。从区域学术史的角度看，谭嗣同个人的学术历程其实也是湘学史的演进历程，其新学学术形态的转化体现了湘学从传统向近代化转型的内在要求和学术理路。

黄兴对中国传统文化的批判与继承

萧致治　著

《武汉大学学报（人文科学版）》2012 年第 6 期

辛亥革命元勋黄兴，受过近 20 年的中国传统文化教育，对传统文化有深入的理解，并且在继承的基础上有批判创新。辛亥革命前后，他对传统文化的陈旧落后部分有不少批评。辛亥革命后，他第一个提出要弘扬中国优秀传统文化，并对忠、孝等传统道德作了新的阐释。他是弘扬和履行优秀传统文化的楷模。

宋教仁评价论略

刘泱泱　著

《船山学刊》2012 年第 2 期

宋教仁是辛亥革命时期杰出的爱国者、民主革命家、宣传家和政治活动家，历史贡献卓著。但是在他逝世后却长期遭到贬斥，被指责为“二民主义者”、“闹分裂”、“议会迷”甚至革命的“罪人”，历史被完全颠倒。本文对此作了辨析，提出应该全面地、历史地、实事求是地评价宋教仁，恢复其应有的历史地位。

蔡锷的军国民主义及其深远影响

彭大成、周树辉　著

《邵阳学院学报（社会科学版）》2012 年第 4 期

蔡锷感愤于近代中国对外战争的屡战屡败，认为之所以如此，就是因为中国国民缺乏日本、欧美等国的军国民精神，并从教育、思想学派、文学艺术、社会风俗、体育锻炼、武器等八个方面分析了中国弱不堪战的原因；并大声疾呼要在中国实行全民皆兵的军国民主义，其核心就是陶铸“国魂”，以新的“国魂”振奋全民族的军国民精神。蔡锷以军国民主义为基础，在近代革命战争实践中所形成的一整套近现代革命军事思想与国防建设思想，对中国近现代革命战争与一大批杰出将帅的培育产生了深远影响。

蒋翊武与辛亥武昌起义

饶怀民、黄俊军　著

《武陵学刊》2012 年第 2 期

辛亥革命推翻了中国两千多年的封建专制统治，大大加快了中国近代化进程，是中国历史发展的一个重要里程碑，具有重大而深远的影响。辛亥革命以 1911 年 10 月 10 日武昌起义为标志，开国元勋蒋翊武在武昌起义中起到了至关重要的作用。蒋翊武为推动长江流域革命，长期经营两湖地区，在确定起义地点、运动新军、组织建设，以及促进文学社与共进会的联合等方面，作出了巨大贡献。

从《湖南少年歌》看杨度的湘学观

张晶萍、杨 微 著

《文史博览（理论版）》2012 年第 12 期

《湖南少年歌》是杨度早年所作的一首流传甚广、影响深远的长诗，被视为近代湖湘文化精神的注脚。杨度从湖南新少年的视角出发，梳理了湖南历史文化，构建出他心目中的湘学知识谱系，从而为湖南在全国政治生活中应有的角色找到了学理依据；并依据现实政治的需要，改塑湘学形象。杨度的湘学观是近代乡邦意识与民族主义结合、政治关怀与学术自觉交融的产物。

实现湖湘文化近代转型的革命吹鼓手杨毓麟

彭大成 著

《湖南师范大学学报（社会科学版）》2012 年第 2 期

杨毓麟在 1902 年发表的《新湖南》一文中，精辟总结了湖湘文化的发展源流、近代转型及其思想精髓，在 20 世纪初最先吹响了反帝反封建的革命号角，提出了一整套建立民主共和新制度与暴力革命的学说，为辛亥革命的爆发提供了威力巨大的思想武器，不愧是实现湖湘文化近代转型的革命吹鼓手。

严怪愚与湖南《力报》

向常水 著

《湖南大学学报（社会科学版）》2012 年第 3 期

严怪愚是中国现代著名报人，《力报》是湖南办的有全国性影响的报纸，它先后经历长沙、邵阳、沅陵三个发展时期。严怪愚形塑了《力报》，《力报》成就了严怪愚。严怪愚办报重视副刊，强调报纸的社会责任，主张记者深入基层。他发表在《力报》上的作品重点关注儿童、青年、底层民众疾苦，宣传团结抗战。严怪愚和《力报》团队深受湖湘文化影响，又诠释、传承和发展了湖湘文化。

中西之间：杨昌济的伦理世界及其对西方的认知——以《各种伦理主义之略述及概评》为例

黄亦君 著

《贵州文史丛刊》2012 年第 2 期

杨昌济的伦理学思想的形成深受中国传统文化特别是湖湘文化的影响，也受西方近代资产阶级自由平等伦理思想的影响。由于受中国传统文化濡染较深，杨昌济从立志、修身、齐家、为学四个方面对中国传统伦理思想进行了阐释。杨昌济以中学为体，在《各种伦理主义之略述及概评》一文中对西方伦理学思想进行批判。总体而言，他的伦理思想是建立在民族主义基础之上，中西结合、志趣高雅、客观务实、立足现实，具有承上启下的作用。

蒋廷黻与夭折的“中国自由党”(1947—1951)

陈红民　著

《江苏师范大学学报（哲学社会科学版）》2013 年第 1 期

1947 年之后，国民党在大陆统治日渐式微，直至彻底失败。在此过程中，已加入国民党政权的蒋廷黻对既有体制产生了疏离倾向。他从 1947 年起，开始联络胡适等自由主义知识分子，试图建立“中国自由党”来取代国民党，实现其政治抱负。1949 年下半年，蒋廷黻等人的组党活动进入高潮，他们完成了党纲的草稿，并在美国宣布新党即将成立。1950 年初，“中国自由党”的组织纲领出现在台湾的《自由中国》上。然而，随着蒋介石在台湾统治的渐趋稳定，蒋廷黻的组党活动中止，“中国自由党”最终胎死腹中，蒋廷黻则继续留在了国民党的体制之中。

论金岳霖对罗素哲学的批判——以《罗素哲学》一书为核心

胡　军　著

《哲学门》2012 年第 1 期

金岳霖作为分析哲学在中国的著名代表人物，却在 1950 年之后首先起来批判分析哲学。本文认为，金岳霖的批判基本出于理论上的自觉。这种转变来源于他对于马克思主义哲学中辩证唯物理论的接受。本文将首先分析金岳霖对自己以及对罗素的逻辑分析方法的批判，指明金岳霖批评的基本内涵，即逻辑法则与推论并非纯粹形式性的，而是以具体的时空、阶级为前提。其次，重点讨论金岳霖对罗素认识理论的批判，并在此基础上指出，金岳霖的批判立足于形而上学，而罗素的理论则属于认识论范围，两者的论域并不相同，因此金岳霖的批判并不成立。再次，金岳霖认为实践是认识的源泉，并以此批评罗素的感觉论，但我们的分析将证明，两者并不属于同一范畴。最后，我们将得出结论：由于政治或意识形态的干扰，金岳霖已经脱离了严肃的学术研究立场，他的思想转变在理论上存在着较大问题。

论周扬复出后对鲁迅的重新阐释

朱君青、汪卫东　著

《鲁迅研究月刊》2013 年第 1 期

作为“官方鲁迅传统”的权威阐释者，“文革”后周扬从个人角度谈及鲁迅，在促进了鲁迅领域“清污”的同时，也将个人化的鲁迅话语权交还给了知识分子。他于鲁迅的“革命精神”之外，树立起崭新的“科学精神”，进而推及鲁迅的

"立人"思想。周扬对于"鲁迅传统"中"人"的要素的关注与推崇，导致"官方鲁迅传统"由内及外产生松动，使"人文鲁迅传统"启蒙方向上的构建成为可能。

周扬与中国当代文艺界——答华南师范大学文学院吴敏教授提问

张　炯　著

《河北学刊》2013 年第 1 期

文章认为周扬是 20 世纪中国文艺界非常有影响的人物，一个是理论的影响，一个是权力的影响。他掌握权力，对中国文艺的发展影响很大。他把文艺为政治服务理解得比较宽泛，反对那种过于狭隘的理解，并不是要求文艺对政治的直接服务。对他的整体历史评价，要联系 20 世纪中国的巨大历史变革。对周扬评价要一分为二：他比前人多作了什么贡献，哪些是成绩，哪些是错误或者说是问题，要一分为二地看待，到底他的成绩大还是错误大。应该对周扬的错误与成绩三七开。

沈从文小说叙事视角的转换与艺术的成熟

吴正锋　著

《湖南社会科学》2013 年第 2 期

论文突破了通常的将沈从文小说按题材分为都市与乡村两部分，而别有新意地从叙事视角上，按沈从文小说中"自己的成分"的多少划分为影子作者叙事与非影子作者叙事。论文比较全面地考察了沈从文从第一人称叙事到非第一人称叙事、从影子作者叙事到非影子作者叙事、从"故事"的第一人称讲述到构建叙述框架进行讲述、从"自我"的突出到"自我"的退隐等叙事视角的转换，认为正是这种转换有力地推动了沈从文小说艺术的成熟。论文还探讨了沈从文叙事视角的这一转换与艺术规律的关系。

论湖湘文化在《边城》、《芙蓉镇》中的不同书写

李阳春　著

《齐齐哈尔大学学报（哲学社会科学版）》2013 年第 3 期

沈从文的《边城》与古华的《芙蓉镇》是现当代湖南文学的两个典型范本，两部作品在描写风俗民情、刻画人物以及构建故事方面都不自觉地书写湖湘文化，打上了湖湘文化的深深烙印。《边城》抒发人性的美好，重在构建理想的人性神庙；《芙蓉镇》侧重在湖湘风景、风俗中展现时代的政治风云以及人物命运的变幻莫测，唱响了一曲严峻的乡村牧歌。两种风格的不同书写是湖湘文化在湖南作家中传承与开创的结果。

读书，收藏，“日知录”和学人影响——论沈从文先生的学术养成

李青果　著

《中山大学学报（社会科学版）》2012 年第 2 期

沈从文先生的学者之路经历了曲折多姿的过程。他虽没有接受过正规的体制化学术训练，却通过自我摸索探寻到研治国学的正途：受近代以来古史研究学术新风影响，他自少年起就领悟了地下出土实物与纸上传世文献对勘的读书法，并在长期阅读古籍的过程中，从经史子集扩大到工艺杂著，逐步完成文物研究的知识积累；通过文物的收藏和捐献，他进入了“好古—集古—考古”的传统学术轨辙，也参与到“从个人研究到集团合作”的现代学术序列；他因一贯钟情于“社会百工技艺”，受此“无言之美，产生无言之教”，最终圈定以物质文化史研究为中心的治学范围；又由于追踪王国维、胡适等国学大师的考证方法，他精于“文史研究与实物相结合”，不囿于“以书证书”，而是拓殖于“以物证史”的学术新领域，具有学术创造的意义。沈从文先生从文人到学者的转身，使其接榫于中国“学者而兼文人”的大传统，并成为这个传统在现代中国的一道亮丽风景。

沈从文“文体作家”称谓的内涵流变

张德明　著

《民族文学研究》2012 年第 1 期

“文体作家”是中国现代文学史著述中用来概述沈从文小说的艺术特征的关键词，而这个称谓从 1930 年初诞生以来至今，其内涵有着从贬到褒的变迁过程。通过追溯“文体作家”内涵变迁的曲折过程，既可以清楚地发现沈从文文学史地位不断变化的历史事实，也可以深入洞察到近 70 年来中国现代文学观念的演进轨迹。

“联接历史　沟通人我”而长久活在历史中——门外谈沈从文的杂文物研究

张新颖　著

《中国现代文学研究丛刊》2012 年第 6 期

沈从文后半生的文物研究，和他的文学创作其实相通。从早年对文物的兴趣和爱好，发展到后来以此为业，其间隐埋着一条漫长但却清晰的生命线索；对杂文物的“有情”与对普通人的“有情”，贯通了研究和创作两个领域，而且汇合于沈从文对于历史的朴素理解；由此也产生了沈从文自己的物质文化史观念以及相应的研究方法。从沈从文的杂文物研究，也可以得到启发，来更好地来理解他的文学和他这个人。

沈从文笔下的“意象化”少女

闫晓昀　著

《东岳论丛》2012 年第 4 期

沈从文笔下的少女形象具有“类型化”的外在特征以及“物化”的存在方式，且于相似的外在之“象”背后涵纳着共通之“意”，是一组“意象化”的人物形象，从而具备了高度象征意义和阐释能力，成为作者展现审美追求、实现文学理想、图现救治社会及重建民族品德这一根本创作目的的介质。

沈从文以拒绝“都市”的姿态走向都市

叶中强　著

《学术月刊》2012 年第 7 期

沈从文历来被视作一个“乡土中国”的指符，然一个悖论式现象是，沈“进城”与“返乡”的姿态同样坚定：他在心理上留恋乡土，却义无反顾地离开；他在现实中急欲进入的都市，却成为小说中蔑弃的对照物。究其作品内蕴，则又见：在疏离政治、逸越道德、面向俗世、重视人欲，甚至标新立异方面，上海乃至“后上海”时期的沈从文，与所谓“海派”具有一种精神内质上的共通处。而在不同都市社会生态的转换中，沈从文自身完成了从一个远眺知识中心的“乡下人”到都市知识分子的身份、地位迁移，其身后，则铺衍了一条京海合流的生命轨迹。

大风雨中的漂泊者——从 1942 年的“三八节有感”说起

冷　嘉　著

《文学评论》2012 年第 2 期

丁玲的《“三八”节有感》是解放区文学史上极富争议的文本。它发表于 1942 年，当时延安的性别及个人叙事几乎毫无例外地统摄于抗日救国的宏大目标。但丁玲的“有感”却偏离上述思路，在一片“抗战建国”的大话声中，她关注女性日常经验，并暗示革命和民族国家的价值目标未能在女性日常生活领域得到验证。丁玲的言论给她招来阵营内部的激烈批评，又被不少研究者推为以女性主义视角反威权体制的典型文本。可除此之外，在这篇短小的杂文中还包含着丰厚的历史信息。结合丁玲的早期创作和中国现代历史中的若干重要主题，本文试图以此探究现代中国关于女性问题的话语冲突，以及女性主义在 20 世纪中国波澜壮阔的历史运动中的定位和出路。

丁玲与湖湘文化

郑艳君　著

《文史博览（理论版）》2012 年第 6 期

丁玲一生的创作或隐或现、或强或

弱地体现了实事求是的特点。在早期作品中，表现的是丁玲本真的一面，展示了女性内心的灵魂与欲望；延安时期，丁玲反映与主流观念不容的“真实”的现象；在晚年，我们看到的是她重返文坛之后真诚的回忆。“本真”—“真实”—“真诚”的变化可以看出丁玲对反映“真”的渐退，但仍然不难寻找她在文学作品中表达真实的轨迹。

周立波在两个口号论争中的贡献

王保生 著

《湖南城市学院学报》2012年第4期

20世纪30年代发生的“国防文学”与“民族革命战争的大众文学”两个口号论争，是革命和进步文学阵营在民族危机时期的文艺论争。“文化大革命”中江青一伙把“国防文学”诬指为“投降主义路线”，口号之争变成了政治迫害。周扬和周立波，这两个出生于湖南益阳的现代作家，一个首先提出“国防文学”的口号，一个最早响应，并发表多篇文章全面阐述这个口号，周立波在理论上和创作实践上廓清了一些左翼文学中长期存在的偏颇，为“国防文学”口号的推广、为文学在民族和国家危机之际发挥更大作用，起到了很大的作用。

周立波的文化性格与“湖南精神”

胡光凡 著

《湖南城市学院学报》2012年第4期

文化性格是一个人的文化心理、精神气质和学识涵养的整体呈现，是其行为与思维方式、道德与审美方式的基调，也体现其人品和文品的主要特征。周立波的文化性格可以概括为忠诚、单纯、质朴而又倔强、务真求实、敢为人先。这在中国20世纪的左翼知识分子和文学家中，是颇具代表性的；在湖南的现代文化精英中，立波也是有典型性的。

田汉旧体诗词创作流变论——兼论他与南社的诗缘

李遇春 著

《文学评论》2012年第2期

本文主要探讨田汉的旧体诗词创作从“现代”向“当代”转型过程中的诗学流变问题。在20世纪三四十年代的战乱时期，田汉的旧体诗词创作直接承续了近现代南社的诗歌传统，且受到宋元和明清易代之际遗民诗的熏染，饱含了强烈的遗民意识，属于广义的“遗民之诗”，有别于强调遗民的时间性和现实身份的狭义的“遗民之诗”。新中国成立后的五六十年代，田汉的旧体诗词创作发生了新变化，一方面他转向了当时流行的以“仕人之诗”为核心的“新台阁体”诗词的写作，另一方面他在晚年也写了不少保持中国传统士人气节的“士人之诗”。田汉旧体诗词创作中的诗学转型，在中国现当代旧体诗词流变史上具有高度的典型性。

齐白石艺术的文化内涵与文化价值

罗豪畅　著

《大众文艺》2013 年第 11 期

艺术和文化紧密相关，艺术是文化的重要内涵与组成部分，而文化是艺术的渊源与内容。齐白石是中国现代著名的艺术大师和世界文化名人，其作品中有着丰富而深邃的文化内涵，本文致力于探讨艺术与文化之间的内在关系，分析齐白石艺术的文化内涵，挖掘其文化价值，展现艺术大师在文化方面所作出的卓越贡献。

中西方戏剧碰撞与交流的美学通融——论欧阳予倩整理、编创桂剧的艺术特征

朱江勇　著

《山西师大学报（社会科学版）》2012 年第 2 期

欧阳予倩整理、编创的桂剧翻开了桂剧史上崭新的一页。增加人物对白、打破传统戏曲话语模式，塑造人物、注重人物的性格意志，活泼简洁的戏剧结构方式是欧阳予倩整理、编创桂剧的艺术特征；从中我们可以看到欧阳予倩的桂剧改革不仅是中国地方戏曲某个剧种的改革，而且是以桂剧为代表的中国戏曲和以西方戏剧为代表的话剧之间吸收与借鉴的典范，体现了中西方戏剧碰撞与交流下的美学通融。

刘少奇与中国传统文化思想研究述评

贺全胜　著

《湖南第一师范学院学报》2012 年第 2 期

近二十年来，学界关于刘少奇与中国传统文化思想的研究主要表现在四个方面：刘少奇与中国传统文化的思想渊源和历史地位；刘少奇对中国传统文化的基本态度；刘少奇关于共产党员道德修养理论与中国传统文化的关系；刘少奇与湖湘文化的关系。但学界对刘少奇与中国传统文化的渊源关系、刘少奇与中国传统文化思想研究的基本内容和表现特征及刘少奇传承中国传统文化的当代意义等方面的研究尚不够深入。

刘少奇关于反腐倡廉问题的思考及其现实意义

李斌雄、吴国斌　著

《广州大学学报（社会科学版）》2012 年第 12 期

反对腐败、建设廉洁政治，是中国共产党一贯坚持的鲜明政治立场，是人民关注的重大政治问题。刘少

奇作为党的第一代领导集体的重要成员，在不同的历史阶段对反腐倡廉问题进行了深入思考，形成了科学且比较系统的反腐廉政思想。刘少奇对什么是腐化、腐化的表现形式、腐化产生的根源、对待腐化和反腐的态度、反腐倡廉的目标和手段、反腐廉政绩效的检验标准等问题进行了一系列深入思考，提出了比较系统的观点。深入研究刘少奇反腐廉政思想，对于新形势下推进党的先进性和纯洁性建设、社会主义廉洁政治建设均具有重要的理论和实践价值。

毛泽东与中华民族伟大复兴

石仲泉　著

《中国特色社会主义研究》2013 年第 6 期

毛泽东的丰功伟绩为中华民族伟大复兴奠定了历史基础。他作为中国共产党的主要缔造者对中国共产党建设成为马克思主义先进政党起了决定性作用；作为人民军队的主要缔造者对人民军队成为保卫国家安全的坚强柱石起了决定性作用；作为社会主义中国的主要缔造者，对建立社会主义基本制度起了决定性作用；作为毛泽东思想的主要创立者为中国特色社会主义理论体系的创立奠定了理论基础。对他的晚年错误应客观地、理性地看待，全面地、历史地评价他的功过，科学地认识他的晚年错误对民族复兴的影响。当代中国共产党人应肩负起毛泽东等老一辈革命家的重托，持续接力实现民族复兴的“中国梦”。

论毛泽东的中华民族复兴思想

郑大华　著

《当代中国史研究》2013 年第 5 期

中华民族曾创造过灿烂的古代文明，但在近代走向了沉沦，在中国共产党的领导下，中华民族一定能够再次走向复兴，把中国建设成为一个社会主义现代化强国，中华民族的优秀品质、中国的地大物博和社会主义制度的优越性是实现中华民族伟大复兴的三个有利条件。中华民族的伟大复兴要经历两个阶段：第一个阶级是新民主主义革命，其任务是推翻帝国主义和封建主义的统治，实现民族解放和国家独立；第二个阶段是社会主义革命和建设，其任务是把中国建设成为一个社会主义现代化强国，实现民族振兴和国家富强。要实现中华民族的伟大复兴，一要加强党的领导和建设，这是实现民族复兴的根本保证；二要相信和依靠人民群众，这是实现民族复兴的重要前提；三要自力更生、艰苦奋斗，这是实现民族复兴的立足点。毛泽东的这些思想和主张，对于我们实现中华民族伟大复兴的中国梦有极其重要的启迪和指导意义。

改革开放以来我们党对毛泽东同志的几个重要评价

陈　晋　著

《人民日报》2013 年 12 月 26 日

关于毛泽东同志领导党和人民建立的历史功绩，以及他特殊的历史地位和深远的历史影响，改革开放以来我们党逐步形成了一些固定的重要评价。体会这些评价，有助于我们深入认识毛泽东同志作为历史伟人的具体特点和丰功伟绩："如果没有毛泽东同志的领导，中国人民至少还要在黑暗中摸索很多年才能取得胜利"；"毛泽东同志是伟大的马克思主义者，是伟大的无产阶级革命家、战略家和理论家"；"中国共产党、中国人民解放军、中华人民共和国的主要缔造者"；"近代以来中国伟大的爱国者和民族英雄"；为中国特色社会主义"奠定了根本政治前提和制度基础"，"提供了宝贵经验、理论准备、物质基础"。

在新高度上研究和宣传毛泽东

陈扬勇　著

《光明日报》2013 年 12 月 26 日

我们党对社会主义的认识，对中国特色社会主义规律的把握，达到了前所未有的新高度；中华民族伟大复兴的中国梦，已经站到一个新的历史起点。站在这样一个新起点、新高度，应当从几个方面研究毛泽东：（1）毛泽东同志是我们党最早提出实现民族复兴战略构想的领导人，因此要深刻理解和全面把握中华民族伟大复兴中国梦的丰富内涵和精神实质。（2）毛泽东同志是中国社会主义制度的奠基者，因此要深刻揭示中国特色社会主义的深厚历史渊源和实践基础。（3）毛泽东同志是毛泽东思想的主要创立者，因此要深刻揭示毛泽东思想与中国特色社会主义理论体系既一脉相承又与时俱进的辩证统一的关系。（4）毛泽东同志是中国社会主义建设道路的开辟者和探索者，因此要引导人们正确认识和把握改革开放前后两个历史时期辩证统一的关系。（5）毛泽东同志是领导中国人民彻底改变自己命运和国家面貌的一代伟人，是近代以来中国伟大的爱国者和民族英雄，因此要引导人们正确认识和把握党的历史发展的主题和主线、本质和主流；一定要坚持实事求是地研究宣传党的历史，牢牢把握党的历史发展的主题和主线、本质和主流。

正确认识中国特色社会主义理论体系与毛泽东社会主义建设思想的接续关系

刘建武　著

《思想理论教育导刊》2013 年第 9 期

中国特色社会主义理论体系是在毛

泽东带领人民建立社会主义基本制度，领导大规模社会主义经济建设取得巨大成就和重要经验，坚持毛泽东探索社会主义建设规律的立场、观点、方法和科学总结毛泽东探索失误所积累的深刻经验中孕育和发展起来的。毛泽东在我国社会主义建设道路探索中形成的宝贵经验、思想成果与中国特色社会主义理论体系之间存在着不可分割的内在的天然联系。任何企图把毛泽东、毛泽东思想同中国特色社会主义理论和实践割裂开来的观点和尝试都是与历史的真实相悖的，都是行不通的。

毛泽东在开创中国特色社会主义道路中的历史性贡献

李　捷　著

《前线》2013 年第 12 期

毛泽东为新中国的发展进步，为最终找到中国特色社会主义道路，作出了不可磨灭的历史贡献。邓小平说过，如果没有毛泽东，中国人民还将在黑暗中摸索更长时间。毛泽东对建设中国特色社会主义的探索，有成功的也有不成功的。成功的方面，为开创中国特色社会主义道路提供了宝贵经验、理论准备和物质基础；不成功的方面，从反面为开创中国特色社会主义道路提供了重要的借鉴。我们可以从以下五个方面感受他对中国特色社会主义道路的成功探索：（1）探索出具有中国特点的社会主义改造道路；（2）开启了“以苏为鉴”的思想解放运动；（3）开启了对中国社会主义建设道路的独立探索；（4）在认真纠正和反思“大跃进”错误中继续探索；（5）逐步形成中国社会主义现代化建设的完整设想。

毛泽东与中国特色社会主义理论体系的开创

刘建武　著

《光明日报》2013 年 12 月 3 日

毛泽东对中国特色社会主义建设的伟大实践进行了开创性的探索，为新时期中国特色社会主义理论体系的孕育和形成打下了坚实基础。中国特色社会主义理论体系的不断丰富，是对毛泽东探索的创造性继承和发展。中国特色社会主义理论体系是在毛泽东领导下建立的社会主义基本制度的基础上孕育和发展起来的。以毛泽东为核心的党的第一代中央领导集体带领全国人民建立的社会主义基本政治制度、基本经济制度和与之相适应的意识形态，构成了我国社会主义社会的基本制度体系。

毛泽东对社会主义社会促进生产力发展问题的探索及其贡献

朱佳木　著

《中国社会科学报》2013 年 12 月25 日

纵观毛泽东的一生,他对社会主义必

须建立在工业化、现代化基础之上的观点从没有动摇过，他的失误主要发生在用什么方法促进生产力发展这个问题上。然而，只要实事求是地分析就会看到，即使在这个问题上，他也提出了很多正确主张，对科学社会主义作出了许多重要贡献。我们要更深刻理解以他为核心的党的第一代中央领导集体是如何带领全党全国人民进行社会主义探索并取得独创性理论成果的、以邓小平为核心的党的第二代中央领导集体又是如何继承和发展毛泽东思想的、改革开放前后两个历史时期为什么本质上都是对社会主义的探索实践，就要把他在这个问题上的正确思想从失误中区分和剥离出来。毛泽东在对社会主义社会促进生产力发展方法的探索中，提出和回答了马克思主义经典作家没有条件或虽有条件但未能很好解决的一些重大理论问题，为邓小平理论把对社会主义的认识提高到一个新的科学水平提供了一定的理论准备和经验积累。

毛泽东与新中国独立完整工业体系的初步建成

董志凯　著

《中国社会科学报》2013 年 12 月 25 日

毛泽东作为伟大的政治战略家，领导中国共产党以高超的政治军事韬略实现和维护了中国的独立与统一，使中国自立于世界之林，从而为中国经济发展、工业化建设赢得了机遇。受历史局限，毛泽东没有持续地探索经济规律，“大跃进”与“文革”两个时期的错误延误了工业化的进程。其中的经验教训，尤其是科学决策与民主建设方面的教训值得我们深刻反思。这些伟大的成就和巨大的代价，都应该客观、准确地载入共和国的历史长卷。

毛泽东与新中国水利建设

黄　宏　著

《中国社会科学报》2013 年 12 月 25 日

古往今来，治水传统与华夏文明相生相伴，无数仁人志士都作出了自己的贡献。熟谙中国历史和善于以史为鉴的毛泽东，深知治水在国家建设中的意义，他高度重视水利工作，取得一系列举世瞩目的重要成就。毛泽东把水利建设当作全体人民的大事，强调要依靠群众、动员群众。除淮河、黄河、长江外，对海河、辽河、松花江、珠江等也展开了全面整治，尤其是遍布全国各地的水利建设如火如荼。新中国成立前，我国只有大中型水库 23 座。1949 年至 1976 年，全国建成大、中、小水库 85000 多座，建成万亩以上的灌区 5000 多处，灌溉面积 8 亿亩。拉开历史的时空，人民将会重新发现毛泽东对中华民族、中华文明所作的伟大贡献。

农业合作化时期毛泽东的农治思想

徐俊忠 著

《中国社会科学报》2013 年 12 月 25 日

新中国的农治活动和农治模式，是毛泽东领导社会主义建设的一项伟大实践。该模式以集体化为基本依托，通过劳动积累的方式，改变落后的农业生产状况，引导精耕细作和多种经营，进而推动“在地工业化”和“在地城市化”，实现农民生产方式和生活方式的发展。在合作化运动已经过去半个多世纪的今天，重新领略毛泽东这一时期围绕合作化而体现出来的农治思想，不仅对我们更加理性地总结历史经验教训有着积极意义，也有益于拓展新时期农治战略和政策的思想资源与思考空间。

正确理解毛泽东关于“党不变质”思想——纪念毛泽东同志诞辰 120 周年

李慎明 著

《中国社会科学报》2013 年 12 月25 日

目前国际垄断资本基于其搞垮苏共和苏联的“经验”，在竭力贩卖“历史虚无主义”之时，把主要矛头集中放在攻击毛泽东和毛泽东思想上，这是国内外敌对势力企图在近期甚至近几年围剿、演变、颠覆社会主义中国的战略部署十分重要的组成，是其“软实力”、“巧实力”十分重要的组成。尽管这仅是极少数人的行为，但他们能量很大，加上有庞大的资本支持和控制的种种媒体，特别是互联网的扩散与扩张作用，对此我们必须高度重视并予以认真恰当应对。

坚持和弘扬毛泽东艰苦奋斗、勤俭建国的思想

刘建武 著

《光明日报》2013 年 12 月 3 日

毛泽东在领导中国革命和建设的实践中，十分重视提倡勤俭节约和反对铺张浪费的问题，提出了艰苦奋斗、勤俭建国的重要战略思想。在新的历史条件下，坚持和弘扬毛泽东的这一重要思想，对于保持和发展党的先进性、实现我国经济社会可持续发展和抵制奢侈浪费之风等具有十分重要的意义：坚持和弘扬毛泽东艰苦奋斗、勤俭建国思想，是改进党风政风、密切党群干群关系的迫切需要；坚持和弘扬毛泽东艰苦奋斗、勤俭建国思想，是节约能源资源、实现经济可持续发展的迫切需要；坚持和弘扬毛泽东艰苦奋斗、勤俭建国思想，是抵制社会上奢靡享乐、铺张浪费不正之风的迫切需要。

延安整风解决什么是理论和理论家的问题

罗平汉 著

《中国社会科学报》2013 年 12 月 25 日

延安整风的主要矛头是针对党内长期存在的教条主义，这是毋庸置疑的。毛泽东之所以对教条主义深恶痛绝，最根本的，是教条主义曾给中国革命造成了严重的危害，突出的表现就是第五次反“围剿”失败，红军不得不进行战略转移即长征。要解决理论与实际相脱离的问题，树立理论联系实际的学风，就必须认清教条主义者的真面目，把教条主义者从理论家的神坛上拉下来。这是毛泽东发动延安整风一个很重要的因素。

毛泽东工作方法的几个特点

金冲及 著

《人民日报》2013 年 12 月 27 日

毛泽东同志给我们留下了极其丰富的精神遗产，工作方法是其中的重要内容。工作方法是毛泽东同志在领导革命和建设中极为重视的问题。他说过：“我们不但要提出任务，而且要解决完成任务的方法问题。”按照实际情况决定工作方针，是毛泽东同志最基本的工作方法。毛泽东工作方法所具有的几个特点是：高度的战略思维能力；集中力量，解决主要矛盾；抓而不紧，等于不抓；依靠群众，走群众路线。毛泽东同志工作方法的价值并不随时间流逝而失去，我们应当在新的历史条件下充分地发掘它、使用它、发展它，推动实现中华民族伟大复兴的中国梦。

时代·实践·学理：毛泽东选择“主义”的维度

李维武 著

《中国社会科学报》2013 年 12 月 25 日

1921 年新民学会长沙会员新年大会上，毛泽东列举了世界解决社会问题的五种“主义”：社会政策、社会民主主义、激烈方法的共产主义（列宁的主义）、温和方法的共产主义（罗素的主义）、无政府主义，并分别予以评论、加以考量，得出了结论：“激烈方法的共产主义，即所谓劳农主义，用阶级专政的方法，是可以预计效果的，故最宜采用。”中国历史的进程已经证明，毛泽东对“主义”的这一选择，无论对他本人，还是对新民学会，以至对现代中国，都至关重要。毛泽东对“主义”的选择，有其时代的内涵、实践的尺度和学理的依据，是面对当时中国思想世界诸多“主义”进行思想探索、实践衡量和多方面讨论的结果，不能简单归结为激进理想主义心态所致，也不能简单归结为他的务实性格和民粹主义所致。深入理解毛泽东的这一历史性选择，对于正确评价他的历史功绩和历史影响有着重要意义。

毛泽东的战略思维

金冲及　著

《党的文献》2013 年第 6 期

战略思维，在毛泽东的思想方法和工作方法中占有十分突出的地位。早在青年时期，毛泽东的思想就有一个重要特点：力求把握事物的“大本大源”，把它放在首要地位。当面对万千事物时，要从大处着眼，首先抓住它的根本。把根本抓住了，其他枝节问题才能迎刃而解。以后，他总是强调纲举才能目张，也是这个意思。在革命战争年代，他已成为一个马克思主义者，并且在实践中锻炼得更加成熟。他一再强调：作为一个领导人一定要有“战略头脑”，也就是要有战略思维能力。这种战略思维能力，最重要地表现在两个方面：一个是全局性的眼光，一个是敏锐的预见性。毛泽东给我们留下了极其丰富的精神遗产，战略思维是其中的重要内容。它的价值并不因时间的流逝和条件的改变而失去。今天，我们应当在新的历史条件下充分地发掘它、使用它、发展它，以推进中华民族伟大复兴的事业。

毛泽东文艺思想的理论继承与开创性

赵耀宏、赵　春　著

《中国社会科学报》2013 年 12 月 25 日

毛泽东《在延安文艺座谈会上的讲话》围绕文艺与革命、文艺与群众、文艺与生活等命题的论证，构建了涉及作家论、创作论和作品论的体系完整的中国化的马克思主义文艺理论，对中共文艺理论、文艺政策乃至中国文艺生态都产生了重要影响。从这份文献所涉及命题的历史演进脉络看，《讲话》不仅是毛泽东的个人作品，也是中国革命的历史产物，是中国共产党集体智慧的结晶。

从“二为”到“双百”：毛泽东文化建设思想的确立

杨凤城　著

《中国社会科学报》2013 年 12 月 25 日

毛泽东的文化建设思想内容十分丰富。笔者认为，在历史和现实中影响最大又是毛泽东文化思想体系重要组成部分的是为无产阶级政治服务、为工农兵服务的“二为”方向及“古为今用，洋为中用”和“百花齐放，百家争鸣”的方针。综观毛泽东的相关论述，他在充分肯定“双百”方针符合文化发展规律，是繁荣社会主义文化必须长期坚持的基本方针的大前提下，针对当时人们的思想状况，重点阐述了如何看待和处理以马克思主义为指导与实行“双百”方针的关系问题。此外，他还十分关注来自“左”倾僵化思想的干扰，并进行严厉批评。可以说，从1956年春到1957年春，在中国共产党内，毛泽东对“双百”方针的提倡和宣传最为热心真诚，力度也最大。

毛泽东对中共党史研究的卓越贡献

陈　述　著

《中国社会科学报》2013年12月25日

毛泽东对中共党史学科的形成、发展作出了卓越贡献，是中国共产党内最重视历史、最善于科学总结经验、非常希望写一部中共党史“正本”的领导人。毛泽东亲自主持编辑了三部大型历史文献《六大以来——党内秘密文件》、《六大以前——党的历史材料》和《两条路线》。作为理论家、战略家和政治家，毛泽东充分运用中共党史研究成果，最大程度地发挥了中共党史研究治史资政、学史育人、存史卫党的功能。这体现在他带领全党作《关于若干历史问题的决议》。毛泽东在中共党史研究方面给我们留下了宝贵遗产。这份遗产已经成为中国共产党执政根基的重要组成部分，成为中国共产党优良传统和作风的有机组成部分。随着中国共产党事业的发展，这些遗产将会有更大的作用和影响。

毛泽东在经济建设中坚持原则性与灵活性的统一

唐洲雁　著

《中国社会科学报》2013年12月27日

毛泽东在谈到自己的个性时，曾经有一个说法，就是“七分虎气，三分猴气”。1966年，他在信中写道：“在我身上有些虎气，是为主，也有些猴气，是为次。”所谓虎气，有很多种解释，这里可以理解为原则性，是一种立场；所谓猴气，则是指灵活性，可以理解为战术层面上的东西。毛泽东在经济建设中坚持原则性与灵活性相结合，消除苏联计划经济体制影响，坚决避免两极分化。

毛泽东思想中的反帝国主义：以加勒比海的视角

理查德·德雷顿（Richard Dray）著

《中国社会科学报》2013年12月27日

毛泽东在中国历史中的重要性与他对中国之外遥远国度人民的意义应该区别看待。对世界而言，毛泽东的意义在于：他在一个黑色、棕色和黄色人种被视为劣等人种，永远为殖民者所奴役的全球体系中敢于奋斗并获得了成功。对毛泽东而言，拉美、非洲和亚洲人民反抗外国统治、反抗将利润置于人类需求之上的经济和社会制度的斗争，也是中国的斗争。同时，对全世界人民而言，中国的胜利也是他们的胜利。甚至今日，在欧洲和北美以外的全世界，人们都欢迎中国崛起成为一个大国，欢迎中国在工业和科学领域的不断辉煌进步。这是因为，尤其是在今日，中国是世界上唯一一个真正致力于国家独立自主和全世界民族平等的大国。这也是毛泽东最伟大的遗产。

毛泽东是表达国家与时代意志的领袖

林尚立　著

《中国社会科学报》2013 年 12 月 27 日

毛泽东作为一个伟大的思想家、政治家、军事家，不论他为革命所付出的牺牲，还是他所拥有的智慧，以及他的历史功绩，都值得我们敬畏。毛泽东解决了几个大的问题。第一个是国家转型、制度转型。毛泽东对时代分析的深刻性，是一般人难以匹敌的；能够在大时代里把握中国命运的思想家也是不多的。第二个是国家的统一。毛泽东居功至伟，全凭着他巨大的智慧和强大的组织力，以坚定的信念统一国家，使中国从革命战争时代转入建设时代。第三个是建立一个新国家，构建了国家的基本制度。现在的四大民主制度都是他建立起来的，这是整个制度的主干，把全国人民聚合成一个有机整体。最后，毛泽东开启了现代化。

全面科学历史地评价毛泽东

陈雪薇　著

《中国社会科学报》2013 年 12 月 27 日

围绕如何评价毛泽东的历史地位，如何看待毛泽东的功过是非，存在着许多值得深入研究的问题：用什么标准来评价，采取什么态度来对待，怎样正确分析毛泽东晚年犯的错误，等等。对这些问题，在理论界乃至在群众中长期存在不同看法。这些问题，“关系到怎样看待党和国家过去几十年奋斗的成就，关系到党的团结、国家的安定，也关系到党和国家未来的发展道路”。坚持用唯物史观和辩证法来认识毛泽东，要坚持全面的观点，反对片面的观点；要坚持科学的观点，反对感情用事；要坚持历史的观点，反对历史虚无主义。

毛泽东外交思想的历史逻辑

姜　安　著

《中国社会科学报》2013 年 12 月 27 日

毛泽东的国际伦理主义观为中国外

交思想大厦进行了顶层设计。“保卫领土主权完整”和“争取世界的持久和平”，是新中国成立初期中国外交的两个首要目标。毛泽东的外交价值维度非常重视诉诸国际伦理的理解和阐释，即在基本价值层面上，强调对主权、人权、正义、自由、安全的尊重；在民族国家道义上，突出民族独立、平等、自决和人民解放的理念。毛泽东秉承的道德标准是国际公正与平等、民主与人权、自由与独立，从而界定了中国未来的发展道路，成为历届中国政府外交价值观的主导思想之一。

毛泽东社会主义建设思想中的革命经验

陈金龙　著

《中国社会科学报》2013 年 12 月 27 日

中国共产党是善于总结、利用和借鉴历史经验的政党，毛泽东在探索和诠释社会主义建设道路的过程中，通过总结、利用和借鉴新民主主义革命经验，诠释社会主义建设的基本方针、具体道路和社会主义建设的辩证法，彰显了中国革命经验的实践意义与当代价值。毛泽东在建构建设话语的过程中，之所以要利用和借鉴中国革命经验，有如下原因。其一，新中国成立后，中国共产党所处的环境、面临的历史任务发生了变化，由于缺乏足够的建设经验，很容易想到革命经验。其二，中国革命经验已经过实践证明，以此来建构建设话语容易赢得全党全社会的理解和认同，有利于建设话语的传播。其三，革命与建设的性质、任务迥然不同，但在道路选择、力量凝聚、关系协调的方法上，二者具有相通之处。

构筑蓝图：毛泽东“伟大社会主义国家”梦

刘华清　著

《中国社会科学报》2013 年 12 月 27 日

实现中华民族的伟大复兴是中华民族近代以来最伟大的梦想。毛泽东的“伟大社会主义国家”梦是这一梦想的重要组成部分。早在党的七届二中全会上，毛泽东就提出“把中国建设成一个伟大的社会主义国家”的奋斗目标。此后，毛泽东不断完善这一梦想蓝图，形成社会主义国家梦的完整体系。毛泽东的“伟大社会主义国家”，主要包括两个重要部分。一是建设一个什么样的国家：她是一个社会主义国家，她是世界上最强大的国家，她是一个友善的国家。二是怎样建设这样的国家，毛泽东提出，经过新民主主义进入社会主义以后，要全力进行社会主义建设。原则上，坚持把马克思主义同中国实际相结合。他强调，在中国建设社会主义，最重要的“是独立自主，调查研究，摸清本国国情，把马克思列宁主义的基本原理同我国革命和建设的具体实际结合起来，制定我们的路线、方针、政策”。

毛泽东打开中美关系大门的战略决策

宫　力　著

《中国社会科学报》2013 年 12 月 27 日

打开中美关系的大门是毛泽东外交战略思想的画龙点睛之笔。在毛泽东的决策下，中国通过缓和中美关系，改变了当时两面受敌的不利态势，形成了国际战略力量“大三角”的局面，奠定了中国的大国地位。毛泽东始终关注中美关系的发展，并视之为中国对外战略的重要一环。20 世纪 60 年代末 70 年代初，国际格局发生巨大变动，出现“苏攻美守”的新态势。美国被迫进行战略收缩，并考虑改善对华关系，从而为中美关系的解冻提供了契机。在这一历史转折关头，毛泽东展现出非凡的洞察力和决断力，敏锐地把握住国际局势变化，向美国发出信号，与美国总统尼克松一起打开中美关系的大门，由此形成国际关系的新格局。这是 20 世纪最为重要的外交突破之一，为中国在世界舞台上发挥更大作用开辟了道路。

毛泽东的文化梦想

何建明　著

《人民日报》2013 年 12 月 26 日

当激情的巨斧向历史的大山猛烈劈去，一定会迸射道道异常绚丽的火光。伟人毛泽东的文化观就是这样一把巨斧，它所闪耀的光芒，便是这个民族近现代的时代光芒，便是一个立志改变中华民族落后现实的不懈追求者的光荣梦想。毛泽东一生给后人留下了许多具有划时代价值的文艺观点和思想：他坚定社会主义文化的发展方向；坚持“古为今用，洋为中用”、“取其精华，去其糟粕”、“批判继承，推陈出新”；他首次提出文化要为人民大众服务，才有了今天的坚持以人民为中心的创作导向；他确立了“双百方针”，重视各种形式的文化表现方式，在文化中做到不片面化，不极端化，兼容并包，兼收并蓄；他始终把文化放在国家发展战略的重要地位，避免了经济社会发展中的不平衡性，等等。毛泽东的文化思想是一笔宝贵财富，在他的一生中，中国文化实现了近现代的转变，我们应该把他文化思想的精髓继承和发扬开来。

深刻认识毛泽东“古为今用，洋为中用”思想的重要意义

邓纯东、冯颜利　著

《光明日报》2013 年 12 月 22 日

毛泽东思想博大精深，“古为今

用，洋为中用”是其中一个杰出之处，它不仅本身是社会主义文化的重要因子，而且是社会主义文化发展繁荣的重要指导方针，也是“三个倡导”基础上培育社会主义核心价值观的一个重要原则。在毛泽东同志诞辰120周年之际，深刻认识毛泽东“古为今用，洋为中用”思想的现实意义，准确把握其对凝练与培育社会主义核心价值观的重要作用，进一步探讨核心价值观的大众化，具有极其重要的时代价值。

毛泽东与党的群众路线

艾四林、康沛竹　著

《光明日报》2013年12月25日

群众路线是我们党的传家宝，毛泽东无疑是这一路线的主要创立者。在长期的革命和建设中，毛泽东提出了一系列关于群众工作、密切联系群众、全心全意为人民服务等观点，形成了系统的党的群众路线思想。建党初期、大革命和土地革命时期是毛泽东群众路线思想的孕育和形成时期，围绕着党和革命的依靠力量以及党的工作方法等重大问题，毛泽东提出了一系列关于群众、群众工作的观点。抗日战争和解放战争时期，毛泽东群众路线思想不断完善和成熟：一是毛泽东关于群众的观点进一步充实和完善；二是毛泽东提出并系统地阐发了“从群众中来，到群众中去”的根本方法。毛泽东群众路线思想在新中国成立后得到进一步发展：一是毛泽东深刻阐述了党的群众路线在政治、经济和社会等领域的主要表现形式；二是毛泽东对执政后党内滋生的脱离群众的现象进行了批判。

毛泽东“三个世界划分”理论的政治考量与时代价值

姜　安　著

《中国社会科学》2012年第1期

作为中国外交战略和国际关系理论的标志性成果，毛泽东“三个世界划分”理论孕育在1840年以来中国与世界关系的历史逻辑之中，诞生于战后国际社会动荡、分化、改组的深刻的历史变革之中，具有十分特殊的时代价值。它不仅科学揭示了时代特征，而且直接影响了冷战时代国际格局和国际秩序以及中国外交战略的基本价值取向。21世纪以来，国际形势虽然发生了新的变化，但国际政治的本质并未改变，全面梳理和考量毛泽东“三个世界划分”理论的历史脉络、逻辑体系，对新世纪中国外交理念和发展战略具有重大历史借鉴意义和现实价值。

毛泽东在文化问题上的认识偏差与“文化大革命”

李江新、姜迎春　著

《湖南科技大学学报》2012 年第 1 期

毛泽东晚年在文化问题上的认识偏差是其发动“文化大革命”的重要原因，这种偏差主要表现在三个方面，即混淆了文化领域两类不同性质的矛盾、在文化争论中普遍运用无限上纲的方法，以及对文化战线的总体认识存在明显偏差。深刻把握毛泽东晚年在文化问题上的认识偏差与发动“文化大革命”的相互关系，对于全面把握毛泽东思想、加强社会主义文化建设，有着重要的方法论意义。

论毛泽东“马克思主义哲学中国化”的得与失

张允熠　著

《学术界》2012 年第 1 期

20 世纪的中国哲学离不开毛泽东的哲学，而毛泽东的哲学首先是对马克思主义哲学的继承和发展，即对马克思主义哲学的中国化。中国新民主主义革命和新中国成立后中国特殊的国情和文化赋予了毛泽东新的历史使命，这决定他不但要拿起“批判的武器”，而且还要领导中国共产党和全国人民从事“武器的批判”，这就决定了毛泽东必须要把马克思主义哲学的普遍原理与中国的传统哲学和具体国情相结合，在革命的实践中形成了毛泽东哲学独有的思维特征和个性化色彩。总结毛泽东在哲学上的这些得与失，对于当前马克思主义哲学进一步的中国化，有着重要的借鉴价值和现实意义。

毛泽东与“第二次结合”的若干理论问题

许全兴　著

《毛泽东邓小平理论研究》2012 年第 1 期

马克思主义的普遍真理与中国具体实际第二次相结合的主题和任务是实现社会主义现代化。1949 年中华人民共和国成立标志着新民主主义革命的完成和社会主义革命的开始，亦是“第二次结合”的历史起点。毛泽东是“第二次结合”的开创者、实践者。社会主义现代化包括社会制度的革命和生产力的革命，是一个长期、复杂和曲折的历史过程。毛泽东对中国社会主义道路的探索是辩证发展过程中的“正”的阶段，为中国社会主义事业奠定了基础；邓小平开始了探索的“反”的阶段，形成了中国特色社会主义理论；历史发展要求有一个“合”的阶段，以最终实现社会主义现代化。

毛泽东劳资两利思想的嬗变及其当代启示

邸敏学、郭志栋　著

《毛泽东邓小平理论研究》2012 年第 3 期

承认劳资矛盾、调节劳资关系、保护劳资利益的劳资两利思想，是毛泽东经济思想的奇葩。劳资两利思想的确立及其实践，为中国革命的胜利建立了不朽功勋。劳资两利的嬗变以及毛泽东在形势略微好转的情况下匆忙放弃这一思想，也给我国社会主义建设留下了无法弥补的损失。劳资两利思想的嬗变给我们的启示：我们必须以党的中心任务确立与资本主义的关系，以经济发展水平确定劳资关系政策，以经济发展变化的实际调整劳资关系政策。

毛泽东“为建设一个伟大的社会主义国家而奋斗”的思想与实践

孙占元　著

《理论学刊》2012 年第 3 期

毛泽东在“为建设一个伟大的社会主义国家而奋斗”的理论探索和实践中，以社会主义方向为指引，以工业化和现代化建设为目标，以民族振兴为己任，为实现从新民主主义向社会主义的转变和在中国确立社会主义制度，为实现国家的工业化和建设社会主义现代化强国，为中华民族自立于世界民族之林和为人类作出较大贡献进行了深刻的阐述和不懈的追求，推进了中国的发展进步。

论毛泽东对改革开放的贡献与中国未来蓝图的勾略

王良学　著

《河南大学学报（社会科学版）》2012 年第 2 期

人们大多认为，中国改革开放是 1978 年以后的事情，其实，改革开放的思想与实践几乎伴随了毛泽东一生。革命是改革的特殊形态，开放是实事求是思想路线的必然表现，中国共产党作为以马克思主义为其立党理论基础的政党，革命性和开放性是其主要特征和先进性的根本依据与不竭动力。新中国成立后，面对千疮百孔、一穷二白的烂摊子，万事都得以改革来开道。毛泽东提出了一系列在社会主义社会制度条件下，进行政治、经济、文化改革和建设的重大思想。1949—1978 年，以政治建设为中心计划经济的 30 年，为后来以经济建设为中心改革开放奠定了基础。

毛泽东为什么要发动反右派运动

谢昌余　著

《湖南科技大学学报（社会科学版）》2012 年第 2 期

认真研读进入社会主义时期后的毛

泽东一系列重要文稿，便不难发现，在观察和思考国内社会的阶级关系、少数人闹事原因、民主党派和知识分子队伍状况以及国内思想动向等诸多社会问题时，毛泽东偏重于运用阶级斗争的观点，从而导致将国内形势看得过于严重。这就使得毛泽东对整风鸣放阶段中出现的激烈批评言论不仅不能正确对待，反而作出发动反右派运动的决策。可以说，决策发动反右派运动是毛泽东思想深处中存在的“以阶级斗争为纲”的“左”的指导思想在1957年6月这一特定历史条件下的运用与实践。

为毛泽东《矛盾论》辩诬——对《〈矛盾论〉是毛泽东的原创吗?》的回应

许全兴　著

《湘潭大学学报（哲学社会科学版）》2012年第2期

《实践论》、《矛盾论》（以下简称“两论”）是马克思主义哲学与中国具体实际相结合的产物，是马克思主义哲学发展史上两颗璀璨的明珠。“两论”是毛泽东最重要的哲学论著，为中国共产党的实事求是思想路线奠定了理论基础。毛泽东的《矛盾论》是中国革命经验的哲学总结，发展了马克思主义辩证法，是从任何书本上抄不到的。该文以事实为根据，厘清了它与苏联哲学、李达的《社会学大纲》、陈伯达、艾思奇等的关系，驳斥了否认毛泽东是《矛盾论》原创者的谬论，还历史以本来面目。

葛兰西与毛泽东“文化领导权”思想比较

黄卫星、李　彬　著

《清华大学学报（哲学社会科学版）》2012年第3期

文化领导权理论是葛兰西实践哲学中的重要组成部分，是在马克思的实践理论基础上发展起来的。文化领导权在中国实践发挥了重要的指导作用。本文以葛兰西的文化领导权理论为理论基础，以革命家毛泽东为研究对象，来论述毛泽东是如何利用新闻工具来夺取文化领导权以及如何巩固文化领导权的，并且指出东西方差异，对现代的文化领导权问题提供启示。

论共产国际对毛泽东及其思想的认识轨迹

欧阳奇　著

《中共党史研究》2012年第3期

从1919年至1943年，共产国际对毛泽东及其思想的主要认识呈现出较为鲜明的历史轨迹：1919—1929年，共产国际对崭露头角的毛泽东初生好感，并夹杂着对农村革命根据地的不同认识；1930—1939年，共产国际与毛泽东在党内具体事务处理上存留某些不同意见，但对屡遭主观主义排挤的毛泽东积极支持，并广泛宣传其业绩和思想；1940—1943年，共产国际对坚持自主的毛泽东渐生疑虑，并加剧至对中共性质的质疑。系统呈现这一脉络对于全面评价共产国际、深刻理解马克思主义中国化不无裨益。

毛泽东“一条线”构想的形成及战略意图

宫　力　著

《毛泽东邓小平理论研究》2012年第5期

毛泽东“一条线”的战略构想，扭转了中国两面受敌的不利局面，使中国获得了超出自己实力的国际地位，在国际政治格局中形成了影响全局的美苏中大三角关系，使中国外交迎来了一个前所未有的大发展时期，由此开创了中国外交的新格局。在新的形势下，认真分析与研究毛泽东的国际战略思想，掌握其分析错综复杂的国际关系的立场、观点和方法，领会其团结一切可以团结的力量、结成最广泛的国际统一战线的策略思想，对于指导中国目前的外交工作仍然具有十分重大的现实意义。

毛泽东高举反帝、反霸旗帜的国际战略思想

梁　柱　著

《中国延安干部学院学报》2012年第2期

本文深入阐述和准确概括了新中国建立后20年间毛泽东国际战略思想的基本原则，回顾和论述了毛泽东从“一边倒”到反帝反霸国际战略实践的转变，全面总结了毛泽东反帝、反霸国际战略的践行及其成效。深入探讨、准确理解和把握毛泽东国际战略思想对于我们今天的外交工作仍然具有重要现实意义。

《毛泽东早期文稿》中的人权观念

付子堂、崔　燕　著

《毛泽东思想研究》2012年第3期

在《毛泽东早期文稿》中，青年毛泽东针对“其时”的社会现实，阐发了一系列有关人权的认识与思考。“民众的生存”问题是《早期文稿》时期毛泽东最为关切的人权主题。生存权是最基本的人权。女性的婚姻自主权是尤其需要重点关照的社会问题。女性人权的实现不仅需要女性的“个人自立”式的觉醒，而且需要社会承担起创设女性自觉条件的“责任角色”。平等价值是《早期文稿》时期毛泽东人权观念的核心价值关怀。平民主义的“无血革命”是民众争取人权的理想途径。

《关于人的基本特性及其他》一文的解读

雍　涛　著

《江汉论坛》2012 年第 7 期

毛泽东《关于人的基本特性及其他》一文阐明了人性和人的本质、人性的先天性和后天性、是非论与善恶论等问题，是一篇关于人学思想的重要著作。但它同时也存在着一些片面性和绝对化的倾向，在实践方面产生了负面影响，我们必须认真加以辨析。

十月革命与毛泽东革命话语的建构

陈金龙　著

《现代哲学》2012 年第 3 期

毛泽东在建构中国革命话语过程中，充分运用了俄国十月革命的成功经验。借助十月革命，毛泽东诠释中国革命的条件与性质，探求中国革命的道路，展示中国革命的前景，使中国革命赢得了民众的理解、认同和支持。毛泽东之所以要借助十月革命建构革命话语，是由多方面因素决定的。

毛泽东对马克思主义阶级斗争、社会政治革命和国家学说的主要贡献——以新民主主义革命时期和建国初期为中心的考察

胡为雄　著

《理论学刊》2012 年第 3 期

毛泽东关于阶级斗争的理论大体分为明显相关的三个不同层次，即阶级和阶级斗争的观点，阶级分析的方法和阶级斗争的策略。毛泽东谈论社会革命、中国革命往往将其与革命战争维系在一起，对政治革命的具体形式作了具体分析。毛泽东以马列主义国家学说为思想指南，严谨地指明了中国革命将以建立何种国家制度为最后归宿。中国革命胜利后所建立的人民民主专政的政权形式和人民代表大会的政治体制是中国社会历史上迄今为止最新最进步的政治形式。它一方面是对苏联无产阶级专政的国家政权和苏维埃代表大会的政治体制的借鉴，另一方面又是把握中国具体国情进行的一种政治创造，是毛泽东运用马列主义的政治理论和国家理论于中国社会的一个巨大成功。

毛泽东关于马克思主义大众化思想的六个基石

艾四林、刘国强　著

《中国特色社会主义研究》2012 年第 3 期

作为党的第一代领导核心，毛泽东在中国革命和建设过程中，对马克思主义实现中国化、大众化有着独特的创造及贡献。他在有关马克思主义大众化的衡量标准、传播机制、践行原则，以及马克思主义大众化与中国化、民族化、时代化的相互

关系上，都进行了一系列深入的探讨。研究毛泽东的马克思主义大众化思想，对于今天推动马克思主义大众化工程有着重要的指导价值。

毛泽东关于社会主义文化建设的若干思想

沙健孙　著

《毛泽东邓小平理论研究》2012年第8期

毛泽东文化思想是毛泽东思想的重要组成部分，而毛泽东关于社会主义文化建设的思想是毛泽东文化思想的重要方面。本文从七个方面对毛泽东关于社会主义文化建设的思想进行了梳理：社会主义文化建设的重要性，从新民主主义文化到社会主义文化，坚持马克思主义在思想文化领域的指导地位，实行“百花齐放、百家争鸣”的方针，正确处理文化问题上的古今中外的关系，建设工人阶级知识分子的宏大队伍，加强共产党对社会主义文化建设的领导。总的来说，毛泽东关于社会主义文化建设的思想构成了一个相当完整的体系。

毛泽东“推广”农村人民公社的价值诉求

苏晓云　著

《现代哲学》2012年第4期

农村人民公社曾经是中国农村最重要的组织形式、制度体系和中国乡村社会的存在方式。当年毛泽东极力“推广”人民公社并将它设计为一种独具特色的制度模式，凝结着他对中国农村发展的深远思考和价值诉求。这种诉求在于，通过全新的制度安排，集工、农、商、学、兵于一体，统筹农、林、牧、副、渔，建立一套较完整的组织结构和运行机制，寻求一条既能避免资本主义弊端，又能改造传统小农社会，使广大农民共同富裕起来的、中国自己的农村现代化乃至整个国家现代化的道路。

毛泽东否定“八大”主要矛盾论的前因后果

高　烈　著

《湖南科技大学学报（社会科学版）》2012年第5期

中共“八大”政治报告决议关于国内主要矛盾“实质”的提法是陈伯达提出的，是胡乔木在毛泽东已“定稿”的“决议”上添进去的，是经毛泽东琢磨同意后付印的。大会一致举手通过决议，毛泽东并未提出反对意见。“八大”结束后，毛泽东对“决议”中关于国内主要矛盾“实质”提出批评意见，在反右派运动中进而根本否定“八大”主要矛盾的论断，明确提出两个阶级、两条道路斗争是主要矛盾。1958年5月，党的

"八大"二次会议向党内外公布：在社会主义社会建成以前，无产阶级同资产阶级的斗争、社会主义道路同资本主义道路的斗争始终是我国国内的主要矛盾。根本否定"八大"关于国内主要矛盾的论断，形成了毛泽东晚年错误的历史起点和逻辑出发点。

论毛泽东的阶级分析方法——马克思主义中国化的第一步

萧诗美、蒋贤明　著

《东岳论丛》2012 年第 8 期

在马克思主义中国化的过程中，毛泽东起到了极大的领导和推动作用。其为马克思主义中国化迈出的第一步，是把马克思主义的精髓理解为阶级斗争，并为进行阶级斗争而对中国社会进行阶级分析。其分析中国社会各阶级的哲学思维方法，是一种多层次的两极三分法，该方法在马克思主义哲学中国化的逻辑进程中起到了决定作用。

毛泽东对马克思主义哲学中国化的思维路径创新

王玉平　著

《马克思主义研究》2012 年第 8 期

马克思主义哲学中国化与马克思主义中国化是同步开启的。历经李大钊等人对唯物史观的初步领悟，瞿秋白、李达、艾思奇等人对马克思主义哲学的理论界说，只有到毛泽东哲学才实现了真正意义上的马克思主义哲学中国化。毛泽东对马克思主义哲学中国化的思维路径创新体现为：对马克思主义哲学进行一般和个别的分析，真正掌握其立场、观点和方法；将马克思主义哲学的真精神转化为党的路线、方针和政策，在具体操作层面上沟通理论通向现实的道路；将马克思主义哲学转化为中国人的话语系统，形成以"实事求是"为其理论核心的中国化了的马克思主义哲学。

马克思主义"三化"与毛泽东思想的形成和发展

刘华清、戴安林、李美玲　著

《中国延安干部学院学报》2012 年第 4 期

毛泽东思想是马克思主义"三化"的结晶。马克思主义"三化"推动毛泽东思想形成和发展，其历程可以分为三个阶段：五四运动至 30 年代初，在马克思主义初步"三化"的过程中，毛泽东思想开始形成；遵义会议至抗日战争时期，在马克思主义"三化"的高潮中，毛泽东思想走向成熟；解放战争时期至全面建设社会主义时期，随着马克思主义"三化"的继续推进，毛泽东思想进一步丰富和发展。

思想的跨度和张力：晚年毛泽东的愿景与问题意识

张　放　著

《湖南科技大学学报（社会科学版）》2012 年第 6 期

晚年毛泽东的愿景由理想和现实交织而成。从思想来源看，该愿景与传统共产主义理想和乌托邦迷思之间存在冲突；从社会结构看，它与传统社会和现代社会之间亦存在张力。正是通过种种紧张关系，该愿景体现出了深刻的问题意识。由此，传统以人物为中心的研究范式转变成以问题为中心的研究范式，这一转变要求我们运用跨学科的学术资源洞悉晚年毛泽东思想的学术意义和现实意义。

毛泽东究竟在何种意义上是一位马克思主义者——基于国外毛泽东研究的批判性分析

韩步江　著

《黑龙江社会科学》2012 年第 5 期

毛泽东与马克思主义的关系是国外毛泽东研究中的焦点问题之一，以马克思主义谱系定位毛泽东长期以来一直是国外毛泽东研究领域中颇具争论的问题。围绕它，国外毛泽东研究领域进行了两次论战，形成了“异端说”、“阴谋论”等一系列观点。反思这些观点可以发现，国外学者的研究某种程度上都或多或少地带有自身专业理论研究的先在框架，对毛泽东实践活动前提的中国近现代社会的解读存在着简单化、片面化、教条化倾向，停留于抽象概念体系“中介”毛泽东实践活动所形成的概念话语，满足于经验现象层面的马克思主义和毛泽东思想的个别观点（不是基本观点）的简单比较，看不到毛泽东实践活动背后深刻的认识论基础和思想根源。某种程度上讲，国外毛泽东研究并没有真正回答毛泽东究竟在何种意义上是一位马克思主义者这个问题。

毛泽东“三农”思想的内在矛盾性及其根源

杨小军　著

《当代世界与社会主义》2012 年第 5 期

由于实践发展的不成熟、思想材料不充分、苏联模式的影响等原因，毛泽东“三农”思想凸显了内在矛盾性。这些矛盾性主要表现为：注意到了生产力和生产关系的辩证统一，却片面强调生产关系的不断变革；提出工农并举，却过于强调和急于实现工业化；强调农民的主体地位，却混淆了群众路线与群众运动的区别；明确了城乡共同富裕的基本目标，在实践中却陷入平均主义。

毛泽东在中华苏维埃共和国局部执政中的突出贡献

李 蓉 著

《中国井冈山干部学院学报》2012年第4期

中华苏维埃共和国成立前期，毛泽东主要致力于打破国民党对中央苏区的三次军事“围剿”，没有直接参与筹备工作，但是，1931年11月27日，毛泽东在中华苏维埃共和国中央执行委员会第一次会议上当选为临时中央政府主席。担任中华苏维埃共和国临时中央政府主席后，毛泽东为中央苏区的政权建设、法制建设、经济建设、教育文化建设以至民生建设和政府机关作风建设都作出了重大贡献。毛泽东在中国共产党中央苏区局部执政时期的创造性工作，为我们留下了宝贵的历史启示。

毛泽东与我国社会主义基本制度的确立

肖贵清 著

《高校理论战线》2012年第11期

新中国成立前夕，毛泽东设计了未来我国社会制度的大体框架，为社会主义制度在中国的确立奠定了基础；随着1954年《中华人民共和国宪法》的颁布和1956年社会主义改造任务的完成，我国确立了社会主义基本制度，为当代中国的一切发展和进步奠定了根本的制度基础；毛泽东在探索社会主义建设道路过程中，对我国社会主义经济政治体制改革进行了探索，为新时期中国特色社会主义制度的创新和发展提供了历史经验。

毛泽东与列宁东方理论的中国化

胡运锋 著

《山东社会科学》2012年第7期

列宁东方理论是马克思列宁主义的重要组成部分。毛泽东坚持把列宁东方理论同中国具体国情相结合，成功地解决了在中国如何进行革命、如何过渡到社会主义以及如何建立无产阶级先进政党的问题。分析和研究毛泽东与列宁东方理论的中国化，对于深刻揭示中国革命和建设的发展规律，进一步推进马克思主义中国化、时代化和大众化具有十分重要的意义。

毛泽东对马克思主义跨越发展理论的贡献

温兆标、双传学 著

《马克思主义研究》2012年第10期

马克思晚年提出了社会跨越发展理论，恩格斯、列宁等根据时代发展又作了若干重大的丰富和补充。毛泽东对其最重大的历史性贡献就是第一次使这一理论由科学假说在中国变成生动现实，并对其进行了全面的发展和创新：在跨越发展的起点上，开辟了半殖民地半封建社会弯道超越的先河；在跨越发展的前提下，开掘了新民主主义革命的丰富宝藏；在跨越发展的方式上，开创了和平跨入社会主义的伟大壮举；在跨越发展的目标上，开启了经济文化落后国家社会主义建设的实践探索；等等。

“没有预见就没有一切”——毛泽东领导思想的精髓

梁　柱　著

《中国延安干部学院学报》2012 年第 5 期

毛泽东根据我们党的和自身的丰富经验，提出“没有预见就没有领导”、“没有预见就没有一切”的重要而深刻的思想。这不但体现了毛泽东的领导思想的精髓，而且也深刻反映了作为马克思主义的领导者应有的能力和气质。他在领导工作中所以能够富有预见性，其中一个重要原因，就在于掌握了马克思主义，并善于运用这一科学的世界观和方法论分析客观事物。同时，他注重研究现状，注重研究历史，善于集中群众的智慧，善于从历史经验中提出具有战略性的重大问题，就如何保持人民政权纯洁性、防止因为腐败而变质这个历史课题来说，对于我们今天有着长远的警示和启迪意义。

国外学者论毛泽东对中国发展道路的开拓

曹景文　著

《江西师范大学学报（哲学社会科学版）》2012 年第 5 期

随着中国经济的迅速崛起，“中国模式”成为海外学术界关注的重要课题。海外学者深入分析了毛泽东在新中国成立后对中国发展道路的艰辛探索和取得的巨大成就。他们认为毛泽东时代的中国为“中国模式”的形成和发展提供了重要的政治前提、强大的物质基础、明确的前进方向。毛泽东思想中的核心内容在改革开放后被继承下来，并继续发挥着重要作用。尽管毛泽东时代存在过于注重政治而忽视经济、过于注重意识方面的功能等问题，但不可否认的是毛泽东对中国道路的探索为系统形成中国特色社会主义理论提供了重要的基础。

毛泽东与“两弹一星”战略决策

王纪一　著

《毛泽东邓小平理论研究》2012 年第 12 期

毛泽东从国家安全出发，决策研制“两弹一星”，“两弹一星”研制成功，提升了中国的国际地位。和平之可贵，在于赢得和平不易，维护和平也不易。维护和促进世界持久和平与安全，必须推动建立和平稳定、公正合理的国际政治经济新秩序。进一步探讨毛泽东发展“两弹一星”的战略决策思想，将会给我们一些有益的启示。我们要不断增强忧患意识，居安思危。历史证明，20世纪五六十年代毛泽东下决心搞出“两弹一星”的战略决策，是中华民族免遭战争之苦的强大安全屏障。

毛泽东建党思想的哲学基础及其中国传统文化特色

米　华　著

《湖南科技大学学报（社会科学版）》2012年第6期

毛泽东建党思想的哲学基础由唯物论、方法论、历史观和人生价值观四个要素构成。毛泽东把马克思主义政党理论与中国传统文化相结合使其建党思想的唯物论基础具有“实践品格”特征；方法论基础充满“中国式辩证法”色彩；历史观基础彰显“重民”传统；人生价值观基础表现出儒家理想人格特色。

论毛泽东对社会主义核心价值的探索

廖小平　著

《湘潭大学学报（哲学社会科学版）》2012年第6期

以毛泽东为代表的中国共产党人对社会主义核心价值进行了艰辛的探索和不懈的追求。“独立”、“自由”、“民主”、“平等”、“富强”是毛泽东所探索和追求的社会主义新中国最主要、最根本的核心价值。毛泽东对社会主义核心价值的探索和追求，既为当前建设社会主义核心价值体系积累了丰富经验、提供了基本元素，也留给了我们值得深思和反思的教训和镜鉴。

新中国成立后毛泽东社会建设思想述论

朱小玲　著

《马克思主义研究》2012年第12期

毛泽东提出了一系列关于社会建设的重要观点。他将改善民生、保障民生作为社会建设的重点，将社会管理作为社会建设的重要基础，将社会保障作为社会建设的重要内容，将促进社会公平作为社会建设的追求目标。他对社会建设目标的初步勾勒和社会建设基本方针的确定，不仅丰富和发展了马克思主义关于社会发展的思想，也为新时期社会建设提供了理论指导。当然，由于当时社会主义在中国的发展尚未为毛泽东的社会建设思想提供足够的实践基础，因而毛泽东的社会建设思想也具有不够成熟、存在非理性因素以及行政色彩比较浓厚等历史局限性。

《论十大关系》与十一届三中全会改革开放思想

贺全胜　著

《湖南第一师范学院学报》2012年第6期

毛泽东是中国特色社会主义道路的伟大探索者和奠基人。新中国成立后他总是从国际国内全局的高度来思考和制定我国社会主义建设的路线、方针和政策。1956年4月发表的《论十大关系》，就是他艰辛探索中国特色社会主义道路的伟大理论成果，他在这一光辉著作中与时俱进地提出了一系列符合我国国情的调动一切积极因素又好又快地建设中国特色社会主义的基本方针和原则规范，标志着我们党揭开了中国特色社会主义建设和发展的新序幕，为党的十一届三中全会确立社会主义改革开放思想和路线，推进中国特色社会主义事业发展，提供了马克思主义的方法论和重要的理论启示，二者存在着师承关系。

全面评价毛泽东的《辩证法唯物论（讲授提纲）》——兼析施拉姆对毛泽东的非议

许全兴　著

《毛泽东邓小平理论研究》2012年第11期

1937年毛泽东编著的《辩证法唯物论（讲授提纲）》除《实践论》、《矛盾论》外的主要部分是对苏联三本哲学著作的集萃、编纂和改写，但其中也有结合中国革命和中国哲学文化的内容，有自己的说明和发挥。它绝不是施拉姆所说的“简单抄袭”和“非常拙劣”。要全面客观地评价《辩证法唯物论（讲授提纲）》。毛泽东只是否认写过斯诺所询问的《辩证唯物主义》小册子，从未否认过1937年自己编著的《辩证法唯物论（讲授提纲）》。施拉姆对毛泽东否认写过斯诺所询问的《辩证唯物主义》小册子的非议不符合历史实际，是皮相之见，不能成立。

关于当前深化毛泽东研究的方法论反思

张　明　著

《现代哲学》2012年第6期

目前毛泽东研究领域存在的同质化、宏观化解读思路与“直接阅读”方法是研究难以向纵深挺进和实现精致化解读目标的主要障碍，因此方法论资源的自觉更新急不可待，必须注意新方法论资源的引进，诸如“异质性研究”、“精细化解读”、“症候阅读”等。上述方法的引进必将有助于毛泽东研究新的理论生长点的构筑。文本的“深度耕犁”与全新理论图景的彰显，只有在科学研究方法的指引下才具备理论与现实的可能性。

论毛泽东精神与建设中华民族共有精神家园

聂家华、王立胜　著

《党的文献》2012 年第 6 期

引入系统论的方法研究毛泽东精神，是一个新的研究视角。在系统论的研究视野中，毛泽东精神是一个完整、有序、开放的精神文化系统，由相互联系、相互作用的五个子系统即安慰系统、教化系统、协调系统、动员系统和激励系统构成。毛泽东精神继承和弘扬了中华民族传统精神，反映了时代的精神风貌，展示了毛泽东个人的精神品质，它散发着巨大的历史魅力和时代价值，是中华民族沟通情感、凝聚力量的重要精神资源，也是当前建设中华民族共有精神家园的重要支撑。

农村包围城市：毛泽东、周恩来贡献问题论断

汪　浩　著

《淮阴师范学院学报（哲学社会科学版）》2013 年第 1 期

关于农村包围城市的革命道路，“周恩来最早提出论”、“代表人物应是周恩来而不是毛泽东论”，以及“前期‘周主毛辅’、后期‘毛主周辅’、农村包围城市‘始于周，成于毛’论”等新观点，有的难以成立，有的需要推敲。“毛泽东是中国革命道路的主要开创者，周恩来是另一位主要开拓者”的提法，应是比较恰当的。

毛泽东与艾思奇的哲学互动

欧阳奇　著

《党的文献》2013 年第 1 期

毛泽东与艾思奇在哲学思想上有着十分密切的互动关系：一是毛泽东对艾思奇哲学著述的阅读和借鉴，其表现是毛泽东学习吸收了艾思奇的哲学思想和叙述方法；二是毛泽东与艾思奇的哲学交往和共鸣，两人通过私人交谈、组织哲学研讨会等互相启迪；三是艾思奇对毛泽东哲学思想的吸收和传播，其表现是艾思奇在著作中吸收毛泽东的哲学观点，并致力于毛泽东哲学思想的全面和深入传播。艾思奇到达延安之前，主要是他的著述影响毛泽东；至延安后，为两人相互影响阶段；到北京后，主要是毛泽东哲学思想影响艾思奇。

当代中国激进的时代思潮：毛泽东和梁漱溟的空想主义

凯瑟琳·林奇　著

《现代哲学》2013 年第 1 期

在《马克思主义、毛主义和空想主义：八篇文章》（九）一书中，迈斯纳将空想主义描述为卡尔·马克思和毛泽东的思想的重要部分。乌托邦是现代革命不可缺少的一个方面，

考察毛泽东的空想主义对于理解毛泽东和毛主义十分关键。虽然乌托邦主题最早出现在毛泽东思想中是在1919年，但他的空想主义在1958年“大跃进”运动中表现得最突出。

毛泽东关于国防和军队现代化建设的重要思想

沙健孙　著

《毛泽东邓小平理论研究》2013年第1期

对新中国成立后毛泽东关于国防和军队现代化思想的系统梳理，有着重要意义。本文着重论述了以下五个方面的问题：国防现代化在社会主义现代化建设事业中的地位；建设现代化的革命军队；按照“积极防御”的方针建设国防；建立独立、完整的现代化国防工业体系；在新的历史条件下坚持和发展人民军队建设的基本思想。

毛泽东对中国共产党理论自觉提升路径的认识

张泽强、田克勤　著

《思想理论教育导刊》2013年第2期

毛泽东作为中国共产党第一代中央领导集体的杰出代表，在长期领导新民主主义革命、社会主义革命和建设的历史进程中，对中国共产党如何提高理论自觉以适应客观形势的需要进行了系统而又深入的思考，并形成了通过学习马克思主义理论、总结历史经验、开展调查研究使党的理论自觉获得提高这样三个路径。认真研究毛泽东关于如何提高理论自觉的重要思想，对当前认真学习贯彻党的十八大精神，深刻领会中国特色社会主义内涵，在提高理论自觉的基础上增强道路自信、理论自信和制度自信，扎实推进学习型政党建设和先进性、纯洁性建设，深化马克思主义中国化、时代化、大众化具有重要的现实意义。

《论十大关系》的形成和传播——若干史实与观点的补充和辩证

邱巍　著

《中共党史研究》2013年第1期

在学术界关于《论十大关系》的研究中，对文献本身的形成和传播的研究仍未尽充分，一些基本史实与观点还有待进一步补充和论证。对于《论十大关系》，不能只从毛泽东本人对文献的认识与阐释来评判文献的地位、意义，而是要结合文献的实践和传播过程，结合中国共产党领导集体对文献的阐释、发展来形成判断。《论十大关系》“是中国共产党比较系统地探索中国自己的建设社会主义道路的开始”，是毛泽东的经典著作，也是党的理论文献名篇。通过对《论十大关系》形成和传播相关史实和观点的补充和辩证，重建文献的背景和语境，不仅有助于对文献本身有更准确的把握，也会使我们对中共社会主义建设探索的曲折与艰辛有更深刻的理解。

青年毛泽东最终选择马克思主义的文化基础与探索特点

彭大成　著

《湖湘论坛》2013 年第 2 期

在中西文化冲突与时代变革潮流的激荡下，从小深受湖湘文化哺育的毛泽东，其知识形成的基础阶段与探索历程具有以下显著特点：中西合璧（受到中西文化的双重启蒙）、知行合一（学以致用，重视实行）、与时俱进（与中国近代历史发展进程同步前进）。正是在这样的基础上，青年毛泽东经过不断探索、试验与反复比较，最终选择了马克思主义作为解放我们民族最好的武器。

毛泽东的两份历史遗产与中国特色社会主义的理论和实践

刘林元　著

《南京政治学院学报》2013 年第 1 期

毛泽东留下两份历史遗产，一份是毛泽东思想，另一份是毛泽东晚年教训。毛泽东思想是马克思主义中国化的思想结晶，对于建设中国特色社会主义实践仍有重要的指导意义。毛泽东晚年教训是在探索中国社会主义建设实践过程中产生的，对进一步认识什么是社会主义、怎样建设社会主义具有重要的启示作用。毛泽东思想和毛泽东晚年教训都是我们党的宝贵财富，对于继续推进中国特色社会主义都具有重要的意义。

对毛泽东探索新中国农村发展道路的再认识

李正华　著

《当代中国史研究》2013 年第 2 期

新中国成立后，毛泽东就开始探索中国农村的发展道路问题，提出了农村工业化、农业集体化和实现共同富裕的思想并不断付诸实践。总的来看，毛泽东的有关探索，关于农村工业化问题，抓住了根本出路，但失之急于求成；关于农村集体化问题，抓住了基本特点，但失之求大求公；关于共同富裕，抓住了关键环节，但失之绝对化。这些经验和教训，都对中国特色社会主义建设事业具有重要的启示意义。

农民合作思想与实践：毛泽东时期的一份重要遗产

徐俊忠　著

《马克思主义与现实》2013 年第 2 期

毛泽东关于农民合作的思想并非仅

仅是对于某种意识形态的固守，更不是对苏联集体农庄模式的照搬，而是基于中国人多地少、农业生产水平落后的具体国情，对如何实现农业乃至整个国家的现代化问题的思考。这一思想的实践后来虽因受到“去工业化”的对待以及实行农业统购统销政策等而归于失败，但幸存下来的华西村、刘庄、南街村和周家庄等集体经济组织的成功，却在新的条件下印证着毛泽东农民合作组织思想的可行性与深刻性。这一思想及其实践的魅力和现实意义尚有待进一步挖掘与澄清。

毛泽东的政治概念

黄显中　著

《首都师范大学学报（社会科学版）》2013 年第 1 期

毛泽东的政治概念不是单纯只有无支配自由的内容，亦非单纯只有民众大联合的形式；而是无支配自由与民众大联合的有机结合，两者相互补充、相辅相成、相得益彰，共同铸造成为毛泽东所从事的伟大共和事业。无支配自由包括国家与人民两个方面，民众大联合分为斗争与团结两个方面，两者如何真正实现有效结合构成问题的关键和难点，以致形成革命和建设中各种片面的、扭曲的政治图景。

诠释毛泽东社会动员智慧的三重向度——从社会学角度重新解读《论持久战》

明佳睿、王立胜　著

《当代世界与社会主义》2013 年第 2 期

《论持久战》既是把民族解放事业推向新阶段的宣言书，又是破解当时中国国民面对日本帝国主义侵略及国民党专制统治所带来的思想困惑、秩序紊乱、社会发展动力不足等诸多难题的动员书，蕴含着毛泽东社会动员的大智慧。文章从社会学的视角入手，引入社会动员的理论范式，以社会动员一般具有的目的性、秩序性和兴奋性特征为切入点，可以从与之相对应的目标、战略和价值三重向度诠释《论持久战》中毛泽东社会动员的智慧。研究毛泽东的社会动员智慧并将其运用在经济建设、政治建设、文化建设、社会建设、生态建设这“五位一体”的总体布局的操作层面中，对现实问题的解决和中国特色社会主义事业的建设具有启发和指导意义。

从《实践论》与《矛盾论》看我国马克思主义话语体系建构

刘华初　著

《马克思主义研究》2013 年第 4 期

毛泽东的《实践论》与《矛盾论》不仅及时地指导了中国革命的实践，而且从理论上奠定了马克思主义中国化的基础，为我国马克思主义的研究开辟了话语权空间。“两论”是从革命实践到理论总结的光辉著作，走的是用理论来解释实践的模式。这种模式是马克思主义发展在中国革命年代的表现，但是现在要建立起与我国国家地位相称的，具有中国特色、中国风格、中国气派的马克思主义话语体系，我们需要实现理论创新的模式转换，即从实践先行于理论到实践与理论并行，要进一步加强坚实的理论基础，并进而实现对理论制高点的把握。

毛泽东与中国特色社会主义

侯竹青　著

《中共福建省委党校学报》2013 年第 4 期

相对于苏联模式而言，毛泽东探索建立的社会主义也可以叫中国特色社会主义；邓小平及其后来者探索和建立的中国特色社会主义是对毛泽东建立的社会主义的完善和发展。就实践内容和理论旨趣而言，毛泽东的探索把中国社会的社会主义属性即“姓资姓社”的问题作为首要问题；邓小平及其后来者则把中国问题作为首要问题，强调的是社会主义的中国特性。这一区别是毛泽东的探索没有列入中国特色社会主义理论体系的主要原因。

毛泽东思想与中国特色社会主义理论体系的同构性

王文兵　著

《湖南社会科学》2013 年第 2 期

以毛泽东为代表的中国共产党人把马克思主义同中国国情和时代特征有机地结合起来，历史性地建构了共产主义理想与中国社会现实之间的合理张力，创造性地提出了新民主主义理论和社会主义改造理论，开辟了中国革命的正确道路，奠定了马克思主义中国化的思想结构。由于时代特征和中国社会现实状况的重大变化，在中国特色社会主义理论体系与毛泽东思想之间无疑存在着诸多重要差异，但其对共产主义理想与中国社会现实之合理张力的历史性建构却如出一辙，具有深层的同构性关系。

多重文本构筑下的青年毛泽东思想史研究——兼论青年毛泽东接受马克思主义的原因

王俊博　著

《湘潭大学学报（哲学社会科学版）》2013 年第 1 期

历史文本、思想文本以及二者在实践中的交汇融合分别构成了青年毛泽东思想史的基底、基质和显象。以青年毛泽东接受马克思主义为主线的青年毛泽东思想史的基底、基质和显象共同揭示了青年毛泽东接受马克思主义的原因。围绕青年毛泽东发生的历史事件构成了历史文本；青年毛泽东的哲学思想作为思想本体，建基其上构筑了思想文本；思想与实践的交互验证整合了历史文本与思想文本，二者层叠交融，共同构筑了青年毛泽东的思想史。可以说对青年毛泽东接受马克思主义的原因的解读就是对构成青年毛泽东思想史的多重文本的解读。

毛泽东思想研究与评价的立场和方法

许全兴　著

《现代哲学》2013 年第 2 期

毛泽东是中华民族空前的民族英雄，我们应站在民族的立场研究与评价毛泽东，这是首要的根本之点。就方法而言，我们应从历史的高度衡量毛泽东；在纷繁复杂的历史现象中，要抓住主流和本质，不要为支流和现象所迷惑；要反对实证主义的历史学和主观主义的历史学；要历史地、具体地分析毛泽东所犯错误的复杂原因；要实事求是地、辩证地看待毛泽东所犯错误付出的代价。

毛泽东与鲁迅：“文艺与政治的歧途”

田　刚　著

《文史哲》2012 年第 2 期

毛泽东在延安时期对鲁迅的理解，是按照“六经注我”的方式，从自己革命家或政治家的价值立场出发而进行的。在毛泽东的视域中，鲁迅并不是周海婴心目中以“立人为本”、“独立思考”、“拿来主义”、“韧性坚守”为基点的启蒙主义者，而是一个具有“中国共产党人所领导的共产主义的文化思想”的“党外的布尔什维克”。毛泽东与鲁迅，两者对于中国历史、现状和出路，对于文艺与政治关系等方面的看法和主张，有着根本性的不同。从他们身上，我们看到的正是鲁迅所谓的“文艺与政治的歧途”。但毛泽东却充分借重了“鲁迅”这一思想资源，并按照自己的话语方式，对鲁迅及其作品进行了新的阐释，从而掌控了对于鲁迅及其作品的话语权，实现了无产阶级革命文化对中国现代新文化的主导地位的占领。毛泽东之选择鲁迅，是为了“神道设教”、统一思想的历史需要。无视这一基本的历史和逻辑的统一及存在，把毛、鲁视为一体，认为鲁迅是“通向毛泽东的独木桥”，从而对鲁迅恣意拔高或大加挞伐，都是非历史的，更非理性的态度。

毛泽东“联合政府”主张的提出及其实现过程

胡为雄　著

《中国井冈山干部学院学报》2012 年第 2 期

毛泽东“联合政府”主张的提出起

源于三大因素：国际上美国总统罗斯福最初提议，国内共产党军事力量不断壮大，国民党政府独裁、腐败和军事上失利。毛泽东在实施“联合政府”主张过程中，最初是想利用和平手段从国民党手中争取一部分执政权，它一经提出就得到民主党派及无党派人士的拥护并成为一种多党联合执政的政治目标，在实施过程中最终演变成经过武装斗争胜利后共产党与民主党派及非党人士联合执政的政权形式。

毛泽东关于解放战争“两条战线”问题的论断解析

占善钦 著

《党的文献》2012 年第 4 期

关于解放战争的战线问题，学术界有不同观点。准确理解毛泽东关于解放战争“两条战线”问题的论断，是正确认识这一问题的关键。毛泽东对解放战争“两条战线”的论断，尽管前后表述有些不同，但概括起来说，这“两条战线”就是“解放区和蒋管区的人民运动”。其中，解放区人民运动的标志是人民解放军的胜利，蒋管区人民运动的标志是学生运动。这“两条战线”包括丰富的具体内容，大致可以从军事、政治、经济三个方面来分析。毛泽东关于解放战争“两条战线”的论断，对指导全党认清解放战争期间的复杂形势，引导和推动解放战争走向胜利有着重要意义。

毛泽东科技领导思想对新中国科技事业的重大影响

曾　敏　著

《天府新论》2012 年第 1 期

在新中国科技事业的奠基和发展过程中，毛泽东所发挥的决定性作用是不能回避的历史事实。毛泽东揭示了党领导科技的本质是政治领导，并采取了变政治中央委员会为科学中央委员会等一系列措施实现党对科技的政治领导。毛泽东还提出前进的政党应该把握科技发展的方针、以国家计划领导科技等重要思想。

毛泽东为何主编《农民问题丛刊》

毕　耕、李永雪、薛　娜　著

《光明日报》2013 年 7 月 3 日

毛泽东在广州担任第六届农民运动讲习所所长期间，主编出版了一套《农民问题丛刊》。这不仅是第一次国共合作时期宣传革命思想和指导全国农民运动的重要文献，而且是研究中国近代农民问题的宝贵资料，具有重要的历史价值和现实意义。毛泽东把当时搜集到的国内外有关农运的重要文献，农讲所教员对农民问题的专题研究，以及第六届农讲所学员的调查材料等，汇集起来加以认真审订和修改，最后编成一套丛刊出版。丛刊为32开本，1926年9月起陆续出版，广州国光书店发行。原计划出版52种，因时间仓促和经费有限，最终只出版了26种。这套丛刊的出版，不仅改变了以前研究农民问题资料匮乏的状况，为农讲所学员以及全国各地的农运干部提供了丰富而宝贵的学习材料，而且在宣传革命思想、提供政策指导、介绍农运经验和传播知识信息等方面发挥了不可低估的作用，有力地促进了全国农民运动的蓬勃发展。

毛泽东文艺思想与当代文学理论形态的建构

韩清玉　著

《兰州学刊》2012年第6期

理论创新所体现的实践特色、民族特色、时代特色，应该贯彻到当代马克思主义文艺理论形态的建构中。对毛泽东文艺思想中关于文艺的大众化和人民主体性、超越自律/他律的理论潜质以及文艺的民族形式等几个重要方面，结合文艺基本原理和当下的文化艺术实践进行考察，以期发掘毛泽东文艺思想之于当下的时代感和实践意义。这一探索不仅是对毛泽东文艺思想研究本身的丰富，更是建构更富时代精神和现实指向的文艺理论形态和推进马克思主义大众化的重要步骤。

文学与时代精神——毛泽东《在延安文艺座谈会上的讲话》及其历史作用

王　蒙　著

《文艺研究》2012年第6期

中国有中国的国情，毛泽东《在延安文艺座谈会上的讲话》中，提出了一个非常重要的命题，就是文艺应该服从于革命，应该为无产阶级的政治服务。文艺应该成为团结人民、教育人民、打击敌人、消灭敌人的有力武器。他提出，我们讨论一切问题，不能从抽象的定义而只能从实际出发，因此要和新的时代、新的群众结合。他提出，生活是文艺创造的唯一源泉，其他的都是流而不是源。毛泽东还提出，要以无产阶级的面貌来改造世界，实际上涉及文艺工作者自我改造的问题。他还提出文艺的政治标准与艺术标准。当然，对这些问题，人们会有不同的看法，但是，毛泽东所提出的这一系列问题和给出的一系列说法，在中国革命文艺运动当中确实充满了新意。

人民性、大众性、民族性：《在延安文艺座谈会上的讲话》的三重身份叙事

赵　琴　著

《人文杂志》2012年第2期

作为中国马克思主义文艺思想史和中国当代文艺思潮史上的一部纲领性文献，《讲话》以其强大的叙事逻辑和神圣化的身份认同力量而成为指导中国革命和建设时期各项文艺政策制定的基本依据。从文本叙事学的角度看，这种神圣化力量的获得是通过相互递进三重叙事逻辑而达到的，即，通过划定革命文艺的“人民性”属性而对传统文艺进行祛魅，以此确立中国革命文艺的阶级—政治身份；通过强调革命文艺的“大众性”特征来为自身存在的合法性辩护，以此厘定中国革命文艺的文化—美学身份；通过提升大众文艺的“民族性”属性来完成革命文艺的神圣化叙事，以此确立革命文艺的民族—国家身份。

坚持以人民为中心的创作导向——写在毛泽东《在延安文艺座谈会上的讲话》发表70周年

教育部中国特色社会主义理论体系研究中心

《光明日报》2012年5月22日

毛泽东同志《在延安文艺座谈会上的讲话》所提出的这个问题，是文艺创作的根本问题。70年来，一代代文艺工作者，在《讲话》精神的指引和鼓舞下，深入生活、深入基层，向实践学习、拜人民为师，与人民群众打成一片，创作了大批为中国老百姓喜闻乐见的、具有中国风格和中国气派的优秀作品。“为人民大众”，成为中国进步文艺的一个重要特征。文艺工作者只有摆正与人民、与生活、与艺术的关系，才能走上创作的坦途，迎来事业的辉煌。始终与人民同行、与时代共进的广大文艺工作者，才能自觉坚持以人民为中心的创作导向，创作出更多更好的精神食粮。

文化“为人民”的历史跨越——从延安文艺座谈会到十七届六中全会

任仲平　著

《人民日报》2012年5月22日

70年来，在《讲话》精神的指引下，我国文艺发展和文化建设发生了深刻的历史性变化，取得了巨大成就。尽管这篇彪炳史册的经典文献，因为历史条件的局限和时代任务的转换，其中一些观点和论述已经不适用于今天，但其所揭示的“文艺与人民”、“文艺与时代”、“文艺与生活”的深刻思想，却对我国文化事业的繁荣和发展产生了深远影响，写下社会主义文化华章的光辉序言。

文献选介

湖南省博物馆藏近现代名人手札

欧金林　主编

岳麓书社 2012 年 6 月

本书收录了近现代湖湘名人陶澍、魏源、曾国藩、左宗棠、胡林翼、王先谦、王闿运、何绍基、郭嵩焘、李星沅、瞿鸿禨、谭嗣同、张大千、曾熙等人的手札，其内容涉及时事、个人政见、学术观点、酬答往来等，既具有书法艺术欣赏价值，又具有重要的文献资料价值。

炎帝历史文献选编

万　里、刘范弟、周小喜　辑校

湖南大学出版社 2012 年 5 月

炎帝崩葬于湖南省炎陵县，是与皇帝并列的中华民族始祖。本书选取历代典籍中有关炎帝的部分文献资料，按经、史、子、集四类汇编而成。另有“诗文韵语”收集历代关于炎帝的碑铭、祭祀文、诗赋赞颂等资料。收录的资料上自周秦，下至民国，是研究炎黄文化的重要文献资料。

清代湖南朱卷选编

颜建华　选编/龚笃清　审订

湖南师范大学出版社 2012 年 4 月

本书选录了现存的全部湖南人的会试朱卷，部分研究价值较高的湖南乡试试卷、优拔贡试卷、拔贡试卷。全书依科考年份的先后进行排序，按进士卷、顺天乡试举人卷、湖南乡试举人三部分分列，拔贡卷分别列在各人物之下。朱卷作者还编有小传。

湖南近现代名校史料

湖南省教育史志编纂委员会　编

湖南教育出版社 2012 年 3 月

本书收录了清末至 1949 年以前的湖南公立大学、中学、小学、幼校、私立学校、族校、女子学校、军校、干校、工业学校、农校、艺校等名校 191 所，分别介绍了其办学宗旨、教育思想、教学管理、师资与学生来源、课程设置、教学计划、重大事件、校歌校训、校徽校旗等，是研究湖南教育和教育史的重要文献。

湖南古今人物辞典

王晓天、王国宇　主编

湖南人民出版社 2013 年 6 月

本书共收入湖南古今人物五千余人，下限断至 2011 年以前逝世者。人物次序按卒年排列，依各历史时段分列。每位人物的内容为其生卒年、籍贯、生平事迹、事功等。是了解湖南历史，研究湖南人物生平、思想的非常重要的工具书。

马王堆汉墓帛书

湖南省博物馆　编

岳麓书社 2013 年 7 月

马王堆汉墓帛书于 1973 年 12 月在长沙市东郊马王堆三号墓发掘出土，

墓主是西汉初期长沙国丞相、轪侯利苍的儿子。该墓出土帛书四十二种，十万多字，内容涵括政治、经济、哲学、历史、天文、地理、医学、军事、体育、文学、艺术等众多学科。本书分为五章，按照《汉书·艺文志》分类法，将出土帛书分为六艺、诸子、兵书、术数、方技五类。第一章为六艺类帛书，有《周易》的经和传、《春秋事语》和《战国纵横家书》。其中《周易·六十四卦》和《系辞》都是最古的抄本之一；《春秋事语》是记叙春秋时代历史的珍贵文献；《战国纵横家书》记录了战国时纵横家的游说之辞，许多久已失传，纠正了过去所传有关史实之误。第二章为诸子类帛书，有《老子》甲本及卷后佚书和《老子》乙本及卷前佚书两种。又有《经法》、《十六经》、《称》、《道原》四篇有关黄帝言的古佚书，抄录在《老子》乙本前面，称《黄帝书》或《黄帝四经》，是久佚的有关汉初黄老思想的重要文献。第三章为兵书类帛书，有《刑德》甲篇、《刑德》乙篇、《刑德》丙篇三种，是汉初刑德理论的重要文献。第四章为术数类帛书，有篆书《阴阳五行》、隶书《阴阳五行》、《天文气象杂占》、《五星占》、《相马经》、《木人占》六种，是研究我国古代阴阳五行理论与天文气象、占卜的珍贵文献。第五章为方技类帛书，有《足臂十一脉灸经》、《阴阳十一脉灸经》甲本、《脉法》、《阴阳脉死候》、《五十二病方》、《养生方》、《胎产书》、《杂疗方》、《阴阳十一脉灸经》乙本、《却谷食气》十种，均系中医学弥足珍贵的古籍，反映了汉初之前的临床医学、方药学、养生学的发展水平。

湖南出土简牍选编

朱少华、张春龙、郑曙宾、黄朴华 编著

岳麓书社 2013 年 7 月

湖南有丰富的简牍资源，自 20 世纪中叶以来，全省范围内有数次重大的简牍文献发掘，出土了大量的自战国至西晋的简牍。本书选取全省各地各时期的一些有代表性简牍，以内容重要、书法精美、字迹清楚者为选取标准。据此可略窥湖南出土历代简牍的整体面貌。全书包含九篇：湖南出土战国楚简、龙山里耶秦简、马王堆汉墓出土简牍、沅陵虎溪山西汉简、长沙走马楼西汉简、长沙东牌楼东汉简、长沙走马楼三国吴简、郴州苏仙桥三国吴简、郴州苏仙桥西晋简牍。每篇又包含概述、图版、释文三个部分。概述部分说明历次发掘简牍的时间、地点、简牍数量和简牍形制，以及这些简牍在地下的埋藏形式。图版与释文的编号一一对应，方便阅读和查找。

楚辞章句补注　楚辞集注

（汉）王逸　章句/（宋）洪兴祖　补注/夏剑钦　校点/（宋）朱　熹　集注/吴广平　校点

岳麓书社 2013 年 1 月

《楚辞章句补注》，（汉）王逸章句、（宋）洪兴祖补注。《楚辞》是以楚国文学家屈原和宋玉等为代表所创作的骚体诗，以及汉代人贾谊、淮南小山、东方朔、庄忌《旧本作严忌》、王褒、刘向等人所创作的拟骚体诗的汇编集，由汉成帝时刘向汇编而成。原书十六卷，包括《离骚》、《九歌》、《天问》、《九章》、《远游》、《卜居》、《渔父》、《九辩》、《招魂》、《大招》、《惜誓》、《招隐士》、《七谏》、《哀时命》、《九怀》、《九叹》十六首。汉安帝时王逸为《楚辞》作注，即章句，并加进了由他本人所作的拟骚体诗《九思》，命名为“楚辞章句”，为十七卷。《楚辞章句》是汉代楚辞研究的集大成之作，《四库全书总目提要》著录，对其书的作者和篇章及体例记载甚详。南宋洪兴祖对《楚辞章句》再作补注，称为《楚辞补注》，或称为《楚辞章句补注》。洪氏所作补注，对王逸的章句纠谬补缺。其书援引赅博、取证详审，成为注释《楚辞》的通行本。《四库全书总目提要》亦著录，对作者及补注特色记载详细，并认为“于《楚辞》诸注之中，特为善本”。本次整理以《四部丛刊》影宋本校点排印。

《楚辞集注》，（宋）朱熹集注。本书包括正文八卷，《楚辞辩证》两卷、《楚辞后语》六卷。正文八卷对王逸的《楚辞章句》的篇目进行了增删，卷一至卷五为《离骚》，收录屈原的二十五篇作品；卷六至卷八为《续离骚》，收录宋玉、景差、贾谊、庄忌（严忌）、淮南小山的十六篇作品。《楚辞辩证》为辩证旧文中的错误。《楚辞后语》则删定晁补之《续楚辞》、《变离骚》二书，并录荀况至吕大临拟骚体五十二篇。朱熹作此书的目的，是重在阐发《楚辞》中的微言大义。本书《四库全书总目提要》著录。本次整理以宋端平二年朱监刻本为底本校点排印。

南岳佛道著作选

（陈）慧　思、（唐）希　迁等　撰/徐孙铭　校点

［唐］薛幽栖、陈少微等　撰/万里等　校点

岳麓书社 2012 年 12 月

本书分为《佛教篇》和《道教篇》。《佛教篇》包括陈朝慧思的《南岳思大禅师立誓愿文》、《诸法无诤三昧法门》、《大乘止观法门》，隋朝智𫖮的《摩诃止观》，唐朝希迁的《参同契》、《草庵歌》，唐朝怀让的

《南岳大慧禅师语录》。这些著作足称南岳佛学的代表。

《道教篇》包括佚名氏撰《太上黄庭内景玉经》，唐朝薛幽栖的《元始无量度人上品妙经注》，唐朝刘处静的《洞玄灵宝三师记》，唐朝陈少微的《大洞炼真宝经修伏灵砂妙诀》、《大洞炼真宝经九还金丹妙诀》，唐朝司马承祯的《服气精义论》、《修真精义杂论》、《坐忘论》、《天隐子》、《上清含象剑鉴图》、《太上升玄消灾护命妙经颂》，唐朝张大虚的《玄和子十二月卦金诀》，唐朝衡岳真子的《玄珠心镜注》，唐朝徐灵府的《通玄真经》，唐朝李冲昭的《南岳小录》，五代谭峭的《化书》。《道教篇》之末附北宋廖佚《南岳九真人传》。通过这些著作，可见南岳道教之大概。

唐代湘人诗文集

(唐) 李群玉等　撰/黄仁生、陈圣争　校点

岳麓书社 2013 年 7 月

唐代湖南知名诗人有李群玉、刘蜕、胡曾、齐己等，他们的诗歌在中国文学史上占有一席之地。本书分五编：第一编《李群玉集》，收《李群玉诗集》三卷、《后集》五卷，以《四部丛刊初编》影宋刊书棚本为底本，以明抄本《李群玉诗集》、明末刻本《唐人八家诗》为参校本。此外，从各种相关文献中辑李群玉佚诗十一首、残句四则，汇为《李群玉诗补遗》一卷附后。第二编《刘蜕集》，主要收录《唐刘蜕集》六卷，以涵芬楼影印明天启间吴馡刊本为底本，以湖南丛书本《刘蜕集》等参校。此外，据各种文献辑录集外文十一篇、诗一首、残句一则，汇为《刘蜕诗文补遗》一卷附后。第三编《胡曾集》，主要收录《咏史诗》三卷，以上海涵芬楼影印常熟瞿氏铁琴铜剑楼影宋抄本《新雕注胡曾咏史涛》为底本，以文渊阁四库全书本《咏史诗》等参校。此外，据齐种文献辑录集外诗十六首、残句一则、文五篇，汇为《胡曾诗文补遗》一卷附后。第四编《齐己集》，主要收录《白莲集》十卷、《风骚旨格》一卷，以《四部丛刊·初编》影印明抄本为底本，以天启七年曹氏书仓抄本《白莲集》等参校。此外，据各种文献辑录集外诗六首、句五则、文三篇，汇为《齐己诗文补遗》一卷附后。第五编《其他湘人诗文集》，无统一底木，系从若干典籍中辑出，其出处和版本情况已分别出校记作了说明。

唐宋人寓湘诗文集

黄仁生、罗建伦　校点

岳麓书社 2013 年 7 月

湖南的文学传统是由流寓作家和本

土作家共同造就的，而湖南文学的源头是流寓作家屈原和贾谊。唐宋时期的湖南文学基本是由寓湘作家主导，而本土作家则受其熏陶与影响。本书由多位编者从唐宋两代寓湘诗人包括杜甫、刘禹锡、柳宗元、元结、王昌龄、张说等人的诗文集中广泛捡拾与湖南相关的诗文作品汇编而成，涉及寓湘作家数百人。作家按出生时间先后排序，每位作家有小传介绍生平，小传下系其相关作品，作品按先诗后文顺序排列。

渠阳集

（宋）魏了翁　撰/张京华　校点

岳麓书社 2012 年 12 月

此书即作者被贬谪靖州期间所撰写的诗文。全书十八卷，卷一为古诗、卷二至卷四为书（信）、卷五至卷八为记、卷九为序、卷十为铭、卷十一为跋、卷十二至卷十八为墓志铭。《渠阳集》一书原本有单刻传世，宋明以来各家书目多有著录，但卷数不一，后亦失传。本次整理以文渊阁《四库全书》本之《鹤山集》为底本，以《四部丛刊》影宋开庆本《重校鹤山先生大全文集》为勘对本，重新厘定其中《渠阳集》诗文为十八卷。渠阳在当时为荆楚西南百蛮之地，偏僻闭塞、人文罕至。此书记载了当地土俗民风，是研究湖湘文化的重要文献。

青郊杂著　文韵考衷六声会编　字学元元

（明）桑绍良　撰

（明）袁子让　撰

岳麓书社 2012 年 3 月

《青郊杂著》亦名《声韵杂著》，桑绍良撰。绍良字遂权，明代万历间湖南郴州人。本书主要讲解韵学的基本知识和作者的基本韵学观点，提出了“韵有十八部、四科、五品、六级、七十四母”之说，并对这些韵学概念各有阐述。

《文韵考衷六声会编》十二卷，桑绍良撰。本书是作者音韵理论的实践，按其在《青郊杂著》中所拟定的声韵调系统列字填写详尽的韵图，其横列声母，按品分划；其纵列韵母，依六级、十八韵安排，各小韵再注明反切。《青郊杂著》和《文韵考衷六声会编》于《四库全书总目提要》存目，对作者的韵学观多有批评，称其“皆支离破碎，凭臆而谈”、“于韵书沿革尚未详考矣”。不过后世学者认为《四库全书总目提要》的评价拘于维护传统韵书的权威性，有意忽略了作者对传统韵学的革新。

《字学元元》十卷，又名《五先堂字学元元》，明代袁子让撰。子让字仔肩，号七十一峰主人，湖南郴州人。明万历二十九年进士，官至四川眉州知州。本书是研究等韵的专著。作者针对元代刘鉴《经史正音切韵指南》存在的问题，详疏书中所用南宋僧侣无名氏《四声等子》的等韵门法，又增广门法为四十八类，较刘鉴《切韵指南》所附《门法玉钥匙》和明僧真空《篇韵贯珠集》所增更为完备。其辨四等，有变四为二的倾向，是作者在审音上的贡献。全书各卷前有题首，表明作者在此卷中的观点和主张。本书《四库全书总目提要》存目，肯定其疏明《切韵指南》等韵书，“使有条理”，又“广等子门法为四十八类，较《玉钥匙》、《贯珠集》诸书颇为分明”。同时又批评其“体例糅杂，茫无端绪”。然而瑕不掩瑜，本书在等韵学领域仍具有特殊地位。本书以明万历三十一年刻本为底本影印出版。

刘三吾集

（明）刘三吾　撰/陈冠梅　校点

岳麓书社 2013 年 6 月

刘三吾，初名如孙，三吾为其字，自号坦坦翁，晚年又号玉堂老人。湖南茶陵人。早岁中乡举，未居官，后避兵广西，由行省承制授静江路儒学副提举，及明兵下广西，归居茶陵。洪武十八年被召进京，授予左赞善，累迁翰林学士，明初诸多礼制以及三场取士法多由三吾刊定。编纂了《存心录》、《省躬录》、《书传会选》、《寰宇通志》、《礼制集要》等书，并为明太祖的《大诰》及《洪范注》作序。本书收《刘坦斋先生诗文集》、《书传会选》两种。

夏原吉集　李湘洲集

（明）夏原吉　撰/朱树人　校点

（明）李腾芳　撰　刘依平、汤颖芳、章　飚　校点

岳麓书社 2012 年 4 月

夏原吉，字维喆，湖南湘阴县人。由乡荐入太学，官至尚书，进少保兼太子少傅。卒谥“忠靖”。本书是其诗文集，全书六卷。卷一为文，包括《表》、《颂》、《赋》、《赞》四类文章共七篇。卷二《五言古诗》、《五言律诗》、《五言排律》。卷三《七言古诗》。卷四《七言律诗》。卷五《七言律诗》、《七言排律》。卷六《七言绝句》。《四库全书总目提要》著录“《夏忠靖集》六卷附录一卷”，并称其“致用之言，疏通畅达，以肩随杨士奇、黄淮等，殆可无愧色”。本书以《四库全书》本为底本整理排印。

李腾芳，字子实，号湘洲，湖南湘潭人。明万历二十年进士，官左谕德。时党争兴起，上疏为东林党人顾宪成辩护，坐以“擅去”、“浮躁”等罪名被贬，称疾家居。继又被指为东林恶党成员，再遭削职。

崇祯初年以尚书起用，数年后卒于官。平日精研经史，尤宗王守仁之学，兼习方技释道，长于论事。有《直陈安攘至计疏》，又称为“御倭八策”，皆中兵机。又条上戚继光教练法，力破边将固习，其文均见其文集中。本书为作者的诗文集，全书十二卷。卷一《论》、《辨》、《策略》、《策问》、《评》。卷二《序》。卷三《记》、《议》、《详》。卷四《墓表》、《墓志铭》、《传》、《赞》、《题跋》。卷五《诗》。卷六、卷七《制词》。卷八《奏疏》。卷九《奏疏》、《表》、《日讲章》。卷十《启》、《尺牍》。卷十一《杂文》、《杂说》、《追记》、《或问六条》、《文字法》。卷十二《祭文》、《公牍》。作者诗文集传世版本不多，《四库全书总目提要》存目，为“湖北巡抚采进本”。今据湖南图书馆藏《明宫保李湘洲先生集》整理出版。

黄周星集　王岱集

(清) 黄周星　撰/谢孝明　校点

(清) 王　岱　撰/马美著　校点

岳麓书社 2013 年 5 月

黄周星，名景明，字景虞，号九烟。值明亡之际变姓名为黄人，字略似，号半非，又号而庵、圃庵，别署沃沃主人等。湖南湘潭人，一说金陵上元人，两说各有所据。崇祯十三年进士，官户部主事。明亡后曾仕于南明隆武朝。入清后不再入仕新朝，布衣素冠，往来于吴越间，以坐馆卖文为生。本书以光绪二十四年静谙家塾刻本《九烟先生集》为底本校点，更名为《黄周星集》。本书包括《正集》四卷、《别集》二卷、《补遗》一卷。卷首有谢孝明所撰《前言》，对黄周星著作的编辑和刊刻情况论述甚详。

王岱，字山长，号了庵，湖南湘潭人。少客金陵，与顾炎武、王士祯、施闰章等友善。明崇祯十二年举人，清初官随州学正、京学教授。康熙十八年荐举博学鸿词科，官澄海知县。本书包括《且园近诗》五卷、《且园近集》四卷，以清康熙刻本为底本校点，更名为《王岱集》。

陈鹏年集

(清) 陈鹏年　撰/李鸿渊　校点

岳麓书社 2013 年 5 月

陈鹏年，字北溟，别号沧洲，湖南湘潭县人。康熙三十年进士，授浙江西安县知县，历官山阴知县、江宁知府、苏州知府，官至河道总督，卒谥“恪勤”。本书是陈鹏年的诗文集，含《陈恪勤集》、《沧洲近诗》、《道荣堂文集》。《陈恪勤集》三十九卷，是作者的诗集，《沧洲近诗》含古体诗二卷、近体诗七卷。《道荣堂文集》包括奏疏、传、记、题跋、祭文、墓志铭等各类文章六卷。《陈恪勤集》以康熙间刻本为底本点校；《沧洲近诗》和《道荣堂文集》以乾隆二十七年刻本为底本点校。

王文清集

（清）王文清　撰/王守红　校点

岳麓书社2013年4月

王文清，字廷鉴，号九溪，湖南宁乡县人，雍正二年进士，雍正六年调任九溪卫（今湖南慈利县）学正，雍正九年改任岳州府学教授。乾隆元年调三礼馆任纂修，后荐为内阁中书兼律吕正义馆纂修，参与《律昌止义》的纂修。乾隆八年奉旨重校《五代史》。乾隆十一年铨叙第一，并考取御史，旋乞假终养回籍。本书收《锄经馀草》、《锄经续草》和《考古略》三种。《馀草》十六卷，收各体诗一千六百余首；《续草》四卷，收各体诗四百五十余首。

李文炤集

（清）李文炤　撰/赵载光　校点

岳麓书社2012年7月

李文炤，字元朗，号恒斋，湖南善化县（今长沙县）人。清康熙五十二年举人，曾主岳麓书院进席多年，并任山长。本书包括《恒斋文集》、《周礼集传》和《家礼拾遗》三种专集，统称为《李文炤集》。《恒斋文集》是作者的诗文集，共十二卷，前七卷为文集，包括序、记、辩、跋、论、说、策、学规、传、书札、祭文、赋等文体；卷八、卷九为诸体诗；卷十为《道吟》专题诗集，共六十四首，均为五言律诗；卷十一、卷十二为《杂录》，是作者平时讲学或接待知旧的言论记录。《周礼集传》六卷，是作者注解《周礼》的专著，作者认为《周礼》是周公致太平之书，六官为百王不易之典，故平生于此书用力最勤。《家礼拾遗》五卷，是作者对朱熹《家礼》的研究与补充，即“参之于《仪礼》、《周官》，复衷之于《语类》、《文集》，为辩论数十则，上推先生（朱熹）之遗意，下辑群儒之公论”。其首有《家礼图式》一卷并附《增损蓝田吕氏乡约》和《白鹿洞书院揭示》、《沧洲精舍释菜仪》。《恒斋文集》、《周礼集传》、《家礼拾遗》均以清道光二十三年重刻四为堂本为底本校点排印。

凝园读易管见

（清）罗　典　撰/兰甲云　校点

岳麓书社2013年5月

罗典，字徽五，号慎斋，湖南湘潭县人。乾隆十六年进士，选庶吉士，后转御史，历吏、工二科掌印给事中，两主河南乡试，督四川学政，官至鸿胪寺少卿。乾隆四十七年任岳麓书院山长，在任二十七年，培养了大批经世致用人才。罗典有

《凝园读诗管见》、《凝园读春秋管见》、《今文尚书管见》、《罗鸿胪集》等多种著作。《凝园读易管见》是罗典学《易》、治《易》的心得体会，共十卷，分别对《周易》六十四卦的卦辞和爻辞作出解读。凝园是作者北京做官时的宅院。全书围绕着《周易》卦爻辞，包括象辞、象辞来阐释每卦每爻的精义要旨，每卦每爻的义理都能自圆其说，自成体系。罗典易学的最大特点就是对乾卦卦辞的独到解释。本书中的大部分观点，如释《同人》、释《豫》、释《归妹》等，都是作者长期研读《周易》的心得，是其苦苦思索后的成果。本书以乾隆三十一年刻本为底本点校。

陶园诗文集

（清）张九钺　撰/雷　磊　校点

岳麓书社 2013 年 5 月

张九钺，字度西，号紫规、陶园，湖南湘潭县人。乾隆六年拔贡，乾隆七年廷试一等第一名，留国子监肄业，补正红旗官学教习。乾隆二十七年顺天乡试举人，以教习循资得知县，拣发江西，先后任南丰、峡江、南昌等县知县。乾隆三十六年丁忧服阕，选发广东，历始兴、保昌、海阳三县知县，以海阳盗案牵连落职。张九钺早岁曾幕游江西、云南、吴越、广东，落职后又客游江西、福建、浙江、河南等地，先后主讲高阳书院、周南书院、临淮书院、澧阳书院，晚年主讲湘潭昭潭书院。其间又先后应聘主修河南偃师等县县志。本书包括《陶园文集》、《陶园诗集》、《陶园诗馀》、《六如亭》四种。陶园者，即张九钺的私家庭院，亦名桃园，位于湘潭城之熙春门。《文集》收各体文章七十四篇，从中可考见作者关心民生、重视教育、敦厚风俗的经世思想。《诗集》二十四卷，收各体诗歌二千三百余首，依创作时间先后为序编排。其内容包括描写山川风物的美景，抒发思念亲友的情愫，寄托思虑往古的幽情，歌颂忠孝节义的壮举。《诗馀》又名《秋篷词》，收词一百五十八首。《六如亭》为杂剧，演绎苏轼与王朝云、温超超的爱情故事，亦寓佛理于其中。本书以清道光二十三年刻本为底本点校整理。

欧阳厚均集

（清）欧阳厚均　撰/方红姣　校点

岳麓书社 2013 年 5 月

欧阳厚均，字福田，号坦斋，湖南安仁县人。嘉庆四年进士，授户部主事，官至监察御史，后以母老为由辞官回乡。嘉庆二十三年任岳麓书院山长，长达二十七年，培养了大批经世致用人才，曾国藩、郭嵩焘等出其门下。欧阳厚均治学以《周易》为宗，强调学《易》的根本在于德行，不在言辞。认为易理无所不包，但天地之道高远难言，不若反求近取、以人事诂《易》，于是作《易鉴》，专引古今史事解释六十四卦，而摒弃象数、义理、占卜之说，以显示穷经致用之旨，而寓世道转移之机。欧阳厚均擅长诗文，强调以《周易》立言之道为诗文之道，认为诗文以诚为贵。李元度评价其文"俯仰揖让，有庐陵文忠公（欧阳修）之风，求一言之不出于诚，无有也"。有《坦斋全集》传世。本书包括《有方游草》二卷、《来谂堂诗草》二卷、《粤东游草》一卷、《望云书屋文集》二卷、《易鉴》三十八卷。《有方游草》、《来谂堂诗草》、《粤东游草》、《望云书屋文集》以道光间刻本为底本校点，《易鉴》以同治三年刻本为底本校点。

湖南阳秋

（清）王万澍、（清）王国牧　撰/赖谋深　校点

岳麓书社 2012 年 7 月

《湖南阳秋》，王万澍撰。万澎字霍霖，号勉亭，又号衡湘野人，湖南常宁县人，乾隆间诸生。本书是一部湖南地方史，全书十六卷，采录正史中有关湖南的史事史料，仿朱熹《通鉴纲目》体例汇为一书。记事上起秦始皇二十六年，下迄隋炀帝大业十四年。本书按朝代分卷，依编年体例缀成条目，记载每事发生的时间、人物、地点。条目之下，附以作者的训义，详述史事始末，复核注释，评介得失。作者效法《春秋》，对史事多有褒贬。作者另有《衡湘稽古》五卷，自署为"衡湘野人"。此书记载上自太昊，下迄西周有关衡湘史事。每事标举其纲，而杂引群书为目。时人称"考据详，援引精，能使衡峰湘水，星罗几上，有淹治之长，而无附会夸诞怪奇椒傥之失"。《四库全书总目提要》存目，称此书"多摭自《路史》诸书，既非地志，又非史传"。今将此书作为《湖南阳秋》之附录，置于《湖南阳秋续编》之后。《湖南阳秋续编》，王国牧撰，国牧字愧庵，王万澎之子。本书记事上起唐高祖武德二年，下迄元末。全书十三卷，其体例大抵与《湖南阳秋》同，内容上同《湖南阳秋》相接续，对史事的评论虽然较少，但在史料的追根溯源上用力更勤。《湖南阳秋》、《湖南阳秋续编》、《衡湘稽古》三书曾统称为《湖南阳秋》，有清同治九年唐训方刻本和光绪二十七年黄甲草庐重刻同治九年本。本书以光绪二十七年刻本为底本校点排印。

王船山先生诗稿校注

王夫之　著/朱迪光　点校

湘潭大学出版社 2012 年 9 月

全书沿用王夫之之子王敔刻印出版

的《王船山先生诗稿》的旧名，对王船山《五十自定稿》、《六十自定稿》、《七十自定稿》进行校注。以清同治四年（1865 年）金陵节署本《船山遗书》诗歌船山自定稿部分和清光绪十三年（1887 年）衡阳东洲船山书院增刻本诗歌船山自定稿部分为底本，参校湘西草堂刊刻本《王船山先生诗稿》三卷、1933 年上海太平洋书店排印本诗歌部分、1962 年中华书局排印本《王船山诗文集》之《姜斋自定稿》部分、1996 年岳麓书社版《船山全书》诗歌《姜斋自定稿》部分。

严如熤集

（清）严如熤　撰/黄守红　标点/朱树人　校订

岳麓书社 2013 年 5 月

严如熤，字炳文，号乐园，湖南溆浦人。乾隆五十四年优贡生。《严如熤集》包括《乐园文钞》、《乐园诗钞》、《苗防备览》、《三省边防备览》四种。《乐园文钞》八卷，收各体文章一百四十四篇，大抵按辩、论、说、记、序、传、书、议、疏、寿序等类例排序。以清道光刻本为底标点。《乐园诗钞》六卷，收各体诗歌四百余首。依专题各自为集。卷一《汉南集》、卷二《感旧集》、卷三《咏史集》、卷四《苏亭集·乐府》、卷五卷六《苏亭集》。邓显鹤称其诗“朴老沉雄，不加雕琢，如其为人，其汉南纪事诸作，真挚悱恻，直不减次山《舂陵行》也”。以清道光刻本为底本校点。《苗防备览》二十二卷，是一部关于湘黔川三省接壤地区苗族历史、地理与社会生活的专著，成书于作者担任姜晟幕宾时期，取材于当时公牍及湘黔川有关地方志。全书包括舆图、村寨、险要、道路、风俗、屯防、述往、人物、艺文等门类。以道光二十三年绍义堂刻本为底本校点。《三省边防备览》十四卷，辑录川鄂陕三省相邻地区有关地理、军制、经济、风俗等资料，还记录了边地民众的生产和经济活动，有作者亲身经历和实地调查的记载。以道光二年刻本为底本校点。

李星沅集

（清）李星沅　撰/王继平　校点

岳麓书社 2013 年 5 月

李星沅，字子湘，号石梧，湖南湘阴县（今属汨罗市）人。道光十二年进士，选庶吉士，次年授编修。道光十四年任四川乡试正考官，十五年任广东学政，十八年授陕西汉中知府，后官至两江总督兼管河务。道光三十年十二月被清廷派为钦差大臣，驰往广西镇压农民起义。咸丰元年病逝广西武军中，谥文恭。著有《李文恭公遗集》传世。本书以清同治四年芋香山馆刻本《李文恭公遗集》为底本校点，更名为

《李星沅集》。全书四十六卷，包括奏议二十二卷，诗集八卷，文集十六卷。奏议主要反映了李星沅为官以来的相关公务情况。其中，在陕甘总督任上整顿官库、清剿“刀匪”、“啯匪”；在云贵总督任上整顿边务，惩治懈怠官员，平息汉族和少数民族间的矛盾和纠纷；两江总督任上整理水师，经理漕务等，均有较高的史料价值。特别是任钦差大臣，出师广西，镇压太平天国起义时期的奏报，虽然时间短暂，但对了解太平天国初期的情形，尤其是清政府对太平天国农民起义的措施以及清政府财政的困境，颇具文献价值。诗集八卷、文集十六卷，虽多为官场酬和之作，但其青年时期言志之诗大多志意宏远，其文集部分有《滇南军书》三卷、《粤西军书》八卷，也是研究西南民族关系和太平天国的重要文献。

罗汝怀集

（清）罗汝怀　撰/赵振兴　校点

岳麓书社 2013 年 5 月

罗汝怀，初名汝槐，字廿孙，又作念生、研生，晚号梅根居士，湖南湘潭县人。本书是罗汝怀的诗文合集，包括《绿漪草堂文集》三十卷、《绿漪草堂诗集》二十卷、《研华馆词》三卷、《绿漪草堂外集》两卷，以光绪九年长沙刻本为底本校点。《绿漪草堂文集》包括说、释解、考、论、辩议、议表、叙、叙例、书后、题跋、书、书启、记、寿叙、传、赞、铭、纪事、墓志铭、墓表、行状、诔、哀词、祭文等诸体文章。《绿漪草堂诗集》包括各体诗歌，按五古、七古、五律、七律、五绝、七绝排序。《研华馆词》收词若干首，首有陈学受题词。《外集》为杂文，多以士人身份向当道提出的建议，涉及治安、备荒、禁烟等方面。

辽西草　磵东诗钞　麋园诗钞

（清）孙起栋　撰/（清）欧阳辂　撰/（清）毛国翰　撰/刘　文　校点

岳麓书社 2013 年 3 月

孙起栋，字天擎，号白沙，湖南新化县人。作者原有《辽西草》、《湘南草》等诗集，失去无副本。本次整理出版之《辽西草》六卷，皆及门辈偶尔钞集所存，以民国间刊本为底标点。

欧阳辂，原名绍洛，字念祖，一字磵东，湖南新化县人。《磵东诗钞》十卷，道光六年由陶澍资助刊刻于淮阳。后来欧阳辂又自订其集，大加删改，加入新作，道光十年由邓显鹤重为开雕。又有光绪二十二年新化三味堂刊本，本次整理即以此为底本校点。

毛国翰，字大宗，号青垣，湖南长沙人，县学生。自幼颖悟强记，尤善写诗。乡试屡黜，乃筑室于长沙城北黑麋峰及麋湖口之间，名其居为麋园。晚年入湖广总督裕泰幕，数年后病逝于武昌。裕泰亟称毛国翰诗才，命人将其诗稿重新编订为八卷，并亲自作序，刊刻行世，是为《麋园诗钞》。民国五年毛氏后裔以裕泰刻本重新检校再版，本次整理即以此为底本校点。

江忠源集　王鑫集

（清）江忠源　撰/（清）王　鑫　撰/谭伯牛　校点

岳麓书社 2013 年 6 月

江忠源，字常孺，号岷樵，湖南新宁人。道光二十七年举人，湘军早期创始人，因军功累擢安徽巡抚。卒谥忠烈。本书为作者诗文集，收文章十九篇，诗歌八十八首。卷首和附录二卷为介绍作者生平事迹和身后褒荣的文献。诗文集初编于清咸丰五年，此后多次编辑扩充，渐次有咸丰丙辰长沙刻木、咸丰六年邵州刻本、同治三年四川藩署刻本、同治十二年长沙重刻本、光绪十三年吴县刻本、光绪十四年邵阳重刻本、民国二十五年新宁县教育局重刻本，本次整理以民国二十五新宁县教育局重刻本为底本校点排印。

王鑫，字璞，号四愿居士，又号返璞山人，湖南湘乡县人。道光二十八年补县学生员，师事罗泽南。湘军早期创始人，以军功擢道员，加按察使衔。卒谥壮武。本书为作者文集，共二十四卷。前七卷《禀牍》、卷八至卷十六《书札》、卷十七卷十八《家书》、卷十九至卷二十二《日记》、卷二十三《练勇刍言》、卷二十四《杂著》。前有卷首，为作者的生平资料和《年谱》二卷，《年谱》的作者是罗正钧。本书以清光绪壬辰《王壮武公遗集》为底本校点排印。

刘锦棠奏稿　李续宾奏疏

（清）刘锦棠　撰/（清）李续宾　撰/杨云辉　校点

岳麓书社 2013 年 5 月

刘锦棠，字毅斋，湖南湘乡县人。刘锦棠的奏稿共计十六卷，起于光绪四年三月，止于光绪二十年三月。第一卷为历次谢恩奏折，第十六卷部分奏折是其回籍后由湖南巡抚代奏之件。第二卷至第十五卷是其帮办新疆军务以来直至新疆建省以后的奏折。这部分奏折主要涉及新疆的分兵部署、行政和治安建设、中俄交涉相关事务，以及新疆建立行省的相关建议和各项措施的落实情形。此外，还涉及整军裁勇和人才举荐等方面。刘锦棠的奏议，是研究新疆历史的重要文献。本书以全国图书馆文献缩微复制中心《中国文献珍本丛书》之《刘襄勤公奏稿》之影印本为底本标点整理。

李续宾，字迪庵，又字克惠，湖南湘乡县人。贡生，早年师从罗泽南，后佐罗泽南等在乡创办团练，咸丰八年加巡抚衔，并特别批准他“专折奏事”。十月十八日战死于庐州三河镇。清廷议谥忠武。李续宾所留下的奏折仅九篇，是他向朝廷汇报赴援庐州，并连克太湖、潜山、桐城、舒城，以及最后孤军深入被围的情况。《李续宾奏疏》虽然篇幅较少，但其人及所经历的事件对研究太平天国运动颇具史料价值。本书以光绪十七年瓯江巡署刻本为底本标点整理。

杨岳斌集

（清）杨岳斌　撰/肖永明、曾小明　校点

岳麓书社 2012 年 8 月

杨岳斌，原名杨载福，字厚庵，湖南乾州厅（今吉首市）人，后改籍善化（今长沙）。行伍出身，幼擅骑射，以军功累擢至陕甘总督，卒谥勇悫。其一生跨越道、咸、同、光，亲历了晚清众多重大历史事件。从咸丰七年十一月始，至光绪十二年四月止，杨岳斌撰写了大量的奏折。这些奏折是研究晚清社会的珍贵史料。光绪间，杨岳斌的奏折被编纂成《杨勇悫公遗集》，共十六卷，首一卷。全书按奏折先后顺序排列，卷首为杨岳斌的相关传记文献。本书以光绪二十一年问竹轩刻本《杨勇悫公遗集》为底本校点排印，更名为《杨岳斌集》。

吴敏树集

（清）吴敏树　撰/张在兴　校点

岳麓书社 2012 年 4 月

吴敏树，字本深，号南屏，晚号乐生翁、柈湖渔叟，湖南巴陵（今岳阳）人。道光壬辰举人，参加会试不第，后受命到浏阳县任教谕，与时不合旋即辞归。咸丰二年再次赴京会试，不第后绝意仕途，居洞庭湖畔，自放于山水间。本书收作者《柈湖诗录》、《钓者风》和《柈湖文录》三种，总名为《吴敏树集》。《柈湖诗录》六卷，按诗体排序，以同治八年刻本为底本校点排印。《钓者风》一卷，收诗一百一十八题，为作者晚年退居湖上之作，以同治刻本为底本校点排印。《柈湖文录》八卷，按文体分类排列，以同治八年刻本为底本，参校光绪十九年思贤讲舍十二卷本以及民国间李昌焕点校本《吴敏树文》校点排印。

楚辞释

（清）王闿运　撰/吴广平　校点

岳麓书社 2013 年 6 月

本书是王闿运于经学著作外的又一

重要学术著作，成书于光绪九年。卷一至卷七为屈原《离骚经》、《九歌》、《天问》、《九章》、《远游》、《卜居》、《渔父》。卷八、卷九为宋玉《九辩》、《招魂》。卷十为景差之《大招》。卷十一为附录，收宋玉之《高唐赋》。王氏一生崇拜屈、宋，酷爱《楚辞》。因其“欲做鲁仲连、陈汤一流人物而不可得”，故假注释《楚辞》之机，借古讽今，倾吐自己对晚清政治、军事、外交的个人见解。著名楚辞学家陈子展在其《楚辞直解》中谓“彼盖自伤其一生纵横计不就，而有所托焉者也”。另一楚辞学家姜亮夫在《楚辞书目五种》中更是谓王氏“心入绵邈，深体文心，求其比兴，以推作意。非空言欺人、标新诬古、妄为解析者之所能望其肩背”。

郭嵩焘全集

(清) 郭嵩焘 撰/梁小进 主编

岳麓书社 2012 年 12 月

郭嵩焘，字伯琛，号筠仙，曾自署南岳老人，晚号玉池老人，又称养知先生。湖南湘阴人。道光进士，选庶吉士。《郭嵩焘全集》编辑整理，是以《养知书屋遗集》和郭氏其他著作的内容为基础，以及搜集到的一批郭氏的集外文、未刊稿，内容包括专著、奏稿、书信、诗文联语等。全书按经、史、子、集的顺序编排，分为十五册。

谭嗣同集

(清) 谭嗣同 撰/何 执 编

岳麓书社 2012 年 5 月

谭嗣同，字复生，号壮飞，湖南浏阳人。《谭嗣同集》收入著作十一种，分别是:《寥天一阁文》二卷，《莽苍苍斋诗》二卷、补遗一卷，《远遗堂集外文》，《石菊影庐笔识》，《兴算学议》，《思纬壹壶台短书》，《秋雨年华之馆丛脞书》二卷，《仁学》，《壮飞楼治事十篇》，《集外文存》，《书信》。谭氏虽然英年殉难，却是中国学术史、思想史上的重要人物。其《仁学》思想内容包含中国传统文化、佛教思想、西方自然科学知识和基督教思想。

刘坤一奏疏

(清) 刘坤一 撰/陈代湘、何超凡、龙泽黯、李 翠 校点

岳麓书社 2013 年 5 月

刘坤一，字岘庄，湖南新宁人。廪生。与江忠源、刘长佑组建楚勇。刘氏以一介书生投笔从戎，不数年即跻身封疆大吏，一生开明务实，在吏治、理财以及军事方面均卓有见地。著作有《刘忠诚公遗集》传世。《刘坤一奏疏》即为《遗集》中的奏疏（三十七卷）、电奏（二卷）、电信（三卷）部分，所涉内容如整饬吏治、筹办洋务、反对和议、东南互保、请求变法等，对研究刘氏本人和晚清历史，均为真实

的历史文献资料。本书整理校点，以宣统元年刻印的《刘忠诚公遗集》为底本。

皮锡瑞集

（清）皮锡瑞　撰/吴仰湘　校点

岳麓书社 2012 年 12 月

皮锡瑞，原字麓云，改字鹿门，因署所居名师伏堂，人称师伏先生。湖南善化（今长沙）人。举人出身。曾先后为湖南桂阳州龙潭书院、江西南昌经训书院主讲。中日甲午战争后，极言变法图强，任南学会会长，宣扬爱国维新。戊戌政变后，被革去举人。晚年长期执教，博贯群经，为晚清经学大家之一。《皮锡瑞集》整理所依据的版本甚多，分别是：《师伏堂骈文》以皮氏师伏堂光绪甲辰重刻本为底本，同时参校前刻之光绪乙未本。《师伏堂诗草》、《师伏堂咏史》、《师伏堂词》以皮氏师伏堂光绪甲辰刻本为底本。《南学会讲义》乃据《湘报》所刊整理。《鉴古斋日记评》以善化陈氏光绪二十八年家刻本为底本。《师伏堂笔记》以长沙杨氏积微居民国十九年刻本为底本。《孝经郑注疏》以皮氏师伏堂光绪乙未刻本为底本，并参校民国二十三年中华书局据刻本排印之《四部备要》本。《尚书大传疏证》以皮氏师伏堂光绪丙申刻本为底本。《六艺论疏证》以湖南思贤书局光绪己亥刻本为底本。《经学历史》以湖南思贤书局光绪丙午刻本为底本。《经学通论》以湖南思贤书局光绪丁未刻本为底本。

中国近代思想家文库　皮锡瑞卷

吴仰湘　编

中国人民大学出版社 2013 年 4 月

皮锡瑞的现存著述有 400 多万字，本书从皮氏自定《师伏堂骈文》，已刊各种经史著作，其孙皮名振所编《皮鹿门年谱》和存世的《师伏堂日记》、《鹿门文稿》、《师伏堂经学杂记》手稿中，选出较有代表性的序跋、论议、函札、赞启、碑铭、讲义、答问、评语、演讲等 80 余篇，加上传诵一时的《经学历史》、《经学通论》（节选 2 卷），编成这本选集，既能够反映、揭示皮锡瑞的生活、思想与学术，又可以折射、印证晚清历史的剧烈变化。

白香亭诗集　抱碧斋集

（清）邓辅纶　撰/陈　锐　撰/曾亚兰　校点

岳麓书社 2012 年 4 月

邓辅纶，字弥之，湖南武冈人。肄业于长沙城南书院，与王闿运等号称“湘中五子”。咸丰元年以捐饷叙内阁中书，从父宦南昌。后累官至浙江道员，兵败免官，遂游历湖湘、江宁，讲学授徒。卒于江宁。《白香亭诗集》三卷，收入邓氏古近体诗三百一十八首，和陶（渊明）诗七十六首，集中展现了邓氏的诗歌创作成就、诗歌技艺及学养才情。其平生事迹、交游建树等在诗中多有反映。集中亦保存了诸多当时政界、军界、学界重要人物、重要事件的历史资料。王闿运称其诗“下笔渊懿，出语高华”，“卓然有大家风”。该整理校点，依据光绪十九年许振祎校刊本为底本。

陈锐，原名盛松，字伯弢，湖南武陵（今常德）人。光绪十年拔贡。选湘潭训导。十九年成举人。官江苏知县。辛亥革命时弃官，还湘从事教育。民国十二年逝世。《抱碧斋集》收入陈氏所作诗、词、杂文、诗话、词话等。陈氏工诗文，是湘西“三才子”之一。早年专攻五言，崇汉魏六朝，后与同光体诗人陈三立等交往，诗风多有转变。又工词，在晚清词坛被推为一代词宗。陈三立称其“奇芬洁旨，抗古探微，渐已出入湘绮翁，自名其体矣”。该集校点，以1930年夏敬观校刊本为底本。

濂溪志（八种汇编）

王晚霞　校注

湖南大学出版社2013年7月

该书对明代胥从化版《濂溪志》、明代李桢版《濂溪志》、明代周沈珂和周之翰版《周元公世系遗芳集》、明代李嵊慈版《濂溪志》、清代吴大镕版《道国元公濂溪周夫子志》、清代周诰版《濂溪志》和《濂溪志遗芳集》、清代彭玉麟版《希贤录》予以汇编整理和校注，记录了周敦颐思想自宋至清的传承流变轨迹，是研究周敦颐的重要史料。

城南书院志　校经书院志略

（清）余正焕、左　辅　撰/邓洪波、梁　洋、李　芳　校点

（清）张亨嘉　撰/邓洪波、马友斌、蒋紫云　校点

岳麓书社2012年7月

《城南书院志》四卷，内容包括新典、各奏咨详呈文稿、图记、事迹、朱张诗文、旧书院图记、岳麓城南两书院膏火田考、艺文等。为余正焕辑编。该书有两附录，其一，《城南书院新置官书条款目录》为左辅编辑。书目分经、史、子、集四部，著录院藏之书四百零三部，计三千一百七十四本。书名之下，各记作者、版本、卷数、函数等内容。另有《条款》六则，皆图书保管、借阅等具体规定。其二，《城南书院文献辑存》四卷，为今人邓洪波所辑，补道光以降未能再修院志之缺失。

校经书院，原名湘水校经堂，又名湘水校经书院。《校经书院志略》为张亨嘉辑编，不分卷，内容含图、记、奏折、文牍、经费、章程等，记录书院迁建的相关文献。该书有两附录，其一，《湘水校经堂书目》，原名《湘水校经堂官书目录》，佚名编，以经、史、子类杂编、子、集五类为纲，著录院藏图书三万四千三百九十六卷。每书著录书名、卷数、作者、版本、函数、本数等内容。其二，《校经书院文献辑存》三卷，为今人邓洪波辑，收入各类前所未收及近人所述之文献，以存其概。

岳麓书院志

（明）吴道行、（清）赵　宁等　修纂/邓洪波、杨代春等　校点

岳麓书社 2012 年 2 月

岳麓书院号称天下四大书院之首，历宋、元、明、清，兴学不断，已逾千年。自明弘治以来，院志辑刊，连续未断。《岳麓书院志》收录了现尚存世的院志资料七种，分别是：《重修岳麓书院图志》十卷，题作［明］陈论编集，吴道行续正，明万历二十二年刊印。该志内容含道统、书院、崇道祠、六君子堂图志、禹碑考、石本图志、建造、沿革、书院兴废年表志、山川、古迹、疆界等志，以及先贤、山长、儒吏、器数、教条、食田等志，另有艺文、诗、杂、志及湘西、道林、城南等书院附志。

《新修岳麓书院志》八卷，首一卷，清康熙二十七年刊印。该志上承明修旧志，下纪清初五十余年之兴复，徐国相序称“其亦可上佐兰台石室之藏，下补舆图传记之缺”。

《续修岳麓书院志》四卷，首一卷，终一卷，清同治六刊印。该志卷一为书院、庙祀、田额、规条，卷二为列传、古迹、寺观，卷三以下为艺文。卷之首为新典恭纪、奏疏，卷之终为图书著录及捐赠事。

《岳麓书院续志补篇》一卷，清同治十二年刊刻。同治间整修岳麓书院，并清理田产，整顿规章，纂辑者周玉麒搜集有关文献十七篇而成此《补编》。

《岳麓书院记事录存》一卷，成书刊刻于清光绪年间。纂辑者王先谦，为晚清学术名家，光绪间任岳麓书院山长十年。甲午战败后，力推变革院规等各种措施，使书院加速迈向近代化进程，因收集有关文献十一篇而成此《录存》。

《岳麓小志》，民国二十一年成嘉森编辑，同年由湖南新闻社出版。该志内容分疆域、山水、古迹名胜、书院沿革、传记、湖南大学概要、仙释、游览行程八章。其最大特点是将湖南大学与岳麓书院历史贯通，有“今湖南大学，承继岳麓书院历史上固有之地位，犹子承父业也”

之说。

胡庶华题签之《岳麓小志》，编者佚名，民国二十三年八月铅印本。该志内容分山川形势及名胜古迹、书院沿革两章。主旨谓岳麓书院“今虽易名湖南大学，然图书、科学之设备扩充……其吸收现代科学知识，发扬固有历史精神，斯成后起者之责也”。因成此志。

另有（清）瞿中溶编辑的《岳麓书院新置官书目录》一卷，附刊于嘉庆《湖南通志》之后。瞿中溶时任湖南布政司理问，兼续修《湖南通志》监局官，因成此《目录》。

湖湘文化名著读本（军事卷）

陈先初　编著

湖南大学出版社 2013 年 4 月

晚清以降，湘人对军事学的兴趣骤然提高，对军事问题的关注迅速增强，随之产生了一批有分量的军事著述，形成了一支在军事学领域有出色表现的人才群体，历史上湖湘文化重文轻武的局面得以改观。陈先初编著的《湖湘文化名著读本·军事卷》精选了魏源、曾国藩、胡林翼、左宗棠、彭玉麟、王鑫、王闿运、熊希龄、黄兴、蔡锷、毛泽东、粟裕共十二位湘籍人士论述军事问题的代表性文字，配之以各人的生平简介以及各篇文字之形成背景、思想主旨、时代意义的概括或揭示，文中涉及的一些知识点也作了必要注释。

湖湘文化名著读本（哲学卷）

李清良　编

湖南大学出版社 2012 年 12 月

本书精选屈原、周敦颐、胡安国、胡宏、张栻、王夫之、魏源、罗泽南、曾国藩、郭嵩焘、谭嗣同、金岳霖共十二位湖湘先贤的哲学言论，详加注释与评析；通过对基本观念和思路的分析与比较，揭示每位哲学家的思想特色与主要贡献，呈现整个湖湘哲学传统的发展历程和基本精神。书末附录长文，系统论述湖湘哲学与湖湘文化的基本精神。

湘学研究动态

湖湘文化与湖南精神高峰论坛筹备会议

2012 年 2 月 16 日，为更好地贯彻落实中央十七届六中全会精神，按照湖南省人民政府原副省长、湖湘文化交流协会会长唐之享关于“进一步传承湖湘文化，弘扬湖南精神，加快富民强省建设”的指示，湖湘文化与湖南精神高峰论坛筹备会议在省社科院召开。会议主要是为在 4 月下旬由省湖湘文化交流协会与湖南省社科院联合举办的湖湘文化与湖南精神高峰论坛做好前期准备工作，会上选定了“湖湘文化的源流、特质及其类型研究，中国传统文化与湖南精神，湖湘学术与湖南精神，湖湘文化艺术与湖南精神，湖湘人物与湖南精神，红色文化与湖南精神，湖南精神与湖南文化强省战略，湖南精神与物质文明建设，湖南精神与精神文明建设，湖南精神与政治文明建设，湖南精神与社会文明建设，湖南精神与生态文明建设，湖南精神与四化两型建设，湖湘文化与湖南文化产业，湖南精神与湖湘文化创新”十五项议题。

湘学与中国史学科建设座谈会

2012 年 3 月 10 日，湘学与中国史学科建设座谈会在湘潭大学召开。湘潭大学湘学研究基地与中国史学科全体教师和研究人员参加会议。会上通过了湖南省湘学研究基地学术委员会组成人员名单，审议了 2012 年湘学基地开放课题，讨论了中国史学科建设规划。

“湖湘文化与湖南精神”论坛

2012 年 6 月 8 日，湖南省文化交流协会与湖南省社会科学院举办“湖湘文化与湖南精神论坛”。论坛主要是为更好地贯彻落实党中央十七届六中全会精神，响应中共湖南省委关于提炼和宣传湖南精神的号召，进一步挖掘、传承、弘扬湖湘文化，加快推进湖南文化建设。论坛与会者从多层次论述了湖湘文化与湖南精神的关系及其成因、特征等，而且加强了湖湘文化与湖南精神对现实影响的探讨。

《虞舜大典·近现代文献卷》首发式暨舜文化学术研讨会

2012 年 6 月 20 日，由湖南省社会科学院、湖南科技学院、湖南省舜文化研究会、山东省大舜文化研究会和湖南省舜文化研究基地联合举办的“《虞舜大典·近现代文献卷》首发式暨舜文化学术研讨会”在湖南省社科院举行。湖南省原副省长、湖南省舜文化研究会会长唐之享同志出席会议并讲话。著名的历史学家、古文字学家李学勤教授发来贺信。湖南省社会科学院副院长罗波阳研究员主持开幕式。来自湖南、山东、浙江等省市的50余名专家学者参加会议，并就该书出版发行的重要意义、舜文化的内涵与研究对构建社会主义核心价值观的意义与作用等进行了讨论。

第四届中国大舜文化研讨会

2012年9月27日，由湖南省舜文化研究会、山东省大舜文化研究会、湖南省宁远县人民政府共同主办的“第四届中国大舜文化研讨会”在湖南省宁远县召开。会议主题是“虞舜与九嶷”。与会学者认为，舜帝南巡，德服三苗，舜文化的核心就是“德孝”，舜文化研究的大义所在就是促进了民族的大团结，以及寻求民族的历史渊源，促进民族融合的文化研究；是寻找虞舜道德文化中的民族生存智慧，对构建社会主义和谐社会具有的重大意义。

湖湘文化与巴蜀文化交流高层论坛

2012年12月1日，“湖湘文化与巴蜀文化交流高层论坛”在湖南大学岳麓书院召开，来自湖南和四川两地的近五十名专家学者分别从湘蜀两大区域文化对中华文化的贡献研究、湘学与蜀学研究、中国历史上湖湘文化与巴蜀文化交流发展研究、历史上湘川人物精神气质比较研究、湘川近现代杰出人物研究、湘川书院文化比较研究等多个主题展开热烈而深入的探讨，并取得一系列积极成果。

湖南省比较文学与世界文学学会2013年年会

2013年5月25—26日，湖南省比较文学与世界文学学会2013年年会暨学术研讨会在湖南女子学院举行。来自全省的80多位专家学者欢聚一堂，共商比较文学与世界文学研究发展大计。研讨会上，专家、学者围绕性别研究理论如何进行多元化建构，怎样从性别视角解读湖南现当代文学文本与文化现象，进一步推进文学文化领域的性别研究等问题，进行了广泛而深入的交流。

长沙五一广场东汉简牍学术研讨会

2013年9月22日，“长沙五一广场东汉简牍学术研讨会”在长沙召开，来自全国各高等院校和科研机构的简牍文献学专家学者30余人出席，长沙市文博系统和湖南大学部分专业人员进行了旁听。五一广场东汉简牍发现于2010年，系在长沙地铁建设时，长沙市文物考古研究所在配合五一广场站地下改造工程中发掘出土的，其数量之多、保存之好，在国内外学术界引起了轰动，弥补了这一时期出土简牍的空缺。五一广场东汉简牍是一批珍贵的文化遗产，其内容丰富，涉及东汉时期政治、经济、文化、司法、军事等诸多方面，对研究东汉时期的社会形态和社会生活具有重要意义。

“屈原与汨罗”高峰文化论坛

2012年6月20—22日，“屈原与汨罗”高峰文化论坛暨湖南省屈原学会第三届年会在汨罗召开。会议由湖南省屈原学会、中共汨罗市委、汨罗市人民政府联合主办，汨罗市屈原纪念馆承办。中国屈原学会代会长方铭，中国屈原学会副会长周秉高，中国屈原学会副会长、湖南屈原学会会长郭建勋及来自美国，中国台湾、北京、内蒙古、安徽、陕西、广西、湖北与省内百余名屈学专家齐聚汨罗江畔，就屈原与汨罗、屈原与湖湘文化、屈原与当代社会核心价值观建设、楚辞学史及其他各类屈原与楚辞问题进行了广泛而深入的探讨。

传承与开拓：朱子学国际学术研讨会

2012年10月23—25日，由朱子学会、中华朱子学会和岳麓书院共同举办，岳麓书院承办的“传承与开拓：朱子学国际学术研讨会”在岳麓书院明伦堂与文昌阁顺利召开。来自中国内地、中国台湾、日本与韩国等国家和地区的60余位知名朱子学研究领域的专家与教授，会聚千年学府，共同交流探讨一代先贤大哲——朱熹的学术思想与道德文章。与会专家们分别从哲学、思想史、文献学等不同的方向和角度，集中对朱子思想的内涵与意义、朱子思想的传播与影响和朱子后学的思想等具体问题进行深入的探讨。此次会议有力地促进了朱子学研究领域的交流与对话，为朱子学研究走向新的台阶提供了一个良好的平台。

“王船山思想与当代社会核心价值观”国际学术研讨会

2012年10月21—23日，王船山逝世320周年纪念暨“王船山思想与当代社会核心价值观”国际学术研讨会在衡阳师院举行。与会代表围绕船山思想与当代社会核心价值观这一主题进行了深入探讨与交流，先后有18位中外学者做了大会主题发言，广泛涉及船山经学、史学、子学、文学以及船山学术研究史等。研讨会以王船山的思想研究为主题，以王船山思想在当代的应用为主线，以推动社会主义核心价值体系建设为主旨，具有重要的政治意义、理论意义、社会意义和学术意义。

全国第三届左宗棠学术研讨会

2012年11月24—25日，全国第三届左宗棠学术研讨会在湖南省湘阴县举行。全国政协常委、上海市政协原副主席、中国农工民主党中央副主席、左宗棠第五代孙左焕琛，湖南省政协副主席龚建明，以及100多位来自全国的专家、学者、嘉宾出席研讨会。与会专家从左宗棠的历史功绩、思想文化等方面入手，对其作了客观、全面的评价。中国人民大学教授、国家清史编委会传记组专家杨东梁指出："左宗棠敢于抵抗外来侵略的斗争精神、捍卫祖国领土完整不惜牺牲自己的献身精神，在今天仍具有现实意义。"

纪念杜心五大师逝世60周年追思报告会

2013年7月28日，纪念杜心五大师逝世60周年追思报告会在湖南大学法学院举行。此次大会由湖南省世界语协会、中华武术发展促进会、湖南大学法学院主办。会议由湖南省世界语协会刘铁山主席主持，来自世界各地的杜心五自然门派代表和辛亥革命后裔近200人参加了大会。报告会是对以杜心五为代表的武学宗师、革命先驱的缅怀，是对中华武学宗义、精忠报国精神的一种弘扬和传承，是对湖南精神的完美诠释。报告会既表达了对革命先驱的缅怀，又研究探讨中华传统武学文化，丰富和彰显了湖湘文化的魅力。此次追思报告会的举办，达成了挖掘中华武术文化、弘扬精忠报国精神、传承辛亥革命精神的宗旨。

蒋翊武先生就义100周年纪念大会

2013年9月8—9日，"蒋翊武先生就义100周年纪念大会暨学术研讨会"在常德召开。蒋翊武，湖南澧州（今澧县）人，中国近代杰出的民主革命活动家、辛亥武昌起义的主要组织者和领导者。在学术研讨会上，众多史学界专家以及蒋翊武先生后裔，对蒋翊武的革命思想进行了深入探讨，高度评价了蒋翊武的历史功绩。

《建国以来刘少奇文稿》的研究利用研讨会

2012年4月5—7日，"《建国以来刘少奇文稿》的研究利用研讨会"在武汉大学举行。此次研讨会由中国中共文献研究会刘少奇思想生平研究分会、武汉大学马克思主义学院、刘少奇研究中心联合举办。研讨会主要依据已出版的7册《建国以来刘少奇文稿》及其他文献资料，围绕新中国成立初期刘少奇思想生平进行深入探讨，主要涉及新民主主义社会思想，新民主主义经济、政治、文化建设，以及党的建设、民族宗教、外交、人民内部矛盾问题等方面。这次会议是一次具有调研性质的会议，目的是了解研究者们在研究刘少奇思想生平过程中对刘少奇原著特别是《建国以来刘少奇文稿》的研读和利用情况。

“刘少奇与党的群众路线”学术研讨会

2013 年 10 月 28—29 日，中国中共文献研究会刘少奇思想生平研究分会、中共江苏省委党史工作办公室在南京市联合主办了“刘少奇与党的群众路线”学术研讨会。来自北京、天津、江苏等 19 个省市区、研究机构、高等院校的 60 多位专家学者参加会议。会议围绕“刘少奇与党的群众路线”主题，就其理论内涵、思想发展、实践活动、品格风范及其历史地位、现实意义和启示价值，进行了热烈讨论和深入交流，取得了显著成效。

刘少奇与民生学术研讨会

2013 年 1 月 24 日，在刘少奇同志诞辰 115 周年之际，“刘少奇与民生学术研讨会”在湖南宁乡刘少奇同志纪念馆隆重举行。老一辈革命家亲属代表，中央有关单位代表，湖南省、长沙市、宁乡县相关单位代表，全国革命纪念地代表，学术研讨会代表共 100 余人参加。冷溶同志在讲话中指出：刘少奇同志一生为民族独立、人民解放和国家富强、人民幸福而不懈奋斗。他为我们党探索符合中国国情、具有中国特色的革命、建设道路，作出了重大贡献。孙金龙同志在讲话中指出，我们要学习刘少奇同志的优秀思想、崇高风范、高尚品德，要永远铭记刘少奇等老一辈无产阶级革命家为创建新中国和探索社会主义建设道路作出的历史贡献。易炼红在学术研讨会上的致辞中说：这次“刘少奇与民生学术研讨会”，为家乡干部群众进一步学习和弘扬少奇同志的光辉思想提供了良好契机，搭建了有效平台。

《从红小鬼到总书记——胡耀邦》首发研讨会

2013 年 12 月 6 日，人民日报出版社出版的《从红小鬼到总书记——胡耀邦》一书首发研讨会在北京钓鱼台国宾馆举行。《从红小鬼到总书记——胡耀邦》描述了耀邦一生的光辉事迹，由“红小鬼苏区立功”、“延安年华堪回首”、“勇闯禁区”、“执掌共青团中央”、“整顿中国社科院”、“担任中央总书记”、“组织领导平反昭雪冤假错案”、“推进改革开放”几个部分组成，共 60 余万字，由人民日报出版社出版。

纪念杨勇同志 100 周年诞辰座谈会

2013 年 10 月 28 日，纪念杨勇同志

100周年诞辰座谈会在北京人民大会堂召开。杨勇是我国军事家、八路军老战士、原中国人民解放军副总参谋长、开国上将之一。中共中央政治局常委、中央书记处书记刘云山出席，并在会前会见了杨勇同志亲属。

“毛泽东与当代中国”全国学术研讨会

2012年11月10—11日，“毛泽东与当代中国”全国学术研讨会召开，此次“毛泽东与当代中国”全国学术研讨会由全国毛泽东哲学思想研究会、南京大学马克思主义社会理论研究中心、南京大学哲学系联合举办，来自中央党校、中央文献研究室、国防大学、南京大学、山东省社会科学院、湘潭大学、华东师范大学、河南大学等高校和科研院所的代表参加了讨论会。会议对毛泽东思想与中国特色社会主义理论体系、如何科学认识与评价毛泽东、毛泽东及其思想的当代价值与意义等重要问题做出了深入阐释。

第五届全国“毛泽东论坛”

2012年12月23—25日，为纪念毛泽东同志诞辰119周年，第五届全国“毛泽东论坛”在韶山宾馆隆重召开。来自中共中央党校、中国社会科学院、山东省社会科学院、湘潭大学、中国人民大学、复旦大学、南京大学、华东师范大学、广西大学、湖南科技大学、韶山毛泽东同志纪念馆等高校和科研机构，以及《党史研究与教学》杂志社的50余名专家学者，围绕“毛泽东研究：史料与方法”这一主题，进行了多方面的热烈探讨和深入交流。与会专家会上达成共识：毛泽东和毛泽东思想的历史地位不可动摇，要深入研究毛泽东思想和中国特色社会主义理论体系的关系，研究过程中要忠实史料，重视史料的发掘、搜集、辨伪，运用历史的、科学的方法对毛泽东、毛泽东思想进行研究。

“从孙子兵法到毛泽东军事思想”主题演讲

2013年9月5日上午，岳麓书院讲坛第五场演讲活动在长沙举行，中国人民解放军军事科学院原副院长、全国政协第十二届委员会常委、军队战略规划咨询委员会副主任、著名军事理论家刘继贤中将做了《从孙子兵法到毛泽东军事思想——兼论当代应将中国军事科学即兵学纳入国学体系》的主题演讲。刘继贤指出，从孙子兵法到毛泽东军事思想的中国兵学，虽然时间跨度长达2500年，各个时期有不同的内容、特点和表现形式，但都根植于中华民族自古以来生生不息的这块土地上，具有共同的文化基因，因而形成了一些共同的基本特征，如崇尚道义与和平、长于理性概括和辩证思维、注重战略谋划和以智取胜等，这些兵学的精华可以说是国学精髓的反映。

纪念毛泽东同志诞辰 120 周年学术研讨会

2013 年 9 月 16 日，为纪念毛泽东同志诞辰 120 周年，由中共中央文献研究室、中国中共文献研究会、毛泽东思想生平研究分会联合主办的“纪念毛泽东同志诞辰 120 周年学术研讨会”在北京召开。本次研讨会的主题为“毛泽东与中华民族的伟大复兴”。来自全国各地的 200 多位专家学者参加了研讨会。中央文献研究室主任冷溶在会上作主旨发言。11 位专家作大会发言。中央文献研究室常务副主任杨胜群、军事科学院副院长徐莉莉分别主持会议，中央文献研究室副主任陈晋作总结发言。会议深入研讨了毛泽东同志在中国革命和建设中所建立的丰功伟绩，特别是为中华民族伟大复兴所作出的卓越贡献；深入研讨了毛泽东思想的科学体系、基本内容和思想精髓，特别是毛泽东思想与中国特色社会主义理论体系的关系；深入研讨了以毛泽东同志为代表的中国共产党人的优良传统，特别是密切联系群众的作风。

纪念毛泽东同志诞辰 120 周年暨《毛泽东读书十法》等出版座谈会

2013 年 9 月 9 日，纪念毛泽东同志诞辰 120 周年暨《毛泽东读书十法》、《毛泽东是怎样读二十四史的》、《忧患百姓忧患党》、《中华人民共和国史稿》出版座谈会在京举行。座谈会由中国社会科学院当代中国研究所、世界社会主义研究中心和江苏中远助学帮老基金会等单位联合举办。王稼祥同志夫人朱仲丽，中央组织部原部长张全景，中国社会科学院原副院长李慎明，求是杂志社原总编辑有林，中共中央办公厅老干部局原局长、《毛泽东读书十法》的作者徐中远等出席座谈会并发言。中国人民解放军总后勤部政委刘源，中央党校原常务副校长、全国党建研究会会长虞云耀，中央文献研究室原主任滕文生，以及毛泽东同志的身边工作人员和来自学术界、理论界的 100 多位专家学者出席会议。中国社会科学院副院长、当代中国研究所所长李捷在会上致辞。会上，李慎明、张全景、朱仲丽和徐中远分别谈了毛泽东同志践行群众路线、读书治学等方面的有关情况和经验方法，提出要学习毛泽东同志密切联系群众、密切联系实际读书的思想观点和工作经验。有林介绍了《国史稿》编撰和修改过程中的经验和体会，提出要以唯物史观为指导，多出经得起实践和历史检验的佳作，充分发挥国史资政、育人功能。

第十三届国史学术年会

2013 年 9 月 24—25 日，由当代中国研究所与中华人民共和国国史学会联合举办的第十三届国史学术年会在北京召开，本届年会的主题为“中国特色社会主义与毛泽东的奠基和探索”。全国政协原副主席、中国社会科学院原院长、中华人民共和国国史学会会长陈奎元出席会议，中国社会科学院副院长、当代中国研究所所长、国史学会副会长李捷致开幕词。会议从政治、经济、文化、社会、国防、外交和党的建设等方面对“中国特色社会主义与毛泽东的奠基和探索”这一主题进行深入研究和总结。

“历史视域下的毛泽东与毛泽东思想”学术研讨会

2013 年 10 月 18 日，中国社会科学杂志社《历史研究》编辑部主办的“历史视域下的毛泽东与毛泽东思想”学术研讨会在北京举行。与会者围绕毛泽东对什么是社会主义问题的探索及其贡献、毛泽东的文化建设思想及其时代价值、毛泽东与中共党史研究等问题进行了研讨。

纪念毛泽东诞辰 120 周年企业家峰会

2013 年 11 月 23—24 日，由中国红色文化研究会主办，北京百丈文化咨询公司承办的“纪念毛泽东诞辰 120 周年企业家峰会暨第八届中国企业家文化论坛年会”在京召开。毛泽东女儿李讷及丈夫王景清将军，毛泽东侄女毛小青，毛泽东身边工作人员吴连登、陈长江，中组部原部长张全景，中国红色文化研究会会长刘润为以及企业家代表等出席会议。与会者就“毛泽东思想与企业经营管理”展开了研讨，一致认为，要灵活运用毛泽东思想，建立一套适合中国国情的中国化管理思想。

“毛泽东遗产：思想·道路·制度”国际学术研讨会

2013 年 11 月 27—28 日，由毛泽东思想研究协同创新中心、全国毛泽东哲学思想研究会和湘潭大学共同主办的“毛泽东遗产：思想·道路·制度”国际学术研讨会暨全国毛泽东哲学思想研究会第 20 次年会在湘大举行。

纪念毛泽东同志诞辰 120 周年部长将军书画笔会

2013 年 11 月，由中国书画艺术产业联盟、中国名家书画研究院和华图教育等联合主办的纪念毛泽东同志诞辰120周年部长将军书画笔会在京举行。毛泽东同志生前工作人员及书画界、商界人士100余人参加了纪念活动。书画家现场挥毫泼墨，创作了一幅幅书画作品，深情缅怀毛泽东同志的丰功伟绩。

湖南举行纪念毛泽东诞辰120周年学术研讨会

2013年12月18日，湖南省纪念毛泽东同志诞辰120周年学术研讨会在韶山举行，近百名专家学者围绕“毛泽东与中国梦”这一主题进行了深入热烈的研讨。此次研讨会是湖南省纪念毛泽东同志诞辰120周年的主体活动之一，自9月发出征文通知以来，共收到应征论文180余篇，经评审，70篇论文入选。在毛泽东同志的家乡湖南，广大社科理论工作者深入开展毛泽东和毛泽东思想研究，取得了一系列成果。此次入选论文，从不同领域通过不同视角，深入阐述了毛泽东和毛泽东思想在实现中华民族伟大复兴中的历史地位、突出贡献和重大意义，集中体现了近年来湖南省研究毛泽东和毛泽东思想的最新成果，对在新的历史条件下学习和继承毛泽东思想，贯彻落实党的十八大和十八届三中全会精神，同心共筑中华民族伟大复兴的中国梦，都将发挥积极作用。

湖南省举行纪念毛泽东诞辰120周年文艺晚会

2013年12月23日晚上，湖南省纪念毛泽东同志诞辰120周年文艺晚会在长沙隆重举行。毛泽东亲属代表以及湖南省干部群众共2000余人观看了演出。毛泽东同志的经典名篇《人间正道》，以史诗舞蹈与深情朗诵相融合的方式展示，使观众们仿佛置身于革命战争的艰苦岁月，再现了毛泽东和他的战友们走过的那一段波澜壮阔的历史征程；《卜算子·咏梅》、《为有牺牲多壮志》、《绒花》等诗歌，让人们深刻领会到了“为有牺牲多壮志，敢教日月换新天”的内涵，深切感受到了革命胜利的来之不易；歌曲联唱《天上太阳红彤彤》、《太阳最红毛主席最亲》、《挑担茶叶上北京》、《浏阳河》、《咱们的领袖毛泽东》、《北京的金山上》，配上场外广场舞，表达了在毛泽东等共产党人的领导下，人民翻身当家做主人、走在社会主义幸福大道上的喜悦之情。歌曲《韶山，你是我永远的迷恋》、《祖国颂》，歌舞《江山》、《毛爷爷说》、《锦绣潇湘》等，表达了人们对毛泽东同志的无限敬仰和深切怀念，集中展现了在中国共产党领导下，新中国从积贫积弱走到繁荣富强的辉煌成就。

全军纪念毛泽东同志诞辰 120 周年军事思想研讨会

2013 年 12 月 24 日，经军委领导批准，总政治部依托军事科学院在京召开全军纪念毛泽东同志诞辰 120 周年军事思想研讨会。四总部和驻京大单位领导侯树森、殷方龙、刘生杰、王家胜、刘成军、孙思敬等出席研讨会。67 篇入选论文作了大会交流。中央军委委员、总政治部主任张阳出席会议并讲话。张阳强调，毛泽东军事思想是毛泽东思想的重要组成部分，是马克思主义军事理论宝库中极其光彩夺目的瑰宝。毛泽东军事思想深刻揭示了中国革命战争的基本规律，是我们党对马克思主义军事理论的创造性发展，在人类军事思想发展史上树起了一座不朽丰碑。历史充分证明，毛泽东军事思想是我军克敌制胜的强大思想武器，是国防和军队建设必须始终遵循的指导思想和方针原则。毛泽东思想包括毛泽东军事思想是随着时代和实践发展而发展的科学。伴随党的科学理论的丰富发展，党的军事指导理论不断与时俱进，形成了邓小平新时期军队建设思想、江泽民国防和军队建设思想、胡锦涛国防和军队建设思想。这些重大理论成果，着眼解决不同历史条件下军事实践的实际问题，不断深化我们党对新形势下国防和军队建设特点规律的认识，为推进国防和军队建设提供了强大思想武器。

毛泽东书法与当代名家雕塑绘画展

2013 年 12 月 24 日，为纪念毛泽东诞辰 120 周年，中国国家博物馆与中央档案馆联合举办《巨人毛泽东——毛泽东书法与当代名家雕塑绘画展》。展览在国家博物馆开幕，展出了中央档案馆提供的百余件毛泽东书法作品，现当代名家创作的毛泽东雕塑，以毛泽东参加革命、建设实践活动为主题的油画、国画代表作。展出的书法作品都是毛泽东书写的自作诗和古诗词，一代伟人的艺术境界和浩然正气尽显其中；刘开渠《毛泽东》、石建春《延河边上》等雕塑作品，罗工柳《毛泽东在延安作整风报告》等绘画作品，代表了新中国成立以来几代艺术家在这一题材创作上的最高成就。家喻户晓的油画《开国大典》、《毛主席去安源》，也在展出之列。

河北省举行纪念毛泽东同志诞辰 120 周年座谈会

2013 年 12 月 25 日上午，河北省平山县西柏坡举行纪念毛泽东同志诞辰 120 周年座谈会。座谈会上，大家追忆了毛泽东同志的历史功绩、崇高风范和与河北、西柏坡的不解之缘，表达了对伟人的无限敬仰、深切怀念。召开这次座谈会，既是缅怀伟人、重温教诲，也是自我教育、砥砺前行的一课。毛泽东同志提出“两个务必”和“进京赶考”就是在河北。执政之路就是赶考之路，这是毛泽东同志高瞻远瞩提出的重大命题，也是一代又一代共产党人薪火相传的永恒课题。如何使人民生活得更加幸福，是在新的“赶考”路上需要回答好的总考题。

陕西省举行纪念毛泽东同志诞辰120周年座谈会

2013年12月25日上午，陕西省延安枣园宾馆举行了纪念毛泽东同志诞辰120周年座谈会。来自社会各界的代表在会上热烈发言，深切缅怀毛泽东同志的丰功伟绩，追思他为中华民族和世界人民的发展进步事业作出的巨大贡献。在延安的窑洞里，毛泽东同志等老一辈无产阶级革命家实现了国共合作、团结对外、一致抗日，最终打败了日本侵略者；在这里，他运筹帷幄、决胜千里。延安精神也在这一时期逐步形成，“全心全意为人民服务”、“自力更生、艰苦奋斗”等至今仍指引着中国共产党不断前进。纪念毛泽东同志，就是要把延安精神作为加强各级领导班子建设和提高党员干部修养的“压舱之宝”，坚定理想信念、保持政治定力，敢担当、勇负责、清正廉洁、一身正气，始终保持共产党人的先进性和纯洁性。

中共中央纪念毛泽东同志诞辰120周年座谈会

2013年12月26日上午，中共中央在人民大会堂举行纪念毛泽东同志诞辰120周年座谈会。中共中央总书记、国家主席、中央军委主席习近平发表重要讲话强调，我们要把党和人民90多年的实践及其经验，当作时刻不能忘、须臾不能丢的立身之本，毫不动摇走党和人民在长期实践探索中开辟出来的正确道路，勿忘昨天的苦难辉煌，无愧今天的使命担当，不负明天的伟大梦想，在中国特色社会主义伟大道路上，为实现中华民族伟大复兴的中国梦前进。中共中央政治局常委李克强、张德江、俞正声、刘云山、王岐山、张高丽出席座谈会，座谈会由刘云山主持。在京中共中央政治局委员、书记处书记，部分全国人大常委会、国务院、全国政协领导同志，中央党政军群有关部门、北京市、湖南省委负责同志，各民主党派中央、全国工商联负责同志和无党派人士代表，毛泽东同志原身边工作人员、亲属子女及家乡代表，以及出席“全国纪念毛泽东同志诞辰120周年学术研讨会”的代表等出席了会议。习近平在讲话中回顾了毛泽东同志一生的丰功伟绩，总结了以毛泽东同志为主要代表的中国共产党人对中国革命和建设作出的卓越贡献。

郑佳明畅谈“湖湘文化与湖南精神”

2012 年 3 月 16 日，湖南省社科联主席、湖南师范大学教授郑佳明在湖南师范大学做了题为“湖湘文化与湖南精神”的精彩讲座。郑佳明表示，湖南文化是地域形成的，属于地方文化资源。当前，我国各区域间的精神文明竞争，重点就是地方文化传统资源的竞争。湖湘精神包含了中华文化的共性和湖湘文化的个性，并拥有丰富的历史文化资源，发展前景广阔。郑佳明指出，地理是形成和影响湖湘文化与湖南精神的重要因素。他提炼出湖南人自古以来敢为人先、吃苦耐劳、朴直倔强、知行合一、开放包容的精神品质。还列举了秦汉至明清，乃至近现代时期各种哲学思想，并以屈原、贾谊、王夫之、曾国藩等湖南历史文化名人为典型，强调王夫之“经世致用”的思想促进湖南人“务实”精神的形成和曾国藩“功、德、言三不朽”的性格对中国近代历史的推动作用。

“湖湘文化的传承与发展”专题演讲活动

2012 年 6 月 12 日，湖湘大学堂·名家讲坛“湖湘文化的传承与发展”专题演讲活动在岳麓书院中国书院博物馆学术报告厅隆重举行。本次活动由省委宣传部、湖湘大学堂组委会、省社科联主办，长沙市社科联与岳麓书院承办。省政协常委、省社科联主席郑佳明教授，省作协主席、岳麓书社总编辑唐浩明，湖南大学岳麓书院院长朱汉民教授等三位湖湘文化研究的领军人物围绕主题做了演讲。省社科联党组书记、湖湘大学堂组委会副主任周发源研究员主持活动。来自省直有关厅局领导与社会知名人士、省市社科界代表、科研院所和高校的知名专家学者、省会企业界代表及社会热心听众共 150 多人共享了这场文化盛宴。

“地域文化与魅力湘西”讲坛开讲

2012 年 10 月 19 日，湖湘大学堂·名家讲坛走进张家界，开讲“地域文化与魅力湘西”。本次活动由湖南省委宣传部、湖湘大学堂组委会、湖南省社科联主办，湖南省文艺理论学会、吉首大学张家界学院、张家界市社科联承办。3 位专家紧紧围绕“湘西文化与湘西文化产业发展”、“湘西图像选择与湘西形象塑造”、“湘西形象的古典想象和现代重塑”等课题同台演讲。他们在演讲中对历史长河中的湘西——从小湘西到大湘西，再到泛湘西；从蛮、匪到世外桃源——古典湘西形象想象的三个套话；从艺术重写、生活重造，到湘西形象的现代重塑等多个层面，对古老湘西、过去湘西和现代湘西，进行了深入浅出的探讨。特别是就利用大湘西地区（张家界、自治州、怀化）在文化聚合力（CDI）方面的丰厚积淀，形成“大湘西绿色生态及历史文化旅游经济一体化”发展战略，进行了系统阐述。

唐浩明先生作“曾国藩与中国传统文化”主题演讲

2013 年 8 月 2 日，由湖南省社科联、湖南广播电视台、湖南大学联合举办的岳麓书院讲坛第四场在长沙开讲。著名作家、湖南省作家协会主席、岳麓书社首席编辑唐浩明先生做了《曾国藩与中国传统文化》的主题演讲，省委常委、省委宣传部部长、省社科联主席许又声出席。省委宣传部巡视员李湘舟，省委宣传部副部长、省文明办主任宋智富，省社科联领导刘晓敏、黄建华、汤建军、戴树源等参加了此次文化盛宴。

湖南文理学院宋教仁研究所成立

2012 年 4 月 5 日是伟大的中国民主革命先行者、政治家宋教仁先生诞辰 130 周年纪念日。常德市政协党组副书记、副主席李爱国，市人大副主任曾再农，市人大原副主任邹克忠，湖南文理学院院长魏饴、党委副书记石子球、纪委书记李敏以及全市宋教仁研究的专家和宋教仁的后裔代表 300 余人，在湖南文理学院船形楼多功能厅齐聚一堂，隆重纪念宋教仁先生诞辰 130 周年。会上，湖南文理学院宋教仁研究所同时宣告成立，并举行了授牌仪式。

《湖湘文库》编纂出版总结大会

2013 年 9 月 3 日下午，《湖湘文库》编纂出版总结大会在长沙举行，历时 7 年，成书 702 册，总字数近 4 亿，湖南有史以来最大的出版工程和重大公共文化项目——《湖湘文库》编纂出版工作于一个多月前圆满完成。湖南省委书记、省人大常委会主任徐守盛强调，要进一步深入学习贯彻习近平总书记在全国宣传思想工作会议上的重要讲话精神，认真总结运用《湖湘文库》资源，以高度的文化自觉和担当，更好地传承发展湖湘文化，把文化强省建设推向一个新的高度。

“湘商崛起”丛书发布会

2013 年 10 月 23 日，在长沙举行的“编年谱传纪　长良知公德”暨

“湘商崛起”丛书发布会上，活动主办方首次发布了《晏西征传》、《明真上人传》、《黄永玉传》、《彭延坤传》、《向恺然年谱》、《胡适〈齐白石年谱〉补遗》、《黔阳谢氏世家人物谱》、《黄孟祥传》、《谢祖乾年谱》、《海印法师年谱》、《湖南印人传》等近百部国民史著述。

成果索引

一 著 作

湖南省博物馆编：《马王堆汉墓帛书》，岳麓书社 2013 年版。

朱少华、张春龙、郑曙宾、黄朴华编著：《湖南出土简牍选编》，岳麓书社 2013 年版。

（汉）王逸章句，（宋）洪兴祖补注，夏剑钦校点，（宋）朱熹集注，吴广平校点：《楚辞章句补注 楚辞集注》，岳麓书社 2013 年版。

（陈）慧思、（唐）希迁撰，徐孙铭校点/（唐）薛幽栖、陈少微等撰，万里等校点：《南岳佛道著作选》，岳麓书社 2012 年版。

（唐）李群玉等撰，黄仁生、陈圣争校点：《唐代湘人诗文集》，岳麓书社 2013 年版。

黄仁生、罗建伦校点：《唐宋人寓湘诗文集》，岳麓书社 2013 年版。

（宋）魏了翁撰，张京华校点：《渠阳集》，岳麓书社 2012 年版。

（明）桑绍良撰，（明）袁子让撰：《青郊杂著 文韵考衷六声会编 字学元元》，岳麓书社 2012 年版。

（明）刘三吾撰，陈冠梅校点：《刘三吾集》，岳麓书社 2013 年版。

（明）夏原吉撰，朱树人校点，（明）李腾芳撰，刘依平、汤颖芳、章飏校点：《夏原吉集 李湘洲集》，岳麓书社 2012 年版。

（清）黄周星撰，谢孝明校点，（清）王岱撰，马美著校点：《黄周星集 王岱集》，岳麓书社 2013 年版。

（清）陈鹏年撰，李鸿渊校点：《陈鹏年集》，岳麓书社 2013 年版。

（清）王文清撰，王守红校点：《王文清集》，岳麓书社 2013 年版。

（清）李文炤撰，赵载光校点：《李文炤集》，岳麓书社 2012 年版。

（清）罗典撰，兰甲云校点：《凝园读易管见》，岳麓书社 2013 年版。

（清）张九钺撰，雷磊校点：《陶园诗文集》，岳麓书社 2013 年版。

（清）欧阳厚均撰，方红姣校点：《欧阳厚均集》，岳麓书社 2013 年版。

（清）王万澍、（清）王国牧撰，赖谋深校点：《湖南阳秋》，岳麓书社 2012 年版。

（清）严如熤撰，黄守红标点，朱树人校订：《严如熤集》，岳麓书社 2013 年版。

（清）李星沅撰，王继平校点：《李星沅集》，岳麓书社 2013 年版。

（清）罗汝怀撰，赵振兴校点：《罗汝怀集》，岳麓书社 2013 年版。

（清）孙起栋撰、（清）欧阳辂撰、（清）毛国翰撰，刘文校点：《辽西草　磵东诗钞　麋园诗钞》，岳麓书社 2013 年版。

（清）江忠源撰、（清）王鑫撰，谭伯牛校点：《江忠源集　王鑫集》，岳麓书社 2013 年版。

（清）刘锦棠撰、（清）李续宾撰，杨云辉校点：《刘锦棠奏稿　李续宾奏疏》，岳麓书社 2013 年版。

（清）杨岳斌撰，肖永明、曾小明校点：《杨岳斌集》，岳麓书社 2012 年版。

（清）吴敏树撰，张在兴校点：《吴敏树集》，岳麓书社 2012 年版。

（清）王闿运撰，吴广平校点：《楚辞释》，岳麓书社 2013 年版。

（清）郭嵩焘撰，梁小进主编：《郭嵩焘全集》，岳麓书社 2012 年版。

（清）谭嗣同撰，何执编：《谭嗣同集》，岳麓书社 2012 年版。

（清）刘坤一撰，陈代湘、何超凡、龙泽黯、李翠校点：《刘坤一奏疏》，岳麓书社 2013 年版。

（清）皮锡瑞撰，吴仰湘校点：《皮锡瑞集》，岳麓书社 2012 年版。

（清）邓辅纶撰、陈锐撰，曾亚兰校点：《白香亭诗集　抱碧斋集》，岳麓书社 2012 年版。

（清）余正焕、左辅、张亨撰，邓洪波等校点：《城南书院志　校经书院志略》，岳麓书社 2012 年版。

田伏隆主编：《湖南历史图典》，湖南美术出版社 2012 年版。

谭仲池主编：《长沙通史》，湖南教育出版社 2013 年版。

周秋光、张少利、许德雅、王猛：《湖南社会史》，湖南人民出版社 2013 年版。

王晓天、刘云波、王国宇主编：《湖南经济通史》，湖南人民出版社 2013 年版。

符少辉、刘纯阳主编：《湖南农业史》，湖南人民出版社 2012 年版。

郭钦编著：《湖南近现代工业史》，湖南人民出版社 2013 年版。

湖南省地震局编著：《湖南地震史》，湖南科学技术出版社 2013 年版。

周正云、周炜编著：《湖南近现代法律制度》，湖南人民出版社 2012 年版。

邓洪波：《湖南书院史稿》，湖南教育出版社 2013 年版。

朱汉民、邓洪波：《岳麓书院史》，湖南教育出版社 2013 年版。

寻霖、刘志盛：《湖南刻书史略》，岳麓书社 2013 年版。

黄林：《近代湖南报刊史略》，湖南师范大学出版社 2013 年版。

郑佳明、陈宏主编：《湖南城市史》，湖南人民出版社 2013 年版。

湖南省文化厅编：《湖南戏曲志》，湖南文艺出版社 2013 年版。

梁小进：《左宗棠研究著作述要》，湖南大学出版社 2012 年版。

刘志靖、王继平：《曾国藩研究著作述要》，湖南大学出版社 2013 年版。

薛其林：《陶澍的经世思想与实践》，湖南大学出版社 2012 年版。

薛学共、吴晓斌：《胡林翼军事思想研究》，湖南大学出版社 2013 年版。

黄小用：《曾纪泽的外交活动与思想研究》，湖南大学出版社 2013 年版。

陈宇翔：《谭嗣同唐才常与维新运动》，湖南大学出版社 2012 年版。

龚抗云：《王先谦的经学成就与经学思想》，湖南大学出版社 2013 年版。

吴仰湘：《皮锡瑞的经学成就与经学思想》，湖南大学出版社 2013 年版。

邹世毅主编：《湘籍近现代文化名人·戏剧家卷》，湖南师范大学出版社 2012 年版。

许康、许峥编著：《湖南历代科学家传略》，湖南大学出版社 2012 年版。

李育民主编：《湖南近现代外交人物传略》，湖南人民出版社 2012 年版。

胡卫平等：《湖南历代文化世家·湘乡曾氏卷》，湖南人民出版社 2012 年版。

杨亦农：《湖南历代文化世家·新化邹氏卷》，湖南人民出版社 2012 年版。

高至喜：《湖南楚墓与楚文化》，岳麓书社 2012 年版。

何旭红：《汉代长沙国考古发现与研究》，岳麓书社 2013 年版。

陈建明主编：《马王堆汉墓研究》，岳麓书社 2013 年版。

袁家荣：《湖南旧石器时代文化与玉蟾岩遗址》，岳麓书社 2013 年版。

郭伟民：《城头山遗址与洞庭湖区新石器时代文化》，岳麓书社 2012 年版。

贺刚：《湘西史前遗存与中国古史传说》，岳麓书社 2013 年版。

陈建明主编：《湖南出土帛画研究》，岳麓书社 2013 年版。

聂菲：《湖南楚汉漆木器研究》，岳麓书社 2013 年版。

喻燕娇：《湖湘出土玉器研究》，岳麓书社 2013 年版。

蒋响元：《湖南古代交通遗存》，湖南美术出版社 2013 年版。

彭泽润、彭建国：《湖南方言》，湖南教育出版社 2013 年版。

湖南省地方志编纂委员会编：《湖南宗教志》，湖南人民出版社 2012 年版。

陈剑、焦成根：《湖湘民间生产生活用具》，湖南美术出版社 2012 年版。

柳肃主编：《湖湘建筑（一）》，湖南教育出版社 2013 年版。

胡彬彬：《湖湘建筑（二）》，湖南教育出版社 2013 年版。

左汉中编著：《湖湘图腾与图符》，湖南美术出版社 2012 年版。

张春龙、宋少华、郑曙斌主编：《湖湘简牍书法选集》，湖南美术出版社 2012 年版。

邓刚编著：《湖湘历代书法选集 · 综合卷》，湖南美术出版社 2012 年版。

邓刚编著：《湖湘历代名画 · 综合卷》，湖南美术出版社 2013 年版。

陈代湘主编：《湖湘学案》，湖南人民出版社 2013 年版。

李炳震、曲尉坪：《湖南清代货币》，中南大学出版社 2013 年版。

欧金林主编：《湖南省博物馆藏近现代名人手札》，岳麓书社 2012 年版。

万里、刘范弟：《炎帝历史文献选编》，湖南大学出版社 2012 年版。

颜建华选编，龚笃清审订：《清代湖南朱卷选编》，湖南师范大学出版社 2012 年版。

湖南省教育史志编纂委员会编：《湖南近现代名校史料》，湖南教育出版社 2012 年版。

王晓天、王国宇主编：《湖南古今人物辞典》，湖南人民出版社 2013 年版。

湖南省文史研究馆编：《湖湘文化述要》，湖南人民出版社 2013 年版。

湖南省音乐家协会编著：《湖南文艺 60 年》，湖南人民出版社 2013 年版。

谢发平：《湖湘文化十九讲：回望潇湘》，世界图书出版广东有限公司

2012 年版。

彭大成：《船山思想与湖湘文化研究论集》，湘潭大学出版社 2012 年版。

湖南省湖湘文化交流协会、湖南省社会科学院编：《湖湘文化与湖南精神》，湖南人民出版社 2012 年版。

朱汉民：《书院精神与儒家教育》，华东师范大学出版社 2013 年版。

于俊道主编：《红墙里的领袖们——刘少奇实录》，中国工人出版社 2012 年版。

曾成贵编：《刘少奇的峥嵘岁月》，湖北人民出版社 2012 年版。

中国科学院编：《胡耀邦在中国科学院》，科学出版社 2012 年版。

刘建武、吴怀友主编：《毛泽东研究报告（2012 年）》，湘潭大学出版社 2013 年版。

李佑新主编：《毛泽东研究（2012 年卷）》，湘潭大学出版社 2013 年版。

龚平、莽宇编著：《毛泽东十三次战事总结》，中国文史出版社 2013 年版。

邸延生：《毛泽东评述中国历史名人名著》，人民出版社 2013 年版。

高中华、尹传政：《毛泽东与共和国非常岁月》，人民出版社 2013 年版。

胡杰华：《毛泽东、邓小平比较研究——龚育之的视野》，中共党史出版社 2013 年版。

邸延生：《毛泽东评述诸子百家》，人民出版社 2013 年版。

王子今：《史学者毛泽东》，西苑出版社 2013 年版。

李捷：《毛泽东对新中国的历史贡献》，社会科学文献出版社 2013 年版。

黄允升、唐宝林、沈学明、陈铭康：《红色档案　毛泽东与中共早期领导人（上、下）》，西苑出版社 2012 年版。

姚春鹏编：《毛泽东思想与儒学》，山东大学出版社 2012 年版。

徐中远编：《毛泽东是怎样读二十四史的》，中央文献出版社 2012 年版。

姜连起：《毛泽东思想述评》，中国书籍出版社 2012 年版。

良石、王会军、武焕平编：《毛泽东书法》，台海出版社 2012 年版。

李崇富：《毛泽东与马克思主义中国化》，社会科学文献出版社 2012

年版。

熊辉、王孔容：《毛泽东执政思想研究》，湘潭大学出版社 2012 年版。

孙海林等主编：《毛泽东延安时期教育实践与教育思想概论》，湘潭大学出版社 2012 年版。

李久林编：《毛泽东在建国后的国际战略思想及其实践效应》，中国社会科学出版社 2012 年版。

孙宝义、刘春增、邹桂兰：《听毛泽东谈哲学》，人民出版社 2012 年版。

谢春涛主编：《向毛泽东学习》，中共中央党校出版社 2013 年版。

中共中央文献研究室编撰：《毛泽东年谱（1949—1976）》，中央文献出版社 2013 年版。

二 论 文

王伟光：《研究湖湘 宏大湘学》，《中国社会科学报》2012 年 6 月 13 日。

朱汉民：《湘学的源流与学统》，《湖南大学学报（社会科学版）》2013 年第 1 期。

《崇实重行　宏大湘学》，《光明日报》2013 年 5 月 30 日。

许又声：《加强湘学研究　弘扬湖湘文化》，《湖南日报》2013 年 9 月 23 日。

周发源：《弘扬湘学 光大“湖南精神”》，《湖南日报》2013 年 9 月 23 日。

刘建武：《宏大湘学的意义》，《湖南日报》2013 年 9 月 23 日。

刘湘溶：《推进湘学发展做到“三个结合”》，《湖南日报》2013 年 9 月 23 日。

徐晨光：《继承优良传统　催生正能量》，《湖南日报》2013 年 9 月 23 日。

郑佳明：《湘学的特殊品格》，《湖南日报》2013 年 9 月 24 日。

刘云波：《为什么要宏大湘学》，《湖南日报》2013 年 9 月 24 日。

朱汉民：《对湘学学统的探析》，《湖南日报》2013 年 9 月 24 日。

李育民：《张皇湖南　而为天下》，《湖南日报》2013 年 9 月 24 日。

朱有志：《宏大湘学靠什么》《湖南日报》2013 年 9 月 24 日。

彭平一：《宏大湘学的“逆境文化”》，《湖南日报》2013 年 9 月 24 日。

王兴国：《湘学研究的崭新成果》，《光明日报》2013 年 10 月 5 日。

朱汉民：《书院、祠堂与湘学学统》，《大学教育科学》2013 年第 4 期。

李世涛：《继承湘学务实的传统》，《湖南科技学院学报》2013 年第 3 期。

王安中：《弘扬湘学传统　促进当代发展——“湘学研究院专家顾问座谈会”述要》，《人民日报》2013 年 2 月 22 日。

唐浩明：《忠诚：湘人品格的最亮点》，《新湘评论》2013 年第 3 期。

龚政文：《求是：追求真理、经世致用的湘人传统》，《新湘评论》2013 年第 3 期。

张京华：《〈湘学研究〉与湘学的概念》，《中国社会科学报》2013 年 11 月 20 日。

张志初：《触摸“湖南精神”》，《新湘评论》2013 年第 3 期。

谭跃湘：《科学提炼湖南精神的三个维度》，《湖南日报》2012 年 4 月 13 日。

肖卜文、陈瑞来：《炼“湖南精神”　筑“强省之魂”》，《湖南日报》2012 年 1 月 19 日。

文述、张英：《三湘大地热议“湖南精神”》，《中国文化报》2012 年 2 月 8 日。

乔伊蕾：《“忠诚、担当、求是、图强”》，《湖南日报》2012 年 7 月 12 日。

周建华：《建设文化强省需要一种精神》，《中国文化报》2012 年 6 月 27 日。

邓清柯：《“五个结合”助推文化强省》，《湖南日报》2012 年 1 月 29 日。

莫志斌：《提炼“湖南精神”应注重“五个结合”》，《长沙晚报》2012 年 3 月 2 日。

枕戈：《从地域特色看湖南精神特质》，《中国文化报》2012 年 5 月 30 日。

谢青：《如何理解征集提炼“湖南精神”的重大意义》，《新湘评论》2012 年第 12 期。

周秋光：《谈湖南文化精神》，《书屋》2013 年第 3 期。

林彬：《湖南廉洁文化：历史传承与当代影响》，《湖南工业职业技术学院学报》2012 年第 2 期。

龚政文：《雷锋精神：点燃湖湘传统　烛照心灵未来》，《新湘评论》2012 年第 5 期。

张志初：《雷锋家乡的荣耀与责任》，《新湘评论》2012 年第 5 期。

刘云波：《湖湘文化的三大核心精神》，《新湘评论》2012 年第 17 期。

朱汉民：《湖湘本土文化的多维探源》，《湖南大学学报（社会科学版）》2012 年第 3 期。

熊晓辉：《湖湘文化历史转换的内在本质》，《教育文化论坛》2013 年第 2 期。

熊晓辉：《历史语境中湖湘文化内涵解析》，《三峡论坛（三峡文学·理论版）》2013 年第 2 期。

朱汉民：《湖湘文化的源、脉、气》，《光明日报》2012 年 9 月 23 日。

朱汉民、陈菁霞：《千古流传的湖湘文化精神气质》，《中华读书报》2012 年 4 月 25 日。

莫运平：《湖湘文化是湘人血脉——〈湖湘文化十九讲〉》，《光明日报》2013 年 1 月 3 日。

陈先初：《湖湘传统史学及其近代转型》，《湖南大学学报（社会科学版）》2013 年第 1 期。

王静琦：《湖湘经世致用的理学传统》，《湖南师范大学学报（社会科学）》2012 年第 6 期。

张瑞龙：《清嘉道间湖湘经世学考论》，《船山学刊》2013 年第 1 期。

李红琼：《湖湘传统生态价值观的演进》，《湖南农业大学学报》2012 年第 5 期。

朱汉民：《舜文化与湖湘文化建构》，《湖南社会科学》2012 年第 5 期。

郑佳明：《湖湘文化与新的改革》，《湖南日报》2013 年 11 月 24 日。

唐湘岳：《湖湘文化是我精神的家园》，《光明日报》2013 年 2 月 2 日。

郑佳明：《湖湘文化与资本精神》，《湖南日报》2013 年 5 月 6 日。

李跃龙、李丹青：《论湘人性格心理和湖南民风》，《湖南社会科学》2013 年第 3 期。

邓溪燕：《贬谪文人的独特研究》，《文艺报》2013 年 11 月 4 日。

周丕学：《领袖与画家互为彼岸》，《中国电影报》2013 年 9 月 5 日。

朱汉民：《湖湘本土文化的多维探源》，《湖南大学学报（社会科学版）》2012 年第 3 期。

李倩：《湖湘地域文化与茶子花派》，硕士论文，南京师范大学，2012 年。

曾哲：《和、中和理性：千年一叹的湖湘文化——以宋代湖南理学研究为中心》，《福建江夏学院学报》2012 年第 3 期。

刘厚见：《论湖湘文化的品质与湘商的塑造》，《民族论坛》2012 年第 24 期。

许顺富：《论湖湘文化的精神品格和历史局限》，《衡阳师范学院学报》2012 年第 4 期。

戴雪蕾、罗素：《试论近代湖湘文化的开端》，《理论观察》2012 年第 4 期。

蒋伟：《湖湘之水与湖湘文化》，《湖南城市学院学报》2012 年第 6 期。

汤佳：《湖湘文化初探》，《美术大观》2012 年第 9 期。

陈龙：《湖湘文化的自新和自信》，《学习月刊》2012 年第 3 期。

周用金：《为湖湘文化鼓与呼》，《新湘评论》2012 年第 7 期。

李红琼：《湖湘传统生态价值观的演进》，《湖南农业大学学报（社会科学版）》2012 年第 5 期。

朱汉民：《一个地域文化的深耕与融合——湖湘文化的多重解读》，《祖国》2012 年第 19 期。

向桃初：《湖南先秦文化时空结构及成因探析》，《湖南大学学报（社会科学版）》2012 年第 3 期。

曾长秋：《追寻湖南精神：舜文化及其当代价值》，《湖南科技学院学报》2012 年第 5 期。

熊晓辉：《湖湘文化历史转换的内在本质》，《湖南涉外经济学院学报》2013 年第 2 期。

王逸舟：《湖湘文化与国际关系专栏（2 篇）》，《湘潭大学学报（哲学社会科学版）》2013 年第 2 期。

王泽应：《担当：去留肝胆两昆仑》，《新湘评论》2013 年第 3 期。

曹蓉：《戊戌至辛亥时期湖湘文化的变迁和湖南教育近代化的新发展》，《湖南科技学院学报》2013 年第 7 期。

蒋静、朱乐红：《日本农耕民俗文化与湖湘农耕文化之比较》，《农业考古》2012 年第 6 期。

蒋静：《湖湘文化与日本文化的交流融合历程》，《艺海》2013 年第 6 期。

杨东洋：《五四前后北京、湖南社会主义思潮传播的比较研究》，硕士论文，湘潭大学，2012 年。

凌飞飞：《石鼓书院传扬宋明理学史略》，《教育评论》2012 年第 1 期。

王笑：《论湖南现代乡土小说的地域特征与文化浸润》，硕士论文，南昌大学，2012 年。

卓今：《地域文化的变迁与赓续——谈谈湘西文学》，《人民日报》2012 年 10 月 12 日。

刘中顼：《湘西地域文化与现当代湖南文学的发展》，《吉首大学学报》2012 年第 1 期。

任美衡：《文学史研究的开拓与创新——评〈湖南近代文学家族研究〉》，《湖南大学学报》2012 年第 3 期。

陈晓红：《在“部分”中发现“整体”——从西方哲学认知视角解读韩少功的〈马桥词典〉》，《当代文坛》2013 年第 4 期。

邓庆华：《论清代湖湘散曲 》，硕士论文，湖南师范大学，2012 年。

张雯：《马楚文学研究》，硕士论文，四川师范大学，2012 年。

彭沛：《长沙花鼓戏声腔中的声乐技巧》，《艺海》2012 年第 5 期。

陈兵兵、雷依光：《诉说与歌唱——湘南民居木雕》，《公共艺术》2012 年第 1 期。

袁建良：《湖湘书画传承艺术精粹》，《国际商报》2012 年 10 月 16 日。

陈新文：《湖湘文化精髓的深度演绎》，《湖南日报》2012 年 3 月 14 日。

龚力、杨文：《湖南水彩画地域特性及其成因分析》，《艺海》2012 年第 11 期。

贺鲁湘：《论湖南花鼓戏的发展与推广》，硕士论文，湖南师范大学，2012 年。

曾文超：《湖南省民族传统体育发展定位及导向研究》，硕士论文，湖南师范大学，2012 年。

刘炜：《非物质文化遗产视阈下湖南省传统武术传承研究》，硕士论文，湖南师范大学，2012 年。

张忠培、陈远平：《保护大遗址　让湖湘文化根深枝繁叶茂》，《中国文物报》2012 年 4 月 27 日。

王艳霞：《水墨大写意　一代巨匠齐白石故里行》，《新湘评论》2012

年第 1 期。

周玉宝:《衡阳石鼓书院大讲坛：品历史、说民俗、论经济、谈发展》，《党建》2012 年第 9 期。

董海军、崔庆辉:《长沙血性：文化、人与城市建设》，《中国名城》2012 年第 5 期。

梅柳:《湘潭红色文化特色及价值》，《湖南科技学院学报》2012 年第 3 期。

吴广平:《湘军历史灵光的全景显现》，《艺海》2012 年第 1 期。

毛莉杰、陈瑾:《文化视角下的湖南湘剧与祁剧比较研究》，《大舞台》2012 年第 11 期。

王章叶:《武冈浪石村古民居特色研究》，《美术教育研究》2012 年第 17 期。

余雯:《益阳民歌的艺术特征探析》，硕士论文，湖南师范大学，2012 年。

胡友慧:《髡残的经世思想与艺术创作实践》，《求索》2012 年第 4 期。

朱汉民:《惟楚有材 于斯为盛》，《新湘评论》2012 年第 1 期。

陈仙:《岳麓书院与湖湘经世传统——米丹尼〈岳麓书院与 19 世纪湖南向经世治国的转变〉叙评》，《湖南大学学报（社会科学版）》2012 年第 5 期。

刘瑞林:《汝城祠堂公共艺术研究》，硕士论文，湖南工业大学，2012 年。

肖明亮:《麓山寺的历史兴衰及其启示意义》，硕士论文，中南民族大学，2012 年。

饶翔宇:《长沙靖港古镇历史文化景观的保护与利用研究》，硕士论文，中南林业科技大学，2012 年。

朱训德:《红色摇篮 湖湘文脉——湖湘革命历史题材美术创作之我见》，《创作与评论》2012 年第 6 期。

熊春林:《长株潭红色文化的精神内核》，《湖南科技学院学报》2012 年第 2 期。

黄昕、廖自然:《全球化背景下湖湘文化的现代化转型》，《湖南工业大学学报（社会科学版）》2013 年第 1 期。

贾剑秋:《文学视野里的湖湘文化与蜀文化比较——以湘、蜀两地作家创作为例》，《湖南大学学报（社会科学版）》2013 年第 1 期。

宁珏婧、詹桥玲：《从湖湘文化视角看民歌湘军的崛起》，《船山学刊》2013 年第 1 期。

张晶萍：《文化立省：清代湖南的文化工程和湖湘文化形象的塑造》，《湖南大学学报（社会科学版）》2013 年第 1 期。

许鹏宇：《湖湘文化对湖南省转变经济发展方式的促进作用》，《当代教育理论与实践》2013 年第 4 期。

余雯：《益阳民歌的湖湘文化底蕴探究》，《四川戏剧》2013 年第 3 期。

李红琼、杨惠兰、黄建中：《湖湘传统生态价值观的内容与特征》，《邵阳学院学报（社会科学版）》2013 年第 1 期。

熊晓辉：《土家族民间音乐艺术对湖湘文化的影响》，《铜仁学院学报》2013 年第 2 期。

李阳春：《论湖湘文化在〈边城〉、〈芙蓉镇中的不同书写〉》，《齐齐哈尔大学学报（哲学社会科学版）》2013 年第 3 期。

桂啸龙：《湖湘文化对湖南群众体育的影响》，《体育世界（学术版）》2012 年第 12 期。

熊少波、周平、白晋湘：《湖南传统节庆体育之湖湘文化解读》，《西安体育学院学报》2013 年第 1 期。

顾跃、李钦奇：《湖湘体育的“文化性格”研究》，《体育科技文献通报》2013 年第 8 期。

李阳春：《湖湘文化的影像书写——以电影〈芙蓉镇〉为例》，《重庆科技学院学报（社会科学版）》2013 年第 6 期。

钟鸣：《惟楚有材：湖湘艺术流脉浅谈》，《中国科教创新导刊》2013 年第 27 期。

罗湛英：《长沙窑陶瓷釉下彩装饰艺术研究》，《陶瓷科学与艺术》2013 年第 1 期。

郭建国：《湖湘传统竹艺的乡土美学意蕴》，《美术大观》2013 年第 10 期。

蒋祖烜：《发现永州——开篇的话》，《书屋》2013 年第 5 期。

凌飞飞：《衡阳船山书院兴废考》，《教育评论》2013 年第 4 期。

林映梅：《衡阳历史文化资源及其价值分析》，《湘南学院学报》2013 年第 1 期。

袁汝婷、黄兴华：《汨罗江畔完整保留端午节传统过法》，《新华每日电讯》2013 年 6 月 12 日。

易斌：《湖南诗词画联的审美意蕴》，《科技资讯》2013 年第 17 期。

余雯：《南洞庭湖区民歌探究》，《艺术教育》2013 年第 9 期。

李丽颖、陈庚仁：《湘乡方言词语中的民俗体育文化》，《语文建设》2013 年第 9 期。

徐特艺：《湖南民间木雕的艺术特点及文化内涵》，《科技创新导报》2013 年第 15 期。

伍光辉：《清代湖南杂剧传奇研究》，博士论文，华中师范大学，2013 年。

姚小欧、杨晓丽：《屈原楚之同姓辨》，《文艺研究》2013 年第 6 期。

李炳海：《屈原生辰的推断及其吉祥之说的成因》，《社会科学战线》2012 年第 10 期。

王洪强、王玉德：《伍子胥与屈原比较二题》，《求索》2012 年第 1 期。

周仁政：《巫楚文化：沈从文与屈原》，《长沙理工大学学报》2012 年第 3 期。

李炳海：《屈原名与字、姓氏与名字的纵横关联》，《中国文化研究》2013 年第 1 期。

邓妙慈：《〈九歌〉“离居”取向探微》，《暨南学报》2013 年第 2 期。

龚红林：《屈原封号考论》，《湖北大学学报》2012 年第 1 期。

郑晨寅：《论黄道周拟骚之作》，《中州学刊》2012 年第 3 期。

吴成国、彭忠德：《屈原〈天问〉史学价值论断》，《文艺研究》2012 年第 11 期。

尚永亮：《〈离骚〉与早期弃逐诗之关联及承接转换》，《社会科学辑刊》2013 年第 2 期。

杨义：《屈原诗学的人文地理分析》，《北方论丛》2012 年第 4 期。

何光涛：《元代戏曲中与屈原相关剧目考》，《民族艺术研究》2013 年第 2 期。

刘洪波：《解释说视野观照下的〈楚辞补注〉体例》，《东北师大学报》2012 年第 5 期。

孙董霞：《论〈诗经〉“二雅”怨刺诗与屈原创作的因革关系》，《湖南师范大学学报（社会科学版）》2013 年第 4 期。

吴潇怡：《李蕾云门舞一出，〈九歌〉说从头》，《光明日报》2013 年 3 月 3 日。

欧建平、林怀民：《让〈九歌〉走向世界》，《人民日报》2013 年 3 月

28 日。

锺兴永、鲁涛：《屈原文化：湖湘文化的图腾》，《长沙大学学报》2012 年第 6 期。

肖胜云：《贾谊民本思想对发展湖南文化产业的启示》，《湘潮（下半月）》2013 年第 2 期。

田探：《论贾谊的“道德说”与“性命”论——兼论贾谊以“理”为本对儒学的重构》，《求索》2013 年第 1 期。

唐雄山：《贾谊本源、本体论的特点及其思想传承》，《孔子研究》2013 年第 1 期。

左稀：《周敦颐和张载“诚”的思想研究——兼与〈中庸〉比较》，《理论月刊》2013 年第 9 期。

崔治忠：《宇宙与人生的统一——周敦颐“诚体”思想探析》，《理论月刊》2012 年第 2 期。

陈鼓应：《论周敦颐〈太极图说〉的道家学脉关系——兼论濂溪的道家生活情趣》，《哲学研究》2012 年第 1 期。

洪梅、李建华：《寻“孔颜乐处”的生态价值取向——从周敦颐到程颢、程颐》，《齐鲁学刊》2012 年第 4 期。

徐仪明：《论禅宗对周敦颐思想的深刻影响 》，《现代哲学》2012 年第 2 期。

周建刚：《宋元明清时期周敦颐研究状况概述》，《湖南科技学院学报》2012 年第 1 期。

程强：《周敦颐“太极”说的渊源及本义》，《天府新论》2012 年第 1 期。

杨杰：《周敦颐“孔颜乐处”思想新探》，《南昌大学学报》2012 年第 3 期。

张泽槐：《试论周敦颐与程颢、程颐微妙关系》，《湖南科技学院学报》2012 年第 2 期。

朱汉民：《周敦颐的历史记忆与文化诠释》，《求索》2012 年第 6 期。

耿静波：《周敦颐与佛教关系研究》，《阴山学刊》2012 年第 8 期。

肖莉：《周敦颐的人格心理思想及其现代启示》，《江西社会科学》2012 年第 4 期。

周小喜、胡良英：《周敦颐与汝城儒学教育》，《湖南城市学院学报》2012 年第 5 期。

赖功欧：《周敦颐“希圣”之学的心体论基础与“立人极”核心》，《湖南科技学院学报》2012年第5期。

李佩桦：《周敦颐王船山德育思想之比较》，《衡阳师范学院学报》2012年第1期。

李勇先：《〈舆地纪胜〉周敦颐行实与纪念遗迹述考》，《湖南科技学院学报》2012年第5期。

朱惠芳：《周敦颐于汝城开阐理蕴传授二程初考》，《湖南科技学院学报》2012年第6期。

卜繁波：《周敦颐的音乐思想体系探析》，《音乐大观》2012年第1期。

孙功进：《周敦颐的“通”与“复”探析》，《孔子研究》2012年第6期。

崔治忠：《周敦颐“诚体”思想研究》，《船山学刊》2012年第1期。

戴金波：《胡安国的礼学思想》，《法治湖南与区域治理研究》2012年第3期。

王玉德：《论南宋胡宏的思想》，《儒藏论坛》2012年第12期。

陈代湘：《论胡宏的性善恶论及其理欲观》，《哲学研究》2012年第5期。

陈代湘：《朱熹与胡宏门人及子弟的学术论辩》，《船山学刊》2012年第3期。

张琴：《论胡宏性本位宇宙论的建构》，《哲学研究》2012年第6期。

苏铉盛：《朱子与张南轩的仁说论辨》，《湖南大学学报》2012年第6期。

孙立尧：《张栻以心论史说》，《中国文化研究》2012年第3期。

黄仁生：《晚唐湖湘四家在文学史上的贡献》，《武陵学刊》2013年第4期。

司马周、陈书禄：《茶陵派与“前七子”关系考论》，《文艺研究》2012年第9期。

李佳：《论明代阁臣在君臣冲突情境中的行为取向——以李东阳、费宏与王锡爵为中心》，《云南社会科学》2013年第1期。

薛泉：《论李东阳的忧患意识》，《湖南大学学报》2012年第5期。

张海：《论李东阳对李白的接受》，《重庆师范大学学报》2012年第2期。

尹选波：《李东阳评价》，《云南师范大学学报》2013年第1期。

吕锡琛、齐冬莲：《从船山的责任意识看湖湘文化的担当精神及其现代启示》，《湖南大学学报（社会科学版）》2013 年第 3 期。

武道房：《论王夫之的生死哲学》，《船山学刊》2013 年第 3 期。

李镇东：《船山生死观与诗歌创作》，《船山学刊》2012 年第 4 期。

何亦聪：《批判性视野中的策论文章——从王夫之、章学诚到周作人》，《河南社会科学》2013 年第 2 期。

朱荣贵：《王夫之论多元文化》，《船山学刊》2013 年第 2 期。

袁愈宗、刘湘萍：《王夫之诗情观论》，《中国文学研究》2012 年第 2 期。

徐楠：《论王夫之〈明诗评选〉对成化正德间苏州诗人的批评》，《河北学刊》2012 年第 3 期。

张学智：《王夫之对〈无妄〉、〈震〉卦的阐发及其时代关切》，《北京大学学报》2013 年第 1 期。

鲁鹏一：《王船山卦变说释义》，《周易研究》2012 年第 3 期。

陈明：《王船山的王霸论与其政治思想》，《河南师范大学学报》2012 年第 1 期。

冯琳：《试论王船山的实践哲学》，《社会科学战线》2012 年第 8 期。

肖剑平、陈元桂：《王船山道德观论略》，《湘潭大学学报》2012 年第 2 期。

郭钦：《辛亥革命时期王船山的主要映像》，《船山学刊》2012 年第 3 期。

陈力祥、余佳润：《王船山天人合一思想何以规约为人与自然之间的和谐》，《船山学刊》2012 年第 2 期。

汤城：《易学“变通”思维与王船山史论探析》，《船山学刊》2012 年第 1 期。

邓辉、张彬：《王船山治乱循环论辩正》，《求索》2012 年第 5 期。

邓辉：《论王船山之“道”的历史性特征》，《船山学刊》2012 年第 2 期。

陈焱：《晚清以来百年王船山哲学与思想研究述评》，《船山学刊》2012 年第 4 期。

陈安民：《王船山的“朋党论”述评》，《船山学刊》2012 年第 4 期。

王利民：《论王船山改革思想中的民生关怀》，《衡阳师范学院学报》2012 年第 4 期。

朱汉民、刘觅知：《湖湘知识群体的船山诠释与文化建构》，《中国哲学史》2012 年第 3 期。

朱汉民：《船山诠释与湖湘文化建构》，《社会科学战线》2012 年第 8 期。

刘觅知、朱汉民：《船山人格精神对湘军将领的影响》，《湖南大学学报》2012 年第 2 期。

周晓阳、朱建新：《论王船山的文化哲学思想》，《南华大学学报》2012 年第 4 期。

朱汉民：《王船山的道统、治统与学统》，《北京大学学报》2013 年第 1 期。

郭齐勇：《王船山论传统文化的核心价值》《船山学刊》2013 年第 1 期。

朱汉民：《王船山的狂狷思想及其精神气质》，《齐鲁学刊》2013 年第 3 期。

冯琳：《王船山的“践形”思想研究》，《江汉论坛》2013 年第 5 期。

周芬芬、周晓阳：《论王船山的和谐审美观及其当代价值》，《衡阳师范学院学报》2013 年第 1 期。

谢芳：《论王船山的经济伦理思想》，《衡阳师范学院学报》2013 年第 1 期。

王兴国：《王船山〈黄书〉与近代尊黄思潮的兴起》，《船山学刊》2013 年第 1 期。

谢芳、王学锋：《浅论王船山和合思想及其当代启示》，《船山学刊》2013 年第 2 期。

罗玉明、刘建辉：《王船山的军事思想及其对近代湖南历史人物的影响》，《衡阳师范学院学报》2013 年第 2 期。

陈焱：《新中国成立以来四十年船山思想与哲学研究述评》，《船山学刊》2013 年第 2 期。

蒋正治、贾三强：《论罗泽南诗歌的儒家文化精神》，《求索》2013 年第 7 期。

黄彦弘：《“湘学复兴导师”邓显鹤研究述评》，《云梦学刊》2013 年第 1 期。

符岚：《笃情音韵　湘学第一——记音韵学家曾运乾》，《书屋》2013 年第 2 期。

马美：《陶澍外交观初探》，《船山学刊》2012 年第 3 期。

罗红胜、陈继海：《陶澍书法美学来源探究》，《湖南科技学院学报》2012 年第 6 期。

陶用舒：《读陈蒲清〈陶澍传〉——兼谈陶澍传记研究及其发展与展望》，《湖南城市学院学报》2012 年第 3 期。

夏剑钦：《春温秋肃　干国良臣——陶澍成功的缘由》，《书屋》2013 年第 6 期。

吴怀东、马玉：《魏源诗学思想与湖湘地域文化——以〈诗古微〉、〈诗比兴笺〉为论述中心》，《安徽农业大学学报（社会科学版）》2013 年第 1 期。

李强华：《基于近代海洋意识觉醒视角的魏源“海国”理念探究》，《上海海洋大学学报》2012 年第 5 期。

吴静：《论魏源的社会控制思想》，《湖南社会科学》2012 年第 2 期。

李凌洁：《魏源辅政艺术研究》，《邵阳学院学报》2012 年第 5 期。

王彦：《论魏源〈海国图志〉早期现代化思想》，《华章》2012 年第 7 期。

许宏达：《浅析魏源经济思想中的资本主义倾向》，《吉林工程技术师范学院学报》2012 年第 2 期。

严尔通：《浅谈魏源的军事现代化理念》，《学理论》2012 年第 4 期。

马旭辉：《论魏源的人才思想》，《邵阳学院学报》2012 年第 2 期。

赵书刚：《鸦片战争时期魏源资政的睿智与尴尬》，《江苏师范大学学报》2013 年第 2 期。

荆世群：《汤鹏的哲学思想简析——兼论嘉道年间的湖湘学风》，《湖南行政学院学报》2012 年第 2 期。

周晓波：《最讲义气的湘军鼻祖江忠源》，《文史博览》2013 年第 8 期。

吴仰湘等：《曾国藩批点〈仪礼郑注句读〉稿本述评》，《文献》2012 年第 1 期。

倪玉平：《曾国藩与两淮盐政改革》，《安徽史学》2012 年第 1 期。

刘增合：《私情与公意：晚清军费协济运作的实态——以曾国藩、胡林翼私函为中心的考察》，《学术研究》2012 年第 9 期。

石峰岗：《曾国藩德操为上的德才观》，《伦理学研究》2012 年第 6 期。

彭昊：《明岁泽九州 功成返湫底——论曾国藩京官时期“功成身退”的道家人生设计》，《湖南大学学报》2013 年第 2 期。

徐雷:《曾国藩论命及知命》,《湖南大学学报》2013 年第 4 期。

范大平、朱坤初等:《梅山文化与湖湘文化对曾国藩及湘军的影响》,《湖南人文科技学院学报》2012 年第 6 期。

刘佑生、徐雷:《曾国藩论“天人关系”》,《湖南师范大学学报(社会科学版)》,2012 年第 2 期。

耿传明、张谷鑫:《由“天地境界”到“功利境界”——从曾、李之别看近代中国的士风转移与文学之变》,《天津师范大学学报》2012 年第 3 期。

张文凤:《从廉洁文化的内化到个人秉性的塑造——晚清重臣曾国藩的廉洁思想及其现代价值》,《人民论坛》2013 年第 23 期。

刘楚魁、刘红梅、范大平:《曾国藩“治家八宝”对梅山家庭文化的影响——兼议我国当代农村家庭道德建设》,《云梦学刊》2012 年第 3 期。

高中华:《肃顺与曾国藩集团关系试论》,《中国国家博物馆馆刊》2012 年第 3 期。

姜鸣:《左宗棠入军机的台前幕后》,《近代史研究》2013 年第 4 期。

蔡建满:《左宗棠与湖湘文化》,《湖南工业职业技术学院学报》2012 年第 2 期。

孟文科、程森:《左宗棠与西北民族地区儒家认同的建构——以同治回民起义后书院重建为中心》,《贵州民族研究》2012 年第 3 期。

佟鸿举整理:《左宗棠批牍四件》,《近代史资料》总 125 号。

游建西:《胡林翼贵州苗区施政思想与行为研究》,《贵州社会科学》2012 年第 3 期。

洪均:《危局下的利益调整——论胡林翼整顿湖北漕政》《江海学刊》2012 年第 6 期。

高一亚:《胡林翼与湖北新政》,《现代交际》2012 年第 2 期。

荆晓燕 :《略论胡林翼对湘军之贡献》,《兰台世界》2013 年第 16 期。

刘韧、朱家俊:《弘扬湖湘文化——论晚清名臣左宗棠的爱国主义思想和实践》,《当代教育理论与实践》2012 年第 9 期。

熊次江:《漫议左宗棠的传奇人生路与湖湘文化》,《湖北经济学院学报(人文社会科学版)》2012 年第 12 期。

李开盛、宁彧:《郭嵩焘外交性格及其实践的再思考——基于湖湘文化的视角》,《湘潭大学学报(哲学社会科学版)》2013 年第 2 期。

殷榕:《郭嵩焘〈船山王氏周易内传笺〉述略》,《长江学术》2012 年第 2 期。

张晨怡：《近代民族主义的先声——论郭嵩焘的中西文化观》，《辽宁大学学报》2012 年第 5 期。

《郭嵩焘书札》，《近代史资料》总 126 号。

刘绪义：《曾国荃为什么落个贪官的骂名?》，《书屋》2013 年第 9 期。

吴明：《湖湘文化对曾纪泽外交思想的影响》，《湘潮》2013 年第 3 期。

吴宝晓：《关于曾纪泽和中俄伊犁谈判的补正》，《历史档案》2012 年第 2 期。

张晨怡：《罗泽南理气观初探》，《湖南社会科学》2012 年第 1 期。

蒋正治、贾三强：《论罗泽南诗歌的儒家文化精神》，《求索》2013 年第 7 期。

倪立保：《浅议刘锦棠在新疆建省中的两大作用》，《新疆大学学报》2012 年第 2 期。

何云峰：《何绍基的书学创新及其文化影响》，《兰台世界》2012 年第 12 期。

周芳：《何绍基诗歌创作中呈现出的师承渊源》，《贵州文史丛刊》2012 年第 4 期。

戴海斌：《庚子前后王闿运的思想动态——〈王湘绮年谱〉辨误一则》，《船山学刊》2012 年第 4 期。

蒋蓝：《王闿运与四川》，《书屋》2012 年第 12 期。

程彦霞：《王闿运京师之行、交游雅集及著述考述》，《郑州大学学报》2013 年第 2 期。

刘于锋：《晚清杨恩寿的词学主张及在湖湘派中的定位》，《船山学刊》2012 年第 3 期。

张惠思：《游幕、地方戏与“藉张吾楚”意识——论杨恩寿的游幕生活与戏曲的关系》，《戏曲研究》2012 年第 10 期。

袁志成：《凄婉、悲音、悲情、清艳——王闿运词学思想新探》，《湖南大学学报》2012 年第 2 期。

程彦霞、邵利勤：《试析王闿运与曾国藩诗学思想之异同》，《浙江工业大学学报》2012 年第 3 期。

何荣誉：《王闿运与晚清中晚唐诗派的诗学交流——以王闿运与易顺鼎、樊增祥的诗学交流为中心》，《文艺评论》2013 年第 2 期。

牛秋实：《王闿运、廖平与吴虞：学术与学风的地缘性影响》，《宜宾学院学报》2013 年第 1 期。

程天芹：《王先谦晚年完成外国史地著作缘由考》，《重庆与世界（学术版）》2012 年第 1 期。

申阜鑫：《王先谦思贤讲舍刻本〈世说新语〉拾遗六则》，《文教资料》2012 年第 26 期。

沈俊平：《叶德辉刻书活动探析》，《中华文史论丛》2012 年第 1 期。

马忠文：《叶德辉致易培基未刊书札释读》，《社会科学研究》2013 年第 3 期。

朱汉民：《湘学的传统形态与近代转型——以谭嗣同及其浏阳之学为视角》，《天津社会科学》2013 年第 4 期。

高志文、魏义霞：《平等与自由——谭嗣同、严复民主启蒙思想比较》，《学术界》2012 年第 2 期。

张永春：《谭嗣同与墨家思想》，《安徽史学》2012 年第 6 期。

肖永明：《谭嗣同消费思想的近代性及其现实意义》，《船山学刊》2012 年第 2 期。

潘斌：《皮锡瑞经学研究综述》，《古籍整理研究学刊》2012 年第 5 期。

潘斌：《皮锡瑞“三礼”学的今文经学观》，《古代文明》2012 年第 1 期。

潘斌：《皮锡瑞经学的特色》，《吉林大学学报（社会科学版）》2012 年第 2 期。

吴仰湘：《一部不为人知的〈左传〉杜解补正力作——皮锡瑞〈左传浅说〉学术成就评析》，《中国哲学史》2012 年第 1 期。

吴仰湘：《皮锡瑞〈王制〉研究评析》，《湖南大学学报》2013 年第 1 期。

李鹏连：《皮锡瑞手稿本〈易林证文〉述略》，《文献》2013 年第 1 期。

萧致治：《黄兴对中国传统文化的批判与继承》，《武汉大学学报》2012 年第 6 期。

高超杰：《论黄兴的政治社会化思想》，《邵阳学院学报》2012 年第 2 期。

张宇：《黄兴与欧事研究会》，《四川文理学院学报》2012 年第 6 期。

张学继：《孙中山、黄兴与陶成章案关系辨析》，《杭州文博》2012 年第 1 期。

张耀杰：《黄兴的保皇与革命》，《社会科学论坛》2013 年第 3 期。

谢柳军：《宋教仁“欺诈之罪”辨析》，《贵州文史丛刊》2012 年第

1期。

杨晓娟、杨月君：《试论“宋教仁案”舆论风潮的政治影响》，《河北师范大学学报》2012年第3期。

郭文深：《试论宋教仁的政党政治》，《辽宁行政学院学报》2012年第12期。

刘泱泱：《宋教仁评价论略》，《船山学刊》2012年第2期。

雷颐：《宋教仁的政治思想》，《经济观察报》2013年6月10日。

聂蕾：《再造蔡锷——试论蔡锷形象的建构与变迁（1916—1945）》，《华中师范大学研究生学报》2012年第3期。

朱华、尚欣欣：《蔡锷军事教育思想论》，《鲁东大学学报》2012年第4期。

张喜燕：《蔡锷尚武思想新论》，《人民论坛》2012年第20期。

饶怀民、黄俊军：《蒋翊武与辛亥武昌起义》，《武陵学刊》2012年第2期。

周勇：《蒋翊武与清末新军革命化改造》，《武陵学刊》2012年第4期。

郭汉民：《蒋翊武的最后一段人生历程》，《武陵学刊》2012年第4期。

蒋漫征：《蒋翊武家世源流考》，《武陵学刊》2012年第2期。

周星林：《论蒋翊武在革命动员中对报刊媒体的运用》，《武陵学刊》2012年第4期。

梁小进：《蒋翊武在辛亥革命中的重要贡献》，《长沙大学学报》2012年第3期。

彭大成：《实现湖湘文化近代转型的革命吹鼓手杨毓麟》，《湖南师范大学学报（社会科学版）》2012年第2期。

陈先初：《杨度宪政主张的正途与歧变》，《湖南师范大学学报（社会科学版）》2012年第1期。

李清良：《湖湘哲学的基本观念与精神》，《湖南大学学报（社会科学版）》2012年第1期。

郭辉：《秋瑾的文化身份与文化心理变迁》，《求索》2012年第8期。

向常水：《严怪愚与湖南〈力报〉》，《湖南大学学报（社会科学版）》2012年第3期。

徐斯年、向晓光：《平江不肖生向恺然年表》，《西南大学学报》2012年第6期。

黄亦君：《中西之间：杨昌济的伦理世界及其对西方的认知——以〈各

种伦理主义之略述及概评〉为例》,《贵州文史丛刊》2012 年第 2 期。

朱至刚:《近代报刊与士林格局——以戊戌湖南“新旧”分野为例》,《学术月刊》2013 年第 3 期。

刘永春:《沈从文书信中的文学批评活动概述》,《海南师范大学学报》2013 年第 1 期。

龙仙艳:《谁是沈从文的理想读者?——以湘西作品的接受为例》,《民族文学研究》2012 年第 1 期。

谭梅、吴俊乐:《1931—1990:沈从文情爱书写的效果历史研究》,《学术论坛》2012 年第 2 期。

李扬:《沈从文与“战国策派”关系考辨》,《北京师范大学学报》2012 年第 3 期。

周仁政:《巫楚文化:沈从文与屈原》,《长沙理工大学学报》2012 年第 2 期。

吴正锋:《论沈从文与西方现代哲学的关系》,《民族文学研究》2012 年第 1 期。

张新颖:《沈从文早年的教书生活》,《东吴学术》2012 年第 2 期。

李欣仪:《音乐与沈从文的“生命”之思》,《湖南社会科学》2012 年第 3 期。

唐东堰:《重新审视沈从文的“乡下人”观念》,《中国文学研究》2012 年第 3 期。

龚敏律:《沈从文眼中的基督教文化》,《中国现代文学研究丛刊》2012 年第 9 期。

解志熙:《爱欲抒写的“诗与真”——沈从文现代时期的文学行为叙述(上)(中)(下)》,《中国现代文学研究丛刊》2012 年第 10、11、12 期。

李青果:《读书,收藏,“日知录”和学人影响——论沈从文先生的学术养成》,《中山大学学报》2012 年第 2 期。

李军:《沈从文四张画的阐释问题——兼论王德威的“见”与“不见”》,《文艺研究》2013 年第 1 期。

龙永干、凌宇:《会通与融摄:论沈从文与佛家文化》,《湘潭大学学报》2012 年第 5 期。

凌云岚:《“去乡”与“返乡”?——沈从文地域文化观的建构》,《湘潭大学学报(哲学社会科学版)》2012 年第 5 期。

赵恩运:《沈从文的自我改造及其裂隙》,《上海交通大学学报》2012

年第6期。

唐东堰、凌宇：《非抽象的“抽象”：论沈从文思想的另度“神秘”空间》，《中南大学学报》2013年第1期。

谭文鑫：《论沈从文的文学创作与音乐结构之关系》，《民族文学研究》2012年第1期。

何云波、李欣仪：《巫术教化与神之重造：审度沈从文的乐治思想》，《求索》2012年第6期。

文学武：《貌似而神离——李健吾、沈从文文学批评比较论》，《上海交通大学学报》2012年第3期。

叶中强：《以拒绝“都市”的姿态走向都市——沈从文的“都市”语义及其“京派”身份再省》，《学术月刊》2012年第7期。

凌宇：《“多维视野下的沈从文”专题研究》，《湘潭大学学报》2012年第5期。

袁国兴：《沈从文视阈下的“好人困境”和“类宗教意识”》，《学术研究》2012年第6期。

王爱松：《现代出版机制下沈从文早期的文学生产》，《文学评论》2012年第6期。

吴正锋：《沈从文小说叙事视角的转换与艺术的成熟》，《湖南社会科学》2013年第2期。

吴正锋：《论20世纪湘西文学世界的诗性书写——以沈从文、孙健忠小说创作为例》，《求索》2012年第2期。

亚思明：《体制之内 文学之外——1949年1953年间的丁玲》，《社会科学辑刊》2012年第1期。

徐续红：《丁玲与成仿吾——从〈怀念仿吾同志〉谈起》，《中国现代文学研究丛刊》2013年第1期。

章晓虹：《丁玲早期作品的湖湘民俗文化特色》，《武陵学刊》2013年第4期。

颜敏：《文学感性的回归——徐志摩与丁玲的南洋叙事及其意义》，《暨南学报》2013年第3期。

张卫中：《丁玲在现代文学语言建设中的意义》，《文艺理论与批评》2012年第2期。

李少群：《“五四”传统、政治意识与民间视角的个性弥合——论丁玲1940年代小说的主体审美倾向》，《文学理论与批评》2012年第5期。

秦林芳：《论陕北前期丁玲文艺思想的二重性》，《南京社会科学》2013年第3期。

贾冀川：《五四精神的坚守与放逐——论丁玲的解放区戏剧》，《南京师大学报》2012年第1期。

郑艳君：《丁玲与湖湘文化》，《文史博览（理论）》2012年第6期。

胡光凡：《周立波的文化性格与“湖南精神”》，《湖南城市学院学报》2012年第4期。

王保生：《周立波在两个口号论争中的贡献》，《湖南城市学院学报》2012年第4期。

章罗生：《论周立波纪实文学创作的成就》，《中国现代文学研究丛刊》2013年第3期。

张谦芬：《暴风骤雨：土改的革命史诗性建构》，《文艺理论与批评》2012年第1期。

罗执廷：《论〈山乡巨变〉中的儒家话语及其召唤结构》，《中国文学研究》2013年第2期。

李遇春：《田汉旧体诗词创作流变论——兼论他与南社的诗缘》，《文学评论》2012年第2期。

王永思：《田汉的戏曲创作与“剧本中心制”的建立》，《戏曲研究》2012年第4期。

苏阳阳：《田汉：中国“戏剧魂”》，《光明日报》2013年8月26日。

李翠香：《论田汉话剧的民族化风貌》，《戏剧文学》2012年第3期。

李倩：《论田汉戏剧中对“家”的宿怨》，《戏剧文学》2013年第5期。

朱江勇：《中西方戏剧碰撞与交流的美学通融——论欧阳予倩整理、编创桂剧的艺术特征》，《山西师大学报》2012年第2期。

秦兆阳、秦晴：《想到了周扬》，《新文学史料》2013年第1期。

邢晓飞：《现实向左 理想向右——“两面派”周扬的正面、反面及侧面》，《当代作家评论》2013年第4期。

胡经之：《燕园谈艺再论道——周扬在北大谈文艺与政治之关系》，《艺术百家》2012年第6期。

郭士礼：《论翦伯赞的文学史料观》，《广西社会科学》2012年第10期。

张剑：《“转向”的“艰难”：革命语境下成仿吾的文学观念变迁》，《学术探索》2012年第4期。

徐续红：《“梅山蛮子”与“绍兴师爷”——区域文化背景下的成仿吾与鲁迅》，《鲁迅研究月刊》2012 年第 5 期。

罗豪畅：《齐白石艺术的文化内涵与文化价值》，《大众文艺》2013 年第 11 期。

夏辉、刘凤健：《湘籍“为新中国成立作出突出贡献的英雄模范人物”的精神品质》，《湖南行政学院学报》2012 年第 4 期。

张旺：《湘籍开国将领群体性崛起的原因考量》，《湖南行政学院学报》2012 年第 6 期。

李惠康、朱海：《论向警予的早期教育救国思想与实践》，《江西社会科学》2012 年第 10 期。

李永春：《蔡和森与中国社会主义青年团的创建》，《党的文献》2012 年第 1 期。

李文娟、田筱鸿：《湖湘文化影响下的罗荣桓思想教育理论探究》，《文教资料》2012 年第 29 期。

潘敬国：《任弼时是怎样成为调查研究行家里手的》，《党的文献》2012 年第 3 期。

丁兆梅：《论李达社会主义观的三重维度》，《河南师范大学学报》2012 年第 1 期。

汪信砚：《李达的马克思主义哲学研究范式及其深刻启示》，《江海学刊》2012 年第 2 期。

尹世杰：《略论李达的经济思想》，《武汉大学学报（哲学社会科学版）》2012 年第 4 期。

李志：《李达的女性理论——规范意义及中国女性解放的视角》，《武汉大学学报（人文科学版）》2012 年第 6 期。

赵士发、葛彬超：《李达对中国式现代化问题的创造性探索及其重要意义》，《武汉大学学报（人文科学版）》2012 年第 6 期。

任向阳：《论李达与马克思主义妇女思想中国化》，《甘肃社会科学》2012 年第 6 期。

本志红：《李达的现代化思想及其重要意义》，《学术探索》2012 年第 12 期。

罗雄：《刘少奇民生思想成因剖析》，《湖南社会科学》2013 年第 1 期。

王双梅：《安源：刘少奇推动马克思主义中国化的实践起点》，《党的文献》2013 年第 3 期。

陈答才、任晓伟：《经典走向大众—— 刘少奇〈论共产党员的修养〉的传播及启示》，《党的文献》2013 年第 3 期。

李斌雄、吴国斌：《刘少奇关于反腐倡廉问题的思考及其现实意义》，《广州大学学报（社会科学版）》2012 年 12 期。

黎青平：《刘少奇与党的理论建设论略》，《党的文献》2012 年第 1 期。

薛腾：《1942 年刘少奇视察山东抗日根据地的指导作用——以“双减”工作为例》，《党史文苑》2012 年第 2 期。

李珊珊：《刘少奇的城市接管思想评析》，《党史文苑》2012 年第 10 期。

孙康：《为争取苏联支持而进行的努力 ——刘少奇 1949 年〈代表中共中央给联共（布）中央斯大林的报告〉解析》，《党的文献》2012 年第 4 期。

贺全胜：《刘少奇与中国传统文化思想研究述评》，《湖南第一师范学院学报》2012 年第 2 期。

《习近平在纪念毛泽东同志诞辰 120 周年座谈会上的讲话》，《人民日报》2013 年 12 月 27 日。

刘建武：《一脉相承的伟大探索》，《光明日报》2012 年 1 月 28 日。

冷溶：《毛泽东与民族复兴道路上的四座里程碑》，《人民日报》2013 年 12 月 23 日。

李捷：《毛泽东与中华民族伟大复兴第一个历史任务的实现》，《历史研究》2013 年第 6 期。

石仲泉：《毛泽东与中华民族伟大复兴》，《中国特色社会主义研究》2013 年第 6 期。

郑大华：《论毛泽东的中华民族复兴思想》，《当代中国史研究》2013 年第 5 期。

逄先知：《毛泽东的历史功绩》，《人民日报》2013 年 12 月 25 日。

李捷：《毛泽东对中华民族的五大贡献》，《湖南日报》2013 年 12 月 25 日。

陈晋：《改革开放以来我们党对毛泽东同志的几个重要评价》，《人民日报》2013 年 12 月 26 日。

陈扬勇：《在新高度上研究和宣传毛泽东》，《光明日报》2013 年 12 月 26 日。

陈雪薇：《全面科学历史地评价毛泽东》，《中国社会科学报》2013 年

12 月 27 日。

郑剑：《最好的纪念》，《人民日报》2013 年 12 月 26 日。

廖心文：《中共第一代中央领导集体形成过程研究——兼谈毛泽东的核心地位是怎样确立的》，《党的文献》2012 年第 1 期。

陈雪薇：《毛泽东对开创中国特色社会主义的历史贡献》，《党的文献》2013 年第 5 期。

李捷：《毛泽东在开创中国特色社会主义道路中的历史性贡献》，《前线》2013 年第 12 期。

陈晋：《毛泽东对社会主义的实践探索和理论贡献》，《求是》2013 年第 24 期。

刘建武：《正确认识中国特色社会主义理论体系与毛泽东社会主义建设思想的接续关系》，《思想理论教育导刊》2013 年第 9 期。

刘建武：《毛泽东与中国特色社会主义理论体系的开创》，《光明日报》2013 年 12 月 3 日。

肖贵清：《毛泽东与我国社会主义基本制度的确立》，《高校理论战线》2012 年第 11 期。

沧南、彭臻：《毛泽东对社会主义建设若干问题的认识》，《党的文献》2013 年第 5 期。

朱佳木：《毛泽东对社会主义社会促进生产力发展问题的探索及其贡献》，《中国社会科学报》2013 年 12 月 25 日。

刘林元：《毛泽东的两份历史遗产与中国特色社会主义的理论和实践》，《南京政治学院学报》2013 年第 1 期。

李慎明：《正确理解毛泽东关于“党不变质”思想——纪念毛泽东同志诞辰 120 周年》，《中国社会科学报》2013 年 12 月 25 日。

陈金龙：《毛泽东社会主义建设思想中的革命经验》，《中国社会科学报》2013 年 12 月 27 日。

刘华清：《构筑蓝图：毛泽东“伟大社会主义国家”梦》，《中国社会科学报》2013 年 12 月 27 日。

孙占元：《毛泽东“为建设一个伟大的社会主义国家而奋斗”的思想与实践》，《理论学刊》2012 年第 3 期。

王良学：《论毛泽东对改革开放的贡献与中国未来蓝图的勾略》，《河南大学学报（社会科学版）》2012 年第 2 期。

梁柱：《毛泽东捍卫人民主权的不懈努力》，《中国社会科学报》2013

年 12 月 25 日。

李维武：《时代 · 实践 · 学理：毛泽东选择“主义”的维度》，《中国社会科学报》2013 年 12 月 25 日。

董志凯：《毛泽东与新中国独立完整工业体系的初步建成》，《中国社会科学报》2013 年 12 月 25 日。

唐洲雁：《毛泽东在经济建设中坚持原则性与灵活性的统一》，《中国社会科学报》2013 年 12 月 27 日。

徐俊忠：《农业合作化时期毛泽东的农治思想》，《中国社会科学报》2013 年 12 月 25 日。

黄宏：《毛泽东与新中国水利建设》，《中国社会科学报》2013 年 12 月 25 日。

杨小军：《毛泽东“三农”思想的内在矛盾性及其根源》，《当代世界与社会主义》2012 年第 5 期。

陈东林：《评价毛泽东三线建设决策的三个新视角》，《毛泽东邓小平理论研究》2012 年第 8 期。

李正华：《对毛泽东探索新中国农村发展道路的再认识》，《当代中国史研究》2013 年第 2 期。

徐俊忠：《农民合作思想与实践：毛泽东时期的一份重要遗产》，《马克思主义与现实》2013 年第 2 期。

卫建林：《拜人民为师：读懂毛泽东》，《中国社会科学报》2013 年 12 月 27 日。

理查德 · 德雷顿（Richard Dray）：《毛泽东思想中的反帝国主义：以加勒比海的视角》，《中国社会科学报》2013 年 12 月 27 日。

姜安：《毛泽东外交思想的历史逻辑》，《中国社会科学报》2013 年 12 月 27 日。

宫力：《毛泽东与打开中美关系大门的战略决策》，《历史研究》2013 年第 6 期。

姜安：《毛泽东“三个世界划分”理论的政治考量与时代价值》，《中国社会科学》2012 年第 1 期。

欧阳奇：《论共产国际对毛泽东及其思想的认识轨迹》，《中共党史研究》2012 年第 3 期。

宫力：《毛泽东“一条线”构想的形成及战略意图》，《毛泽东邓小平理论研究》2012 年第 5 期。

梁柱：《毛泽东高举反帝、反霸旗帜的国际战略思想》，《中国延安干部学院学报》2012 年第 2 期。

林尚立：《毛泽东是表达国家与时代意志的领袖》，《中国社会科学报》2013 年 12 月 27 日。

张允熠：《论毛泽东"马克思主义哲学中国化"的得与失》，《学术界》2012 年第 1 期。

邸敏学、郭志栋：《毛泽东劳资两利思想的嬗变及其当代启示》，《毛泽东邓小平理论研究》2012 年第 3 期。

谢昌余：《毛泽东为什么要发动反右派运动》，《湖南科技大学学报（社会科学版）》2012 年第 2 期。

付子堂、崔燕：《〈毛泽东早期文稿〉中的人权观念》，《毛泽东思想研究》2012 年第 3 期。

刘建武：《坚持和弘扬毛泽东艰苦奋斗、勤俭建国的思想》，《光明日报》2013 年 12 月 3 日。

许全兴：《毛泽东与"第二次结合"的若干理论问题》，《毛泽东邓小平理论研究》2012 年第 1 期。

陈金龙：《十月革命与毛泽东革命话语的建构》，《现代哲学》2012 年第 3 期。

艾四林、刘国强：《毛泽东关于马克思主义大众化思想的六个基石》，《中国特色社会主义研究》2012 年第 3 期。

苏晓云：《毛泽东"推广"农村人民公社的价值诉求》，《现代哲学》2012 年第 4 期。

高烈：《毛泽东否定"八大"主要矛盾论的前因后果》，《湖南科技大学学报（社会科学版）》2012 年第 5 期。

王玉平：《毛泽东对马克思主义哲学中国化的思维路径创新》，《马克思主义研究》2012 年第 8 期。

刘华清、戴安林、李美玲：《马克思主义"三化"与毛泽东思想的形成和发展》，《中国延安干部学院学报》2012 年第 4 期。

张放：《思想的跨度和张力：晚年毛泽东的愿景与问题意识》，《湖南科技大学学报（社会科学版）》2012 年第 6 期。

李蓉：《毛泽东在中华苏维埃共和国局部执政中的突出贡献》，《中国井冈山干部学院学报》2012 年第 4 期。

胡运锋：《毛泽东与列宁东方理论的中国化》，《山东社会科学》2012 年第7期。

温兆标、双传学:《毛泽东对马克思主义跨越发展理论的贡献》,《马克思主义研究》2012年第10期。

梁柱:《"没有预见就没有一切"——毛泽东领导思想的精髓》,《中国延安干部学院学报》2012年第5期。

曹景文:《国外学者论毛泽东对中国发展道路的开拓》,《江西师范大学学报(哲学社会科学版)》2012年第5期。

王纪一:《毛泽东与"两弹一星"战略决策》,《毛泽东邓小平理论研究》2012年第12期。

米华:《毛泽东建党思想的哲学基础及其中国传统文化特色》,《湖南科技大学学报(社会科学版)》2012年第6期。

聂家华、王立胜:《论毛泽东精神与建设中华民族共有精神家园》,《党的文献》2012年第6期。

欧阳奇:《毛泽东与艾思奇的哲学互动》,《党的文献》2013年第1期。

沙健孙:《毛泽东关于国防和军队现代化建设的重要思想》,《毛泽东邓小平理论研究》2013年第1期。

王安中:《毛泽东军工思想的伟大建树》,《湖南日报》2013年12月25日。

赵万须、翟清华:《论毛泽东关于战争胜负的主要决定因素观点》,《党的文献》2013年第6期。

占善钦:《毛泽东关于解放战争"两条战线"问题的论断解析》《党的文献》2012年第4期。

慕崧:《毛泽东与新中国初期军队干部队伍正规化建设》,《党的文献》2012年第5期。

张伊宁、张兢:《毛泽东与"如何研究战争"——兼及对我军探索信息化建军与作战规律的几点思考》,《党的文献》2013年第3期。

沈雁昕:《社会主义改造与新民主主义社会的过渡——对毛泽东批评"确立新民主主义的社会秩序"的思考》,《党的文献》2013年第3期。

金冲及:《毛泽东的战略思维》,《党的文献》2013年第6期。

刘华明:《论毛泽东"拿一个延安换一个全中国"的战略决策》,《江苏科技大学学报(社会科学版)》2012年第2期。

李维武:《毛泽东选择"主义"的三重维度》,《历史研究》2013年第6期。

金冲及：《毛泽东工作方法的几个特点》，《人民日报》2013 年 12 月 27 日。

梁柱：《为人民服务：毛泽东确立的共产党人价值观》，《党的文献》2013 年第 6 期。

庄福龄：《从解释世界到改变世界的视角看毛泽东的理论创新》，《党的文献》2013 年第 4 期。

石仲泉：《毛泽东在中央苏区的廉政为民思想》，《党的文献》2013 年第 4 期。

李斌：《毛泽东倡导的党的思想宣传工作的原则和方法》，《党的文献》2013 年第 4 期。

谢加书、李怡：《毛泽东的宣传思想工作群众观研究》，《毛泽东思想研究》2013 年第 1 期。

李斌：《毛泽东的宣传思想与实践对新民主主义革命的影响》，《湖南科技大学学报》2013 年第 6 期。

许全兴：《毛泽东把哲学变成民族的事业》，《党的文献》2013 年第 5 期。

逄先知：《毛泽东与中国共产党》，《党的文献》2013 年第 6 期。

邱巍：《〈论十大关系〉的形成和传播——若干史实与观点的补充和辩证》，《中共党史研究》2013 年第 1 期。

艾四林、康沛竹：《毛泽东与党的群众路线》，《光明日报》2013 年 12 月 25 日。

喻寿奇：《毛泽东群众路线思想的本质与特征》，《湖南日报》2013 年 12 月 25 日。

程中原：《新中国成立后毛泽东贯彻实施群众路线的理论与实践》，《党的文献》2013 年第 5 期。

陈晋：《毛泽东说“秀才”》，《党的文献》2013 年第 4 期。

赵耀宏、赵春：《毛泽东文艺思想的理论继承与开创性》，《中国社会科学报》2013 年 12 月 25 日。

杨凤城：《从“二为”到“双百”：毛泽东文化建设思想的确立》，《中国社会科学报》2013 年 12 月 25 日。

陈述：《毛泽东对中共党史研究的卓越贡献》，《中国社会科学报》2013 年 12 月 25 日。

赵志勇：《一份被忘却的思想遗产——写在〈在延安文艺座谈会上的讲

话〉发表70周年之际》,《文艺理论与批评》2012年第5期。

王蒙:《文学与时代精神——毛泽东〈在延安文艺座谈会上的讲话〉及其历史作用》,《文艺研究》2012年第6期。

殷双喜:《"四清"运动中毛泽东关于人体写生模特儿问题的指示始末》,《文艺研究》2012年第1期。

徐中远:《毛泽东读〈二十四史〉的几个特点》,《光明日报》2012年7月11日。

韩同友、房士鸿:《从早期熏陶看毛泽东、周恩来的文化特质》,《党的文献》2012年第2期。

何建明:《毛泽东的文化梦想》,《人民日报》2013年12月26日。

沙健孙:《毛泽东关于社会主义文化建设的若干思想》,《毛泽东邓小平理论研究》2012年第8期。

邓纯东、冯颜利:《深刻认识毛泽东"古为今用,洋为中用"思想的重要意义》,《光明日报》2013年12月22日。

李江新、姜迎春:《毛泽东在文化问题上的认识偏差与"文化大革命"》,《湖南科技大学学报》2012年第1期。

杨凤城:《毛泽东的文化建设思想及其历史地位》,《历史研究》2013年第6期。

董学文:《毛泽东诗词对中国诗歌发展的启示》,《党的文献》2013年第2期。

陶永祥:《毛泽东早期书法历程及其艺术风格的形成》,《党的文献》2012年第2期。

高晓颖:《沐三湘山水　育一代诗魂——简析毛泽东诗词地域文化特色》,《新课程》2012年第10期。

许屹山、彭大成:《试论毛泽东运动观的湖湘文化渊源》,《学习与实践》2012年第3期。

孙跃:《影响青年毛泽东人生观萌芽的因素》,《北方文学》2012年第4期。

李佑新:《青年毛泽东的"自我实现论"》,《湖南日报》2013年12月25日。

附 录

一　湖南省湘学研究院组织机构名单

顾　问

周　强　最高人民法院院长

徐守盛　中共湖南省委书记、人大常委会主任

名誉院长

王伟光　中国社会科学院院长

路建平　新华社副社长

许又声　湖南省委常委、宣传部部长

院　长

刘建武　湖南省社会科学院院长、党组书记、教授

常务副院长

刘云波　湖南省社科院党组成员、副厅级纪检员、研究员

副院长

唐浩明　湖南省作协主席

王继平　湘潭大学副校长、教授

王兴国　湖南省社科院原哲学所所长、研究员

朱汉民　湖南大学岳麓书院院长、教授

李育民　湖南师大中国近现代史研究基地首席专家、教授

彭平一　中南大学马克思主义学院教授、省历史学会副会长

二　湖南省湘学研究院中长期工作思路

1. 指导思想及工作目标

以邓小平理论、“三个代表”重要思想为指导，全面贯彻落实科学发展观，按照中国社科院和湖南省委宣传部对研究院建设和发展的要求，坚持与时俱进，敢于学术创新，开展湘学研究，推动湘学研究成果转化，推进湘学普及。为推动湖南文化强省和科学发展服务，为中华文化和中华民族伟大复兴服务。

2. 工作模式

（1）组织研究。在确定好研究选题的基础上，湘学研究院组织相关专家进行研究。

（2）委托研究。以发布课题的形式委托省内外专家进行相关课题研究。

（3）合作研究。一是在中国社会科学院专家的指导下与中国社会科学院相关所室开展合作研究；二是与院外、省外、国外研究机构或专家开展合作研究；三是与相关职能部门、企业、基层进行合作研究。

3. 工作重点

（1）学术研究。立足于多学科视角、立足于比较研究视野，重视原始材料的发掘与研究方法的创新，对湘学及与湘学相关的诸问题进行深入系统的研究。主要研究方向和范围大致包括：

湘学研究的基本理论

湘学与国学的关系

文献的搜集整理及文本研究

湘学专题研究

湘学与其他地方学术的比较研究

湘学传统与湖南现代化研究

湘学与当代湖南发展研究

湘学与当代中国发展研究

（2）队伍建设。不断完善研究院的组织机构，采取“专兼结合”的原则组织研究队伍。在有计划、有步骤的学术研究中造就出一支政治素质高、学术风气好、业务能力强、成果影响大的湘学研究队伍。

（3）学术交流。一是走出去。定期派遣研究院研究人员到省内外学习深造或参加相关学术会议，及时了解前沿研究动态。二是请进来。邀请省内外专家学者到湖南举办湘学研究学术讨论会及各种论坛、沙龙，及时交流研究体会。三是合作交流。通过课题合作（包括成果推广合作）相互交流湘学研究和推广的经验及体会。

（4）湘学普及。大力推广和普及湘学。一是致力于湘学的大众化，使普通民众在了解湘学的过程中热爱湘学、热爱湖南。二是加强与社会各行业的合作。如与新闻媒体合作，大力宣传、普及湘学；如与企业合作，使企业从湘学精华中汲取灵感、重塑文化、寻找对策，等等。

4. 研究步骤

湘学研究院的中心工作是学术研究。将在广泛听取专家意见建议的基础上尽快制定出《湘学研究院中长期研究规划》，研究院的所有研究工作都将严格按照规划的要求稳步推进。我们关于研究步骤的总体设想是：从“化整为零”到“归零为整”。

化整为零：考虑到湘学研究是一个庞大的学科体系，整体研究还比较薄弱，特别是还存在一些急需填补的研究空白，拟定我们的研究先从“点”上展开。即在充分听取专家意见的基础上，在“湘学研究”的大框架内确定一批“点”性质的微观研究选题，发动省内外专家进行深入细致的“个案”研究。这个阶段的研究模式主要是“课题委托”，成果形式主要是论文和小型研究报告。时间3—5年。

归零为整：在微观、个案研究取得实质性突破的基础上，逐渐将湘学研究过渡到“归零为整”阶段。即将前期主要以“点”为主的微观、个案研究逐渐转化为“由点到线”和“由线到面”的综合性研究。这一阶段的研究模式主要是“组织研究”和“合作研究”。即由湘学研究院在科学确定研究选题的基础上组织相关专家进行集体、集中攻关，或研究院研究人员与省内外相关专家进行合作攻关。这个阶段的成果形式主要是著作和综合性、大型研究报告，时间3—5年。

根据从“化整为零”到“归零为整”的研究思路和步骤，我们计划在10年左右的时间内：

形成一套完备的湘学研究体系；

搭建一批成形的湘学研究平台；

打造一支成熟的湘学研究队伍；

出品一批优秀的湘学研究成果。

三　湖南省湘学研究院纪事

湖南省湘学研究院成立

2012 年 6 月 4 日，湖南省湘学研究院揭牌仪式在省社科院国际会议厅隆重举行。省委书记、省人大常委会主任周强，中国社会科学院党组副书记、常务副院长王伟光在仪式上讲话，并共同揭牌。省委常委、省委宣传部部长路建平主持仪式。省委常委、省委秘书长易炼红出席。来自全省有关厅局领导和高等院校的专家学者近 200 人参加了揭牌仪式。周强代表中共湖南省委、省政府对湖南省湘学研究院的成立表示热烈祝贺。周强指出，省湘学研究院的成立，为进一步整合学术资源、提升湘学研究水平、促进湘学探讨交流，提供了良好的平台和载体。王伟光指出，湘学是中华文化的重要组成部分，具有鲜明的地域特色，湘学的发展尤其是在近现代的发展为推动中华民族走向复兴作出了重大贡献。

湖南省湘学研究院发布 2012 年度首批委托课题

2012 年 9 月 24 日，湖南省湘学研究院发布 2012 年度首批委托课题。省社科院党组成员、纪检书记、湖南省湘学研究院常务副院长刘云波强调，课题分为重点委托和一般委托两种。重点委托课题以宏观研究为主，以便为该问题的深入研究提供思路，指引方向；一般课题以微观研究为主，以期将该问题的研究引向深入。他要求课题组要高度重视课题研究，要按时、按质、按量完成，要将基础研究与智库研究结合，以基础研究带动应用研究。

湖南省湘学研究院召开首次专家座谈会

2012 年 10 月 20 日，湖南省湘学研究院召开首次专家座谈会。中共湖南省委宣传部副巡视员肖君华，湖南省社科院院长、湖南省湘学研究院院长朱有志教授出席并讲话。省社科院党组成员、纪检书记、湖南省湘学研究院常务副院长刘云波研究员介绍了湘学研究院中长期工作思路及座谈会相关议题。湖南省湘学研究院办公室主任向志柱研究员介绍湘学研究院工作进展情况。专家代表省作协主席、省湘学研究院副院长唐浩明，湘潭大学副校长、省湘学研究院副院长王继平教授，省委宣传部理论处处长邓清柯，湖南师大历史文化学院院长、省湘学研究院副院长李育民教授，省湘学研究院副院长、中南大学彭平一教授，省社科院刘泱泱研究员等出席会议。会上，各位专家就湘学的概念、湘学研究基地、湘学研究课题范围等问题进行了深入的讨论并做了精彩的发言。

湖南省湘学研究院湘学研究基地挂牌仪式

2012 年 12 月 26 日，湖南省湘学研究院湘学研究基地挂牌仪式分别在湘潭大学、湖南师范大学、中南大学举行。三个湘学研究基地的首席专家王继平教授、李育民教授、彭平一教授分别报告了本校湘学研究基地的研究队伍、研究现状以及研究进展，三校领导均表示将从战略高度支持本校湘学研究工作的开展。

湖南省湘学研究院举办“弘扬湘学传统，促进当代发展”专家顾问座谈会

2013 年 1 月 16 日上午，由湖南省湘学研究院举办的“弘扬湘学传统，促进当代发展”专家顾问座谈会在北京举行。中国社会科学院常务副院长、湖南省湘学研究院名誉院长王伟光，新华社副社长、湖南省湘学研究院名誉院长路建平，中国哲学史学会原会长、中国社科院学部委员方克立，中国史学会会长、中国社科院学部委员张海鹏，中共中央党校教授曹新，中国人民大学清史所副所长杨念群，湖南省湘学研究院院长、湖南省社科院院长朱有志，湖南省湘学研究院常务副院长、湖南省社科院副厅级纪检员刘云波，湖南省湘学研究院副院长、湖南师范大学教授李育民等专家参加座谈会。与会专家顾问围绕“湘学研究院研究什么、湘学研究院怎样推进湘学研究、湘学研究如何促进当代发展、传统湘学如何焕发青春”主题进行座谈。专家认为，在全国上下大力学习贯彻党的十八大精神之际，湖南省湘学研究院的北京专家顾问就湖南省湘学研究院的未来发展和如何“弘扬湘学传统，促进当代发展”进行探讨，彰显着促推湖湘文化大发展大繁荣的责任担当，映照着湘学研究的美好未来。与会专家强调，推进湘学研究，当前最需要的就是要弘扬原道精神，提升学术境界；弘扬经世情怀，实现学术价值。

省委常委、宣传部部长许又声出任湖南省湘学研究院名誉院长

2013 年 2 月，省委常委、宣传部部长许又声出任湖南省湘学研究院名誉院长。再次充分体现了湖南省委、省政府对湘学研究院各项工作的高度重视。

《光明日报》专稿热议湘学及其当代价值

2013 年 5 月 30 日出版的《光明日报》第 11 版理论·实践版刊发专稿热议湘学及其当代价值。光明日报特别邀请了中国社会科学院院长王伟光，中共中央文献研究室常务副主任、全国政协常委杨胜群，中国社会科学院副院长、当代中国研究所所长李捷，新华通讯社副社长路建平，西北大学名誉校长、清华大学博士生导师张岂之，中国哲学史学会名誉会长、中国社会科学院学部委员方克立，中国史学会会长、中国社会科学院学部委员张海鹏，美国哈佛大学教授、毛泽东研究专家罗斯·特里尔就“湘学研究院研究什么、湘学研究院如何推进湘学研究、湘学研究如何促进当代发展”等问题展开探讨。

“深入推进湘学研究的专家建议”获王伟光和许又声批示

2013 年 6 月 30 日，中共中央委员、中国社科院院长、党组书记王伟光对“深入推进湘学研究的专家建议”做出重要批示：“以十年磨一剑的毅力和功夫，抓好湘学研究，为繁荣发展湖南服务，为繁荣发展中国特色社会主义文化服务。经过十年努力，形成完备的湘学学科研究体系，打造一支学术功底深厚、政治方向正确的湘学研究队伍，出品一批湘学研究精品成果，建立一个具有品牌效应的湘学研究基地。”7 月，省委常委、宣传部部长许又声对该建议也做出重要批示。

《湘学研究》正式出版

2013 年 6 月，湖南省湘学研究院主办的学术性集刊《湘学研究》正式创刊出版，由中国社会科学出版社出版，中国社会科学院院长王伟光担任编委会主任。一年出版两辑。

《湖南日报》刊发专稿“宏大湘学　振兴湖南”纵论湘学及其当代价值

2013 年 9 月 23 日、24 日出版的《湖南日报》，刊发专稿“宏大湘学　振兴湖南”纵论湘学及其当代价值。在湖南加快实现“小康梦”、“两型梦”、“崛起梦”的伟大历史进程中，如何发挥好湘学的重要作用，已成为一个新的时代课题。为此，湖南省湘学研究院组织专家学者对“为什么要宏大湘学、宏大湘学主要宏大什么、如何宏大湘学”等进行专题研究和探讨。《湖南日报》理论部甄选精编其中部分有代表性的研究成果，推出“宏大湘学、振兴湖南”上、下两个专版，助推湘学发展，效力振兴湖南。

湖南省湘学研究院在《湖南日报》刊登毛泽东研究专题

2013 年 12 月 25 日，《湖南日报》专版刊登了省湘学研究院、省社科院毛泽东研究中心关于毛泽东的专题研究。在纪念毛泽东同志诞辰 120 周年之际，省湘学研究院、省社科院毛泽东研究中心和本报理论部邀请一些理论权威人士和专家学者，对毛泽东思想的继承与弘扬及其当代价值，尤其是对中国特色社会主义实践和理论体系的孕育与开创等，进行深入研究和探讨，选择其中部分有代表性的研究成果予以刊发。

四　《湘学研究》第一辑、第二辑目录

《湘学研究》二〇一三年第一辑（总第一辑）

《湘学研究》二〇一三年第二辑（总第二辑）